職場学習の心理学

知識の獲得から役割の開拓へ

伊東昌子
渡辺めぐみ ［著］

勁草書房

まえがき

『職場学習の心理学』は，職場に成員として参入し，職務を果たすべく仕事に携わっている成人を対象に書かれています。それらの人々の中でも，特にナレッジワークに携わる人々を支援したいという想いを持って，筆者らは書いています。ナレッジワークとは，ドラッカー（Drucker, 1999）やダベンポート（Davenport, 2005）が提唱したナレッジワーカーの定義に基づけば，高度な知識や専門性を培い，それに基づいて知識・情報社会に求められる創造的な仕事，付加価値を生み出す仕事，複雑な問題解決に関わる仕事です。現代では，新たな問題解決法を生み出したり，他領域の人々と協働して新たな価値を創出したりする仕事は，あらゆる職場で求められます。ナレッジワークに従事することは，既に存在する手法や知識を吸収するだけではなく，知識や手法それ自体を創出する生産的学びを開拓し続けることへの挑戦でもあります。

関連領域としての人材育成

職場学習は職場への正規参入後の学びを扱いますから，最も関連する領域は人材育成領域です。しかし，従来の人材育成の概念では，本書の内容を十分には扱えません。かつて人材育成は人事労務管理の一部として捉えられ，人事労務管理は経営戦略から独立した存在でした。人材は企業を維持管理していくための代替可能な財に過ぎませんでした。北村（2006）によれば，人材は管理対象であり，人材への支出は削減したいコストとして扱われました。また，人材育成は人づくり的精神論のもとに行われ，明確な目的や目標はなかったのです。このような背景から，入社年次ごとに開催される階層別研修と現場に任せるOJT（on the job training）が人材育成の主流でした。

ところが現代では，変化の速い市場や技術革新，さらにグローバルな変化に対応すべく，人材は競争力の源泉とされ，個人が仕事経験を通して蓄積する知識や技能は，資源として認識されています。その活用と開発は，競争優位を保つために有効であるとされ，人材は管理から有効活用へ，さらに開発へと重点が変化してきました。また，事業領域によって求められる専門が異なるため，単に人づくりという曖昧な目標ではなく，事業戦略に対応する人材開発が目指されるようになりました。このように事業戦略と連動した人材開発を「戦略的HRM（Strategic Human Resource Management）」といいます。

北村（2006）は人材の育成・開発における重点の変化を，コンピテンシー開発，知的生産性の向上，職場学習の観点から論じています。

①コンピテンシーに基づく人材育成

コンピテンシーとは「特定の業務を遂行し，高い水準の業績をあげることができる個人の内的な能力（古川，2002, p. 13）」とされます。例えば，業績の高い個人と伸び悩む個人の振舞いや実践知は，特定の調査手法により顕在化させ測定することが可能です。その差の共有化も可能です。コンピテンシーを明確化して共有することにより，人材を高度化することができます。

コンピテンシーに着目する背景には以下の事情があります。第一に，年功主義や職能給のような伝統的人事制度が，若年層のモチベーション低下を招いたことです。第二に，職能の名の下に示される能力と業績との関連の弱さが，問題視され始めたことです。コンピテンシーの導入によって，高業績に共通する行動特性が明らかにされ，その学習を促進する活動が支援されるようになりました。コンピテンシー開発を目的とした配置転換も実施され始めています。個人の能力開発が重視されるようになってきたと言えるでしょう。

②知的生産性の向上

人材育成は，事業戦略上の知的生産性を向上させるための人材開発やキャリア形成と関連づけて，各事業部や各職場が関与すべきテーマになりつつあります。企業の人事教育部門といった総括的部門のみが行うことではありません。また職場のマネジャーは，職場の成員が外部研修で獲得した知識やスキルを仕事に結び付け，生産性を上げる学習促進の役割も担うようになってきています。

③職場学習（ワークプレイス・ラーニング）

ワークプレイス・ラーニングとは，一般に「個人が組織のパフォーマンスを改善する目的で実施される学習やその他の介入の統合的な方法」とされます（Rothwell & Sredl, 2000, p. 5）。その目的は「個人や組織のパフォーマンス改善」です。つまり職場の成員が現在の組織状況に適応するだけではなく，そのパフォーマンスを上げるための変化をもたらす学習を開発し支援する領域と言えます。このような職業人の学びとその開発への注目が，従来の教育中心主義に変化をもたらし，ナレッジワークに従事する組織成員の学習メカニズムや熟達化の解明を促進しました。さらに学習メカニズムや熟達化への注目は，学習支援環境としての人事制度や仕事の進め方なども含め，組織が学習環境としてどう機能しているかを問い直す契機になりました。

心理学の観点からすれば，学習科学，認知科学，発達論，熟達論，生涯学習論，社会心理学，動機づけ論，教育工学，組織行動学など，多くの理論が関わる領域です。ワークプレイス・ラーニングは，組織の戦略・制度・学習など，経営学や社会学の問題とも関わるため，個人と組織の学習がぶつかる接面の問題を発見し解消をめざす領域でもあります。科学としての基礎心理学や応用心理学が，社会を変化させる力を持つ組織体とその成員の学習に，他分野と協働して貢献できる時期になってきたと言えるでしょう。

ペダゴジーとアンドラゴジー

ところで心理学の基礎理論や応用心理学の理論が，そのまま職場学習に適用できるかというと，そうではありません。例えば，個人の学習に関係の深い心理学領域として，教育心理学があります。教育心理学の理論的背景は「ペダゴジー（pedagogy）」です。ペダゴジーはもともと12世紀までにヨーロッパの修道学校において「子ども（ギリシャ語でpaid）」に「指導する（agogus）」の意味で使用され，子どもに基本的技能を教育する技術として発展しました。このモデルは19世紀までに普及発展した学校教育においても採用されました。実験科学が教育心理学に導入される20世紀になっても，子どもや動物に外部知識や望ましい行為を獲得させることが，主な関心事でした。

成人教育に関しても，成人は大きくなった子どもとして，同様の教育原理と技法が採用されていました。ノールズ（Knowles, 1980）によれば，当初，その対象者の多くは学習の機会に恵まれなかった人々であり，平均的標準に追いつかせるためと考えられていました。しかし，近年では，その対象は変革の担い手となる人々へと変化してきています。変革を担う人々を対象とする成人学習が研究され始めたのは1960年代です。成人の学びの特性が明らかになるにつれて，ペダゴジーとは異なる理論モデルを構築する必要性が認識され，成人を指導する意味の「アンドラゴジー（andragogy）」の名称が，ヨーロッパにおいて生み出されました。両者は対立する概念ではなく，求められる学習や指導に応じて，ペダゴジー的手法あるいはアンドラゴジー的手法が用いられます。

それでは成人の学びをどう捉えればいいのでしょうか。橋本（2006）は成人の学習を設計するときには，6つの事項をふまえる必要があると主張しています。成人の学習は，実利的（practical）であり，動機（motivation）を必要とし，自律的（autonomous）であり，仕事との関係性（relevance）が必要で，目的志向（goal-directed）であり，各々の人物の人生経験（experience）をもふまえることが求められます。これらはP-MARGEと呼ばれ，ウェブ上でよく引用されています。しかし，6項目は具体的な設計指針ではありませんので，解釈に幅が出てしまう記述と言わざるを得ないでしょう。ただし，少なくともペダゴジー的アプローチでは，成人の学習を引き起こせないとの注意喚起であろうと考えられます。

本書が取り組む疑問と話題

成人学習の焦点が教育から学習の開発へと変化してきましたが，さまざまな疑問が湧きおこります。例えば，学校の学びと職場学習とはどう違うのでしょうか。新人が一人前やそれ以上の熟達を遂げるまでに，職場や仕事にどのように適応し，さらにどう熟達していくのでしょう。高業績の人の実践知は外部からは伺い知ることができませんが，どのように研究・調査して明らかにできるのでしょう。経験の蓄積と経験から学ぶことは違うのでしょうか。複数の人々と協働して仕事をすると，どういう問題が生じるのでしょう。職場におけるマネジメントは，リーダーシップと違うのでしょうか。個性と仕事はどのような関係にあるのでしょう。ナレッジワーカーの動機づけの特徴はどのようなものなのでしょう。キャリア開発と職場学習はどう関連するのでしょう。本書では，これらの疑問に答える理論的手がかりと実例を整備しました。また，具体的な話題をコラムとして掲載しました。

本書における各章の内容

1章では，新人の組織への参入を契機として始まる組織社会化とリアリティ・ショック，そこに影響し，また影響される心理的側面を解説します。さらに，学びとしての組織社会化を促進する周囲の人々の役割を紹介します。大学生の人にとっては，知っておくと社会人への備えができる内容です。

2章では，発達としての熟達化を考えます。どのような段階をふむか，いつどのような停滞があり得るかを，学習の問題と関係づけて解説します。現代では，組織においても学習開発を目指すようになっていますから，ある段階に満足して留まることのリスクについても紹介します。

3章では，実践知が獲得される状況，暗黙知の種類，それらを解明する認知心理学的手法を解説します。例として，高い業績を示す営業担当者と平均的な営業担当者の差がどこに現れるかを示しますが，それらの手法はさまざまなナレッジワーカーの実践知を解明する手法として利用できます。営業には興味がない読者も手法に着目してみると，その有用性が理解できます。

4章では，日々の経験から“学び”のために必要な知的活動を，経験学習論に従って解説します。経験から学ぶためには，日々の実践経験を省察して知識や教訓を見出し，それらを実践の中で意識的に実験してみる必要があります。さらに人の経験学習と組織の学習がどのように異なるかを組織学習論に従って解説します。両者を理解すれば，組織に適応する学びと変革を引き起こす学びの違い，また個人と組織の学習が状況的にぶつかり合う接面で発生する問題やジレンマを知ることができます。

5章では，まず心理学における伝統的学習観を紹介します。その学習観とは異なり，組織の中で役割を持つ成員として実践に参加すること，その参加形態と役割の変化こそが学びであり，学びの軌跡であることを説明します。そして組織の中に埋め込まれた学びの仕組みを紹介します。

6章では，集団で仕事を進めるときに発生しがちな心理特性を解説します。

さらに，集団とチームの違い，そしてリーダーシップとマネジメントの違いを説明します。また，プレーヤーからマネジャーになるときの問題や葛藤についても述べます。

7章では，個人と仕事との関係性の問題として，適性と自己理解について解説します。適性の概念とコンピテンシーを解説したのちに，自己理解の方法として知識・スキル・能力をアセス（評価）する方法，内部特性，興味・指向，スタイルなどをアセスする代表的方法を紹介します。また，適性という考え方から開発という考え方に変化している状況についても説明します。

8章では，職場学習を持続させ，学習の開発に挑戦させるモチベーション（動機づけ）に関する理論を解説します。また，ナレッジワーカーの動機づけの特徴を説明します。さらに，満足と動機づけの関係についても述べます。

9章では，職場学習の開発に密接に関係するキャリアについて，主要な理論を解説します。現代のキャリア開発において考慮すべきキャリア地震についても述べます。さらに，女性の活躍に関連して，女性がマネジメント層に挑戦するときの問題と，マネジャーとしての女性の影響力を紹介します。

10章では，看護師の学習と熟達化について，緩和ケア領域でおこなった質問紙調査の結果に基づいて解説します。看護師は従来，医師の判断に従い的確な医療技術を行う職でしたが，この20年の間に，状況を読んで自律的に判断し，医師以外の多職種とも協働を行う職へと大きく変貌しています。緩和ケア看護は看護師が自律的・主体的に活躍できる典型的な職場です。その実践経験の中で生じる変容学習と適応的熟達化について紹介します。

11章では，障がい者を雇用する企業，団体側に生じている問題，雇い主への支援の現状について解説します。障がい者雇用促進の社会的要請が高まる中，職場側の障がい理解や対処方法が不十分なところに，社会人スキルが未熟な労働者が雇用されれば，トラブルは必至です。どのようなシステムがあればトラブルが防げるのかを紹介し，インクルーシブな労働環境を作るために雇用者側と労働者側の相互理解を進めるツールの必要性を論じます。

本書で紹介する事例やトピックスとしてのコラム

本書では，各章の内容をより深く知っていただくために，関連する事例やトピックをコラムとして掲載しました。楽しんで読んでみてください。

コラム1　一人前への標準的カリキュラムと履修項目はない
コラム2　新興プロフェッショナル達
コラム3　暗黙知研究と有能性の罠（competency trap）
コラム4　プロジェクト科目の経験と経験からの学びの違い
コラム5　ソーシャルスタイルへの動物や歴史的人物の当てはめに注意
コラム6　ワークモチベーションと仕事の意味づけ
コラム7　緩和ケア病棟の結婚式——全人的ケアの創発
コラム8　障がい者の仕事力をアップする魔法

まとめとして

1章から9章を担当した筆者は，30代後半に心理学の学識だけを武器に企業内起業を提案し，ある企業の事業部においてビジネス実務を10年余り経験しました。その領域は，現在では「人間中心設計」や「ユーザ経験の設計」という確立した専門的実務領域になっています。興味がある方は調べていただくとして，企業の事業部で実務を担う毎日は，それまでとは質の異なる学びの連続でした。学びの連続と並行して，お客様からいただいた問題の解決法を，日々新たに編み出していくことが求められました。

自分一人の力ではどうにもならない経験，組織を動かす経験，上司の方々や同僚に助けられる経験，お客様に学びの場を与えていただく経験，大失敗の経験，部下を育てる経験，営業，契約書作成，事業プロセスのマネジメント経験など，大学の中では決して学べない体験の連続でした。一方で，直面する問題の背景に働く力や状況を概念的に見通すときに，心理学の理論，研究法，分析・解析法は強力な武器になりました。また，職場における学びは，既存の知識や手法を取り入れることではなく，それは学びの手段の一部であり，むしろ異なる専門領域や生活領域に生きる方々との協働により新たなモノやコトを創造するプロセスを共有することでした。

後に筆者は大学に移籍しましたが，企業での学びの経験と持続的な業務開拓を支援してくれた心理学に基づき，大学に移籍した2003年度から「職場学習の心理学」として講義を続けました。心理学科の科目でしたが，毎年，経営学科の学生が熱心に出席してくれていました。このたび，筆者の講義科目に勁草書房の永田さんが注目して下さり，出版する運びとなりました。勁草書房さんには心よりの感謝を表します。

10 章，11 章の筆者である渡辺めぐみ氏は，看護領域や障がい者雇用の領域における職場学習の問題を取り上げています。看護職では自身の専門領域を超えて多職種の専門家や患者さんから学ぶ拡張的熟達が求められる現実を解説し，障がい者雇用については適性の観点から雇用側と障がい者と雇用支援機関の学びの必要性を説いています。

人の内部特性や学びの特性，そして組織学習との接点の問題を解き明かす科学としての心理学は，広く社会の未来を創り出す人々の営みに貢献し，多くの領域で卒業生が活躍しています。基礎心理学や応用心理学が，社会を動かす成人の学びの解明と設計・開発に貢献していることを理解していただけると幸いです。

伊東昌子

引用文献

Davenport, T. H. (2005). *Thinking for a Living: How to get better performance and results from knowledge workers.* Harvard Business School Press.

Drucker, P. F. (1999). *Management challenges for 21st century.* NY: Harper Business.

古川久敬（2002).「コンピテンシー：新しい能力指標」JMAM コンピテンシー研究会（編）『コンピタンシーラーニング』日本能率協会マネジメントセンター．pp. 12-39.

橋本諭（2006).「オトナの学び方」中原淳（編著）『企業内人材育成入門』ダイヤモンド社．pp. 37-43.

北村士朗（2006).「「企業は人なり」というけれど」中原淳（編著）『企業内人材育成入門』ダイヤモンド社．pp. 1-10.

Rothwell, W. J. & Sredl, H. J. (2000). *Workplace learning and performance: Present and future roles and competencies,* Vol. 1. MA: HRD Press.

Knowles, M. S. (1980). The modern practice of adult education: From Pedagogy to Andragogy.（堀薫夫・三輪建二（訳）(2002).『成人教育の現代的実践：ペダゴジーからアンドラゴジーへ』鳳書房）

目　次

コラム

1章 学校から職場へ ——組織社会化とリアリティ・ショック

新人が組織に参入し新たな学びが始まる

1. 組織社会化

卒業年度の年が明け，学生が卒論を書き上げ，試験が終了すると，彼／彼女らは就職先の研修に参加して，職場に関する学習が始まります。しかし，彼／彼女が職場に配置されて職場コミュニティの一員になってからは，組織社会化という職場学習が始まります。組織社会化は個人の知情意に変化を与えるだけではなく，人生にも影響を与えます。

1-1 職場において求められる学び

図 1-1 は，学校を卒業して職場という単位組織に参入した新人を取り囲む環境を図式化したものです。新人が職場に参入すると，仕事を通して，あるいは同僚や上司とのコミュニケーションを通して，現実的な「組織社会化」が始まります。組織社会化とは，高橋（1993）によれば，「組織への参入者が組織の一員となるために，組織の規範・価値・行動様式を受け入れ，職務遂行に必要な技能を習得し，組織に適応していく過程」とされています。また，ワナス（Wanous, 1992）は，「組織への新規参入者が新たな役割・規範・価値を習得するという形で変化し，組織に適応していく過程」としています。

組織社会化の過程は学習過程でもあります。経験を通して新人が学ぶ内容は，職務遂行に必要な知識や技能だけではなく，職場の文化や価値観も含まれます。尾形（2008）は組織社会化の過程において生じる（あるいは求められる）学びに関する研究をレビューして，表 1-1 のようにまとめています。眼前の職務遂行に関係する知識や技術だけではなく，職場である部署を含め組織内の社会文化

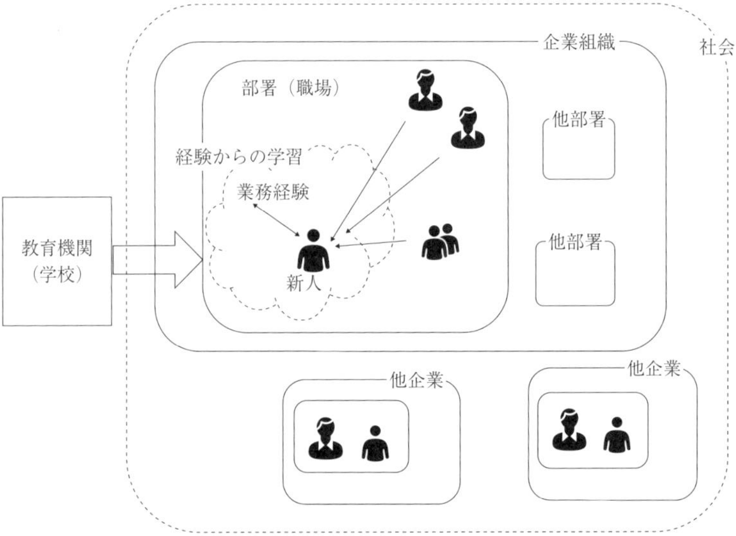

図 1-1　組織社会化のイメージ図

表 1-1　組織社会化過程の学習内容の分類（尾形，2008, p. 39）

学習内容	1. 仕事に関する知識，スキル，能力，言語
	2. 職場の同僚に関する名前，地位，趣味や性格，バックグラウンド
	3. 組織内，職場内の人間関係
	4. 組織文化と職場文化
	5. 組織内政治と職場内政治
	6. 伝説や儀式などに関する組織の歴史
	7. 組織や職場で評価される，あるいは評価されない行動パターンや具体的な評価方法・評価基準
	8. 組織や部門の役割
	9. 組織内，職場内での自分自身の役割
	10. 競合他社や取引相手，顧客，支店，子会社などの外的環境やネットワーク

的な，さらに歴史的な内容を学ぶ必要があります。

1-2　主体から役割主体へ

表 1-1 に示された学びは，学校での学びと大きく異なることがわかります。この移行に伴う変化を，活動理論[1)]を用いて説明しましょう。図 1-2a は社会

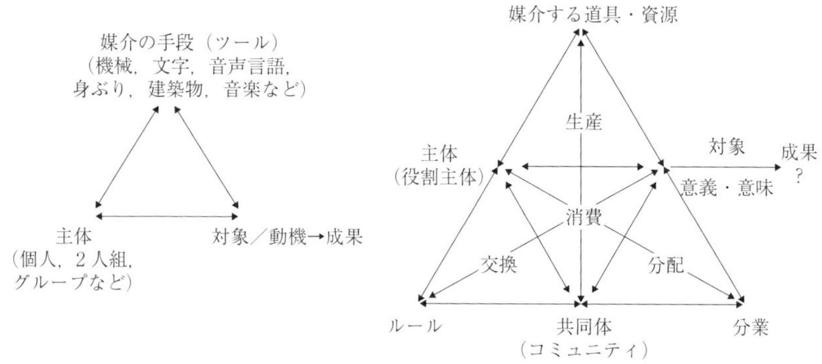

a. 媒介された複合的な行為の
一般化されたモデル
（山住・エンゲストローム（2008），p. 15）

b. 集合的活動のシステムのモデル
（山住・エンゲストローム（2008），p. 16 を
Engeström（1987）（邦訳 p. 79）に
基づいて一部修正）

図 1-2　人間活動の一般的構造モデル

的実践組織に参入する前の，代表的には学校で生徒が対象に働きかけるときの図です。生徒は自らの力だけを用いて対象に働きかけるのではなく，彼／彼女らが生きる歴史文化的環境にある道具を使用して働きかけます。この道具は人の働きかけ行為を媒介する人工物であり，機器，情報，言語，記号なども含みます。例えば，電子辞書を使用すると英文が読みやすく，スマホの地図を使用するとスムーズに目的地に到着できますが，これは道具に媒介された行為の成果です。

図 1-2b は，社会的実践活動を行う共同体に埋め込まれた（参入した）主体が対象に働きかけるときの媒介物の構造を示しています。そこでは，主体は自由な働きかけができるのではなく，自身の役割を理解し，所属する共同体のルールや分業体制や慣例に則って，さらに当該共同体が使用できる（アクセス可能な）道具を使って対象に働きかける必要があります。しかも自身の行為が共同体の直接的成果になるのではなく，自分は他の人々との協働がうまく進むように役割を果たし，結果として共同体の成果に貢献しなければなりません。例えば，実践に際しては「報告，連絡，相談」が大事であること，そして実務上の順序では，まずは相談しなさいと教えられます。自分に割り当てられた作業が遅れているとします。新入社員は学生のときの感覚（図 1-2a）で，自分の作

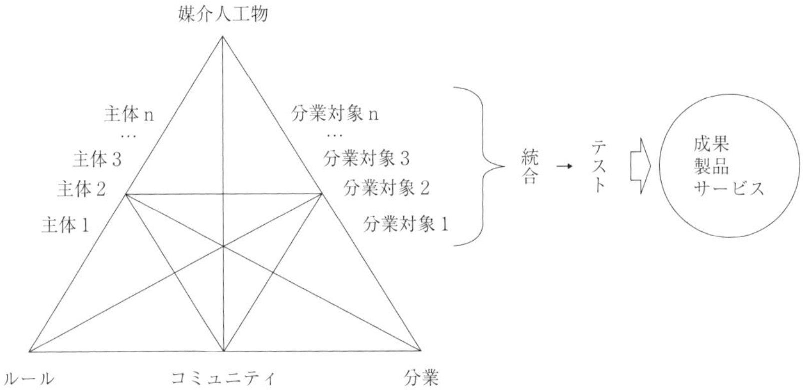

図 1-3　集合的活動システムにおいて分業を担当する成員と成果の関係

業の遅れは自分だけの落ち度になると思いがちなので，遅れる見込みがあっても相談することをためらいます。しかし，図 1-3 に示すように，企業では一人の作業の遅れが全体に影響し，もし納期に間に合わなければ企業の信用に関わり，契約不履行になれば訴訟問題にもなる危険性があります。しかも新人は自身が関わっている仕事の全体像が見えません。この意味で，相談と連絡は早めに行わなくてはならないのです。

さて，一旦企業に就職し職場の新人になると，企業の生産活動を担う役割主体になり，企業のルールに従い，分業により課せられる業務を行い，その職場が利用可能な道具や資源を適切に使用し，職場共同体の慣例に従って対象に働きかけ，成果を上げることが要求されます。さらに，図の三角形の内容は職場や部門によっても異なります。業務活動一つにしても，媒介させるべき項目が多く，自分のルールややり方で進むと問題が生じます。このため，表 1-1 に示す内容を，経験を通して広く獲得することが大切です。そして一人前への道を進むことになります。ただしその過程では，自分の予想や期待と現実との違いに遭遇し，精神的に負荷がかかるリアリティ・ショックを経験するでしょう。

2. リアリティ・ショック

「リアリティ・ショック」とは，従来研究による定義を整理した尾形（2012）によると，「組織参入前に形成された期待やイメージが組織参入後の現実と異なっていた場合に生じる心理現象で，新人の組織コミットメントや社会化にネガティブな影響を与えるもの」とされます。この定義にあるように，新人は組織に参入する前に世間の噂や会社説明会やアルバイトを通して，就職する会社の業務に対し，何らかの期待やイメージを持ちます。この期待やイメージと組織参入後の現実にギャップがあり，リアリティ・ショックに陥ると考えられています。

2-1　予期的社会化

ヴァンマネン（Van Maanen, 1976）は，組織社会化が始まる前に，新人が育った家庭環境や学校教育，さらに採用過程での経験の影響を受けて，「予期的社会化」が始まっていると言います。予期的社会化において形成されるイメージに影響を与える情報源として，ジャブリン（Jablin, 1987）は家族や友人，そして教育やメディアなどの「社会的情報源」と，採用過程で企業が提供する研修やワークショップなどの「組織的情報源」を区別しています。ワナス（Wanous, 1973, 1992）は，新人が抱く仕事への期待が採用過程の間に膨れ上がり，それが現実の組織に参入して仕事を行う過程で幻滅感に変化し，早い段階での離職行動を引き起こすと報告しました。職場における学びのモチベーションを低下させる事態を引き起こさないためには，予期的社会化における非現実的な期待を抑制することが重要です。この手段として，採用過程で仕事の厳しい面も含めた説明や体験を採用希望者に提供すること（Realistic Job Preview: RJP）が奨励されています。

予期的社会化の段階で期待される内容について，ディーン（Dean, 1983）は「職務内容についての期待」，「職務コンテクストについての期待」，「キャリア期待」を区別しています。職務内容には仕事の内容や方法が含まれ，職務コンテクストには職場の風土や支援のあり方が含まれます。キャリア期待とは，組織内における異動や昇進の機会あるいはキャリア形成への支援などです。おそらく明確には意識していない場合でも，現実の職場に入って仕事経験を積む過程で期待と現実とのギャップに気づき，その後どう進むかを考えながら職場での学びを切り開いていくことになります。ルイス（Louis, 1980）は，期待される内容に関して，仕事や職場に関するものだけではなく，自己に対しても期待イメージを抱くとしています。学校における試験結果による評価と違い，仕事や役割に対する評価を受けるようになりますから，自分を方向づける基準がつかめずに悩み，方向性を見失うこともあるでしょう。

2-2　リアリティ・ショックの影響

リアリティ・ショックは新人の組織社会化，言い換えれば，職場における多様な学びに影響を与えます。一つには，リアリティ・ショックがストレッサーとなって身体的な不調を引き起こす場合があります。身体的な不調だけではなく，仕事に対するモチベーションの低下や自己効力感の喪失など，前に進むための心的エネルギーへの影響が考えられます。

ポーターら（Porter, Steers, Mowday, & Boulin, 1974）は「組織コミットメント」，すなわち個人が感じる組織との一体感の強さ，あるいは組織への関与の強さが影響を受けることを報告しました。組織コミットメントについては，「情緒的コミットメント（affective commitment）」，「功利的コミットメント（continuous commitment）」，「規範的コミットメント（normative commitment）」が区別されています。情緒的コミットメントは，感情レベルで就職した組織に愛着を感じる場合です。功利的コミットメントは，就職状態を継続させることによる利益や，離職による損失などの功利レベルの関与です。規範的コミットメントは，一種の倫理観や正統性感覚であり，就職した組織に忠誠を誓って貢献することが正しいと考えたり経験したりする関与のあり方です。新人では情緒的コミットメントへの影響が大きいと考えられます。

先に述べたように，組織社会化の過程は，新人が職場という社会歴史的役割を持つ場の成員として参入し，特定の役割を果たしながら組織社会に適応する過程であり，新たな学びの過程でもあります。組織社会化が継続されれば職場に適応する学びが進みますが，その意志が阻害されると早期離職になってしま

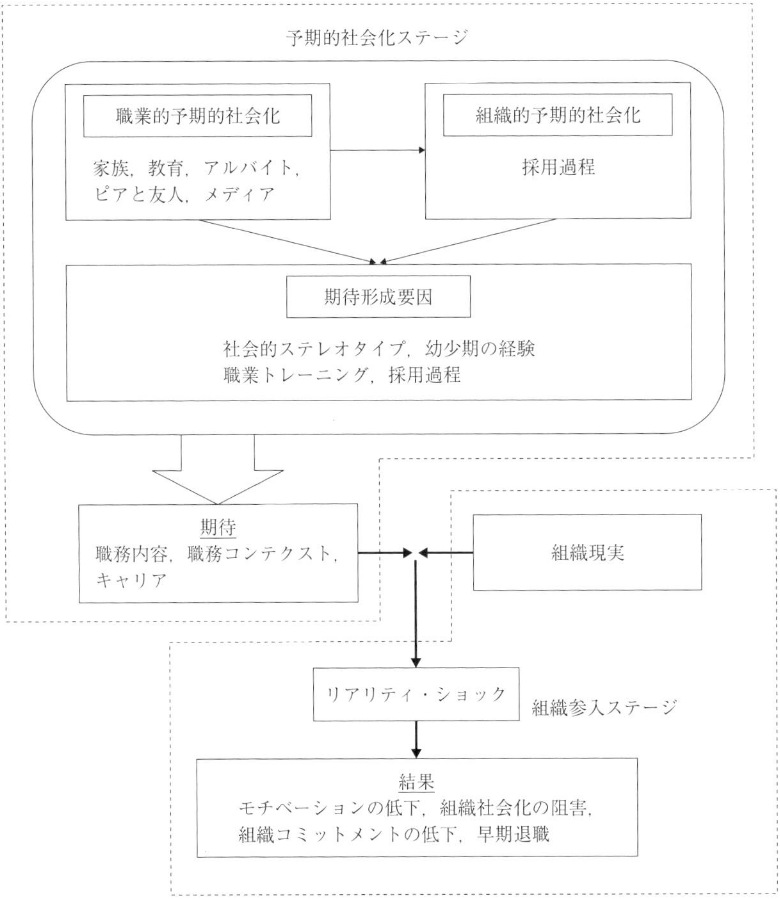

図 1-4　リアリティ・ショック発生のメカニズムとその帰結（尾形，2008）

います。事実，1995 年以降はほぼ毎年，大学を新規に卒業した企業就職者のうち，3 割程度の人たちが勤続 3 年未満で離職しています（厚生労働省，2018）。尾形（2008）は文献レビューをした上でリアリティ・ショックの発生メカニズムとその帰結としての影響を，図式的に整理しました（図 1-4）。予期的社会化の段階で適切な情報や体験を与え，リアリティ・ショックを低減させると共に，ショックを積極的な学びに変換させるような支援が求められます。

3. 組織社会化の促進——社会化エージェント

組織社会化プロセスにおける経験と学びは，個人では適切に進めることが困難です。リアリティ・ショックからの回復にも周囲の助けが必要です。新人の組織社会化を促進する役割がある「社会化エージェント（socialization agent）」が重要です。社会化エージェントは人の他に，書類や研修，そして仕事そのものや制度も含まれます。ただし新人と社会化エージェントが互いに影響し合い調整し合うという意味では人の影響が大きいため，ここでは社会化エージェントとしての人をとりあげます。

3-1　ピア（仲間，同期，同僚）

ルイスら（Louis, Posner & Powell, 1983）は，社会化エージェントの種類として，訓練（practice），経験（experiences），人（people）をあげています。3種類の社会化エージェントに含まれる複数の項目と，職務満足やコミットメントなど，組織社会化を進展させる従属変数の関係性を分析した結果，人，具体的にはピア，上司，年上の同僚との相互作用が重要な影響を与えることがわかりました。

クラム（Kram, 1988）によれば，ピア・メンタリングすなわち同期や同僚に悩み事を相談することが，情緒的な支援として働きます。同期と話すことにより，仕事上での迷いや悩みの受け止め方が変化する契機になることもあります。また，相談だけではなく議論することにより，言語化できなかった考えが形づくられて明確になり，より良い省察を促すきっかけにもなるでしょう（金井，1989）。この意味では同期や同僚との交流は，情緒的支援だけではなく，経験を知識に変換する学びにも影響を与えます。

中原（2010）は28歳から35歳の正社員約2304名を対象に，職場における他者からの支援に関して質問紙調査を行いました。その結果，他者からの支援としては「業務支援」「内省支援」「精神支援」が発見され，同期・同僚からはどの支援も受けていることがわかりました。しかし，上下関係のない同期や同僚は組織の成員として未熟であり，より高い視座からの支援も必要になります。

3-2 上 司

組織社会化を促す社会化エージェントとして，上司は重要な役割を果たします。メイジャーら（Major, Kozlowski, & Chao, 1995）は，新人と組織内部の人間との2者間役割関連構造（two role-relevant constructs）が，新人の組織社会化に大きな影響を与えることを指摘しました。その2者間役割関連構造には，上司との関係を捉えた「LMX（leader-member exchange））と，新人と仕事集団（作業集団）の関係をとらえた「TMX（team-member exchange）」があります。従来の研究では，上司と部下との垂直的な関係の有り方が，新人の組織における役割需要や役割形成に与える影響が調べられています。

若林・南・佐野（1980）は，日本の流通業（大手百貨店）の新人85名を対象に，上司との関係がキャリア発達に与える影響を追跡調査しました。新人の能力との関係性を分析した結果，能力や意欲の面で潜在能力が高い新人も低めの新人も，良好な垂直的交換関係（上司から知識・情報・フィードバック・配慮・援助・支持を受けられる）が期待できる職場では，キャリア発達が高い水準になり，社会組織化が促進されることがわかりました。

メイジャーら（1995）は，248名の新人に対し，組織内の上司やチームの仲間との交換関係が組織コミットメント，離職意図，職務満足に与える影響を調査しました。その結果，上司とのより良い交換関係がコミットメント意識と満足感を高め，離職意志を低めることが示されました。上司との関係は新人の役割需要や職務遂行など，組織に適応する過程に重要な役割を果たします。職務能力が高まるような仕事の与え方，支援の仕方，指示の与え方，見守り方が要求される責任ある社会化エージェントと言えます。

3-3 メンター

メンター（mentor）とは，若年者あるいは未経験者が与えられた役割や任務を遂行することを支援し，導き，助言を与える存在です（Kram, 1988）。メンターに指導される若年者あるいは未経験者のことを，メンティー（mentee）と言います。従来研究ではメンターと対になる用語としてプロテージ（protégé）の方がよく使用されています。プロテージとは被支援者，被後見人という意味があります。レヴィンソンら（Levinson, Darrow, Klein, Levinson, & McKee,

1978）によれば，メンターは3歳から5歳ほど年上の人であり，未経験者が参入する世界においてより多くの経験を持つ先輩がメンタリングを行うとされています。メンタリング行動に関しては，久村（1997）が先行研究をレビューした上で，経営組織において「経験豊かな従業員（上司・先輩）であり，プロテージに対して役割モデルを演じ，指示や方向性を示し，キャリアプランや対人的発達に関するフィードバックを行い，またキャリア発達の機会に影響を及ぼす組織の意思決定者への可視性をもたらす人」とまとめています。「可視性をもたらす」とは，ここにこういう人材がいるという情報提供や上位者の目にふれる機会を作るという意味です。組織への適応過程だけではなく，キャリア発達においても重要な役割を持つ人であることがわかります。メンターの役割や行動を含め，メンタリング機能に関する系統的研究をおこなったのはクラム（Kram, 1983, 1988）です。クラムは面接による調査の結果，メンタリング機能として，「キャリア機能」と「心理・社会的機能」があることを示しました。キャリア機能は，キャリア発達（例えば昇進や昇格）を促進させる働きをするもので，技能的側面の指導が含まれます。心理・社会的機能は，有能さの意味やアイデンティティの明確化，経営的な役割を考えさせる働きです。表1-2に示すように，それぞれの機能には複数の下位機能があります。

キャリア機能の中の「スポンサーシップ」は，プロテージのやってみたい仕事に参加させたり，望ましい配置異動を上司に働きかけたりする機能です。「上層部への可視性をもたらす」は，適切なプロジェクトにプロテージを推薦したり，特筆すべき貢献を上司に報告したり，関連する他部門に紹介したりして，組織の中の可視性を高める支援です。「訓練」は職務遂行のための方法や技能を示したりヒントを授けたりする支援です。「保護」とは，単に他者から守るだけではなく，大きな失敗をしないように配慮することが含まれます。「挑戦する仕事を与える」とは，プロテージがより発達的な変化を遂げるように精一杯挑戦する仕事，あるいはマネジメントの役割を含む一段階高い仕事を与えることです。

心理・社会的機能の中の「役割モデルを示す」は，組織の中の一員として，あるいは特定領域の成員としてふさわしい態度や価値観を示し，手本となる働きです。説明に加えて行動で示す必要があります。「受容と承認」は，プロテ

表 1-2 メンタリング機能（Kram, 1983, p. 614）

キャリア機能	心理・社会的機能
支援（スポンサーシップ）	役割モデルを示す
上層部への可視性をもたらす	受容と承認
訓練（コーチング）	カウンセリング
保護	友好関係
挑戦する仕事を与える	

ージを認め，良さを伝え肯定的な関心を示すことです。「カウンセリング」はプロテージが悩みを相談する機会や場を与え，悩みを受け止める働きです。「友好関係」は，職場や仕事上の上下関係にこだわらずに接する態度です。

メンターの役割は多様であることがわかりました。それでは一人のメンターがこれらの機能の全てを果たしているのでしょうか。初期の研究ではメンターとプロテージは一対一が前提とされました。しかし，実際には1時点で複数のメンターを持つプロテージが確認されてきています。この場合，それぞれのメンターは表 1-2 に示す多様なメンタリング機能の中で，部分的な機能の働きをプロテージに対して行います。職場の先輩や上司，あるいは他部署の先輩などが面で支援して，プロテージの組織成員としての組織社会化を促進することを前提とした方が現実的であり，かつ重要と考えられます。

4. 組織社会化が促進されたときの成果

組織社会化の成果としては，個人としての成果と組織上の成果があります。個人としての成果は，主に仕事経験を通して受けるメンタリングの効果です。最も良く研究されているものは，キャリア発達への影響です。メンタリングはプロテージのキャリア発達への展望に影響力を持つことが，複数の研究で示されています（Fagenson, 1988, 1989；Turban & Dougherty, 1994）。キャリア面の他に，「学習の促進」「職務満足」「プロテージの影響力の強化」「有能感の獲得」「組織コミットメントの向上」「情報獲得」に影響します。

「学習の促進」に関し，プロテージは管理や技術や問題解決手法，そして組織に関する知識を，メンタリングを通して学びます。「職務満足」に関し，メンタリングを受けた人はそうでない人に比べて，職務満足が高いという報告があります（Fagenson, 1989）。「プロテージの影響力の強化」に関し，メンタリングを受けた人の方が組織内の有力な人への接触能力を持ち，組織権力へつながりを持つことが確認されています（Fagenson, 1988）。「有能感の獲得」に関し，メンタリングがプロテージの自己洞察力に有効であることが示されています（Burke, 1984）。「組織コミットメントの向上」に関し，メンタリングを受けた人はそうでない人よりも離職率が低いことから，組織へのコミットメントに有効であることが確認されています（Zey, 1985; Burke, McKenna, & McKeen, 1991）。「情報獲得」に関し，メンタリングは新人が自己の役割や権限について知ることと，組織の理念・政策・文化・歴史について知ることに有効であることが示されました（Ostroff & Kozlowski, 1993）。このようにメンタリングは新人であるプロテージが組織に受け入れられ，有能感を持ちながら，組織に適応していく過程の促進に重要であることがわかります。

新人の組織社会化が適切に進み組織業務への適応的な学びが進展すると，組織上の成果が現れます。尾形（2008）は，組織社会化の促進が組織に与える利点として「採用・教育コストの回収」「円滑な従業員の調整と統合」「コア人材への成長」「業績や革新への貢献」をあげました。多くの組織が，多くの時間と費用を，新人の採用と訓練に費やしています。新人が早期離職をせずに，有能感を持って職務遂行を続けキャリアを発達させれば，採用・教育コストが回収できます。メンターとの関係が生産的である場合は，組織の文化や価値観が共有されて従業員の円滑な調整と統合が進み，主要な人材への成長が期待できます。組織内の新たなつながりが生成されて，業績や革新への貢献も期待できます。組織社会化が促進されたときの成果を図1-5に示しました。新人が適応する過程で経験する好ましい感覚であり，組織上としても良い状況です。

学生が職場に参入する過程は，これまでみてきたように，複雑で困難な出来事に直面する事態です。“学び”の概念の変革を求められます。学校では学びの内容が示され，その理解度を高めることが代表的な“学び”でした。しかし，職場における“学び”は，その内容が言語化され視覚化されている割合が小さく，社会化エージェントとの相互作用によって身体化し，時に省察の過程を通して理解するという“学び”です。リアリティ・ショックも経験します。これ

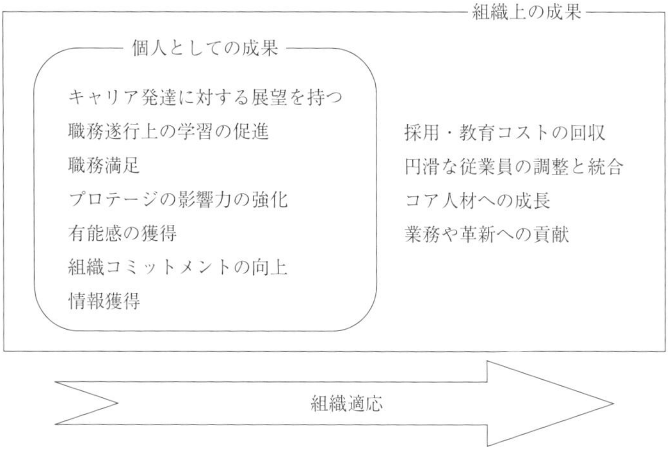

図 1-5　組織社会化が促進されたときの成果

らの現象は知ることができましたが，新人の職場学習の初期過程における心理的課題に着目した研究はあまり多くはありません。一例として“居場所づくり”を考えてみましょう。

5. 社会組織化と居場所づくり

社会組織化とは，これまで述べてきたように，学生だった人間が企業に入社して職場という新たな環境で職業人としての学びを展開し，職務を遂行し周囲の同期，同僚，上司，他部署や他部門の人たちとかかわりながら組織に適応し，一人前になっていく過程として捉えられてきました。簗瀬（2017）は，この過程を組織内に「居場所」を作り出す過程として意味づけています。

居場所は，もとは客観的で物理的な「空間」を示す言葉でしたが，1990年代に不登校児の問題に関する文部省の報告書において，学校における「心の居場所」の必要性が指摘され（文部省初等中等教育局，1992），それ以降は“心理社会的な身の置き場”として用いられるようになりました。心理学的な研究としては，主に子どもと若者を対象にした研究が多くあります。例えば，萩原

(1997) は大学生を対象とした体験レポートを分析し，「『居場所』とは『私』のひと・もの・こととの相互規定的な意味と価値と方向の生成によってもたらされる『私』という位置である」と概念化しました。難しい表現ですが，居場所を周囲の人々や事象との関係性の中で捉えていることがわかります。

それでは居場所を見出したとき，どのような心理欲求が満たされるのでしょうか。原田・瀧脇 (2014) はその測定尺度作成研究を行い，複数の因子を発見しました。周囲のひと・もの・こととの関係性においては，「社会的居場所」と「個人的居場所」に分けられます。社会的居場所として「所属的居場所（集団への所属により帰属意識を持ち自己の存在が安定していることを実感できる場)」,「承認的居場所（自分の力を発揮し，その成果が他者に認められて，自分の価値を実感できる場)」,「受容的居場所（他者に受け入れられていることを実感できる場)」の３因子が認められました。個人的居場所に関しては,「内省的居場所（自己について客観的に思考や内省を行い，自己を再構成する場)」,「開放的居場所（現実社会から逃避し，自己に休息とエネルギーが補給される場)」の２因子が認められました。

居場所の心理的な意味や構造を，図 1-5 に示した社会組織化が促進されたときの成果項目と照らし合わせると，キャリア発達に対する展望を持つためには，職場における「私」のひと・もの・こととの関係性の中で自分の居場所と将来の方向性を確認できる必要性があるでしょう。承認的居場所を感じられることは，職務遂行上の学習の促進，有能感の獲得，職務満足，組織コミットメントの向上につながるでしょう。情報がスムーズに獲得でき，自分の影響力を実感できれば，受容的居場所，承認的居場所，所属的居場所の感覚を持てるでしょう。このように考えれば，組織社会化は新人が組織に就職して職場に参入し，そこで社会的居場所を作り出すために挑戦と葛藤を繰り返す過程とみることができます。

注

1）活動理論の詳細は，５章を参照してください。

引用文献

Burke, R. J. (1984). Mentors in organizations. *Group & Organization Studies*, Vol. 9(3),

353-372.

Burke, R. J., McKenna, C., & McKeen, C. (1991). How do mentorships differ typical supervisory relationships? *Psychological Reports*, Vol. 68, 459-466.

Dean, R. A. (1983). Reality shock: The link between socialization and organizational commitment. *Journal of Management Development*, Vol. 2, 55-65.

Engeström, Y. (1987). *Learning by expanding: An activity-theoretical approach to developmental research*. Helsinki: Orienta-Konsultit.（山住勝広・松下佳代・百合草禎二・保坂裕子・庄井良信・手取義宏・高橋登（訳）(1999).『拡張による学習：活動理論からのアプローチ』新曜社）

Fagenson, E. A. (1988). The power of a mentor: Proteges and nonproteges' perceptions of their own power in organizations. *Group and Organization Studies*, Vol. 13, 182-194.

Fagenson, E. A. (1989). The mentor advantage: Perceived career/job experiences of proteges vs non-proteges. *Journal of Organizational Behavior*, Vol. 10, 309-320.

萩原建次郎（1997). 若者にとっての「居場所」の意味　日本社会教育学会紀要，第 33 巻，37-44.

原田克己・瀧脇裕哉（2014). 居場所概念の再構成と居場所尺度の作成　金沢大学人間社会学域学校教育学類紀要，6, 119-134.

Jablin, F. M. (1987). Organizational entry, assimilation, and exit. In F. M. Jablin, L. L. Putnam, K. H. Roberts, & L. W. Porter (Eds.), *Handbook of Organizational communication*. Sage Publications. pp. 679-740.

金井壽宏（1989). ピア・ディスカッションを通じての「気づき」の共有　組織科学，Vol. 23 (2), 80-90.

厚生労働省（2018). 新規学卒就職者の離職状況（平成 27 年 3 月卒業者の状況）https://www.mhlw.go.jp/stf/houdou/0000177553_00001.html

Kram, K. E. (1983). Phases of the mentor relationship. *Academy of Management Journal*, Vol. 26, 608-625.

Kram, K. E. (1988). *Mentoring at work: Developmental relations in organizational life*. University Press of America, Inc.（渡辺直澄・伊藤和子（訳）(2003).『メンタリング：社会の中の発達支援関係』白桃書房）

久村恵子（1997). メンタリングの概念と効果に関する考察　経営行動科学，Vol. 11(2), 81-100.

Levinson, D. J., Darrow, C. N., Klein, E. B., Levinson, M. H., & McKee, B. (1978). *The seasons of a man's life*. New York: Alfred A. Knopf.

Louis, M. R. (1980). Acculturation in the workplace: Newcomers as lay ethnographers. In B. Schneider (Ed.), *Organizational Climate and Culture*. Jossey-Bass Publishers.

Louis, M. R., Posner, B. Z., & Powell, G. N. (1983). The availability and helpfulness of socialization practices. *Personnel Psychology*, Vol. 36, 857-866.

Major, D. A., Kozlowski, S. W., & Chao, G. T. (1995). A longitudinal investigation of newcomer expectations, early socialization outcomes and the moderating effects of role development factors. *Journal of Applied Psychology*, Vol. 80(3), 418-431.

文部省初等中等教育（1992).『登校拒否（不登校）問題について－児童生徒の「心の居場所」づくりを目指して』学校不適応対策調査研究協力者会議

中原淳（2010).『職場学習論：仕事の学びを科学する』東京大学出版会

尾形真実哉（2008). 若年就業者の組織社会化プロセスの包括的検討　甲南経営研究，48(4), 11-68.

尾形真実哉（2012). 若年労働者の組織適応エージェントに関する実証研究：職場による比較分析　経営行動科学，Vol. 25(2), 91-112.

Ostroff, C. & Kozlowski, S. W. (1993). The role of mentoring in the information gathering processes of newcomers during early organizational socialization. *Journal of Vocational Behavior*, Vol. 42(2), 170-183.

Porter, L. W., Steers, R. M., Mowday, R. T., & Boulian, P. V. (1974). Organizational commitment, job satisfaction, and turnover among psychiatric technicians. J*ournal of Applied Psychology*, Vol. 59, 603-609.

高橋弘司（1993). 組織社会化研究をめぐる諸問題：研究レビュー　経営行動科学，Vol. 8(1), 1-22.

Turban, D. B. & Dougherty, T. W. (1994). Role of protege personality in receipt of mentoring and career success. *Academy of Management Journal*, Vol. 37(3), 688-702.

Van Maanen, J. (1976). Breaking in: Socialization to work. In R Dubin (Ed.), *Handbook of work, organization, and society*. Chicago: Rand McNally. pp. 67-130.

Vygotsky, L. S. (1978). *Mind in society: The development of higher psychological processes.* Cambridge: Harvard University Press.（柴田義松（訳）(1970)『精神発達の理論』明治図書）

若林満・南隆男・佐野勝男（1980). わが国産業組織における大卒新入社員のキャリア発達過程：その経時的分析　組織行動研究，vol. 6, 3-131.

Wanous, J. P. (1973). Effects of a realistic job preview on job acceptance, job attitudes, and job survival. *Journal of Applied Psychology*, Vol. 58, 327-332.

Wanous, J. P. (1992). *Organizational entry: Recruitment, selection, and socialization of newcomers*, 2nd ed. Addison-Wesley.

山住勝広・ユーリア・エンゲストローム（2008).『ノットワーキング：結び合う人間活動の創造へ』新曜社

簗瀬洋一郎（2017). 組織社会化と居場所の概念整理　中京学院大学経営学部研究紀要，第24巻，1-10.

Zey, M. G. (1985). Mentor programs: making the right moves. *Personnel Journal*, Vol. 64(2), 53-57.

コラム１　一人前への標準的カリキュラムと履修項目はない

豊田（2017）は，ある電機メーカーの若年エンジニアの発言と，その発言の解釈を，次のように紹介しています。

- エンジニア「いつまでにどのような知識や技術を身につければいいのか，とか，どんな仕事をいつどのように担当させてもらえるのか，という道筋がまったくわからなくて，不安なんです。」
- エンジニアの発言に対する豊田の解釈「一人前のエンジニアになるためには，どういう知識や技術を獲得すべきか，いつまでにどういう業務経験をすればいいか，というガイドラインがあるはずだ。それを身につけるためには，教科書のようなものや，大学のカリキュラムのようなものがあればいいのに，それがない。だから，とても不安である。」（豊田(2017), pp. 51-52）

現在の大学では“学生向けサービス”が充実しています。毎年実施される学生による授業評価，学習環境評価，学修支援満足度調査，学科オリエンテーション，履修要項の配布，履修に関する教務ガイダンス，学生相談室，資格取得ガイダンスなど，学びの道筋や資格取得に関するメニューやサービスが提供されます。各科目についても，1セメスター15回の授業に関し，各回の授業内容，目的とする学習と成果，成績評価の具体的基準が事前に学生に提供されなければなりません。学生はそれらを見て科目の履修を選び決めます。

職場への参入は，これらのサービスがない環境で学びを進めることを余儀なくされます。それが通常です。キャリアを構築する道筋が見えるためには，自らがまず仕事に参加し，周囲にアドバイスを求め，失敗を通して学習しながら仕事領域の“土地勘”を獲得するといった，自らが学びを開拓し続ける必要があります。それが一人前へのプロセスです。仕事を通して明日の目標と長期目標を持ち，そこに至る道筋を自ら描いて実践しながら進むように努めましょう。

引用文献

豊田義博（2017）．『なぜ若手社員は指示待ちを選ぶのか』PHP ビジネス新書

2章 熟達化と学習——熟達化の段階と潜む罠

新人，熟達者への道を進む

1. 熟達者とは

人は，一人前になり，そしてさらに熟達者への道を進みます。ところで熟達者とは，どういう職業人なのでしょうか。松尾（2006）によれば，熟達者とは「①特定領域において，②専門的なトレーニングや実践的な経験を積み，③特別な技能や知識を獲得した人」です（p. 35）。言うまでもなく，高い成果を示すことも熟達者の要件です。

熟達者の研究は，1970年代から認知心理学・認知科学領域で盛んに行われるようになりました。ただし，研究対象は，伝統的なプロフェッショナル職の人々であり，多くは初心者と熟達者の差異を明らかにするものでした。領域としては，芸術，科学，スポーツ，ゲームなどです。それら熟達者は，企業組織に属する熟達者とは異なりますが，共通する部分もあります。それでは熟達者の特徴を理解しましょう。

熟達者の特徴については，チ（Chi），グレーザー（Glaser），大浦，ロス（Ross）といった研究者の報告があります。（Chi, Glaser, & Rees, 1982；Glaser & Chi, 1988；大浦，1996, Ross, Shafer, & Klein, 2006）。報告の中でも実践知に関連するものは，6項目にまとめることができます。

1） 長期間の特殊な訓練や経験により蓄積された知は，特定状況にリンクして素早く活用できます。そのような“状況にリンクした構造化された知識”が獲得されています。
2） 状況の部分的特徴から全体的把握を行い，効率的に，時には創造的に問題を解決します。熟達者は，初心者が気づかない重要な特徴に気づく知覚的スキルを持ち，かつその特徴から状況の理解やその意味（重要さや緊急性など）の把握，さらに状況変化の予測を行うことができます。そのスキルや判断は多様性ある日々の仕事から抽出された反復的手がかりと，状況全体（意味，変化の幅と方向，対処法とリスクなど）に関する知識レパートリーに支えられています。

3）駲染みのない問題を理解し分析するとき，経験に裏付けられた膨大な知識と，関連するデータや状況の特徴に基づき，構成的なシミュレーション思考ができます。このスキルが妥当性の高い戦略と適切な方法の選択を可能にします。

4）不測の事態や不確実な事態に対しても，仕事に関連する様々な知識レパートリーを活用して，影響の範囲を見通したり，欠落している要素を補ったり，それらに基づく情報収集を素早く行って，対応することができます。

5）自己状態の評価基準と自己調整力を獲得しています。熟達者は状況の変化と自己の状態を絶えずモニターして，自己の状態の課題を把握し，必要に応じて適応的に調整していきます。

6）特定領域において優れたパフォーマンスを発揮しますが，他の領域においても秀でたパフォーマンスを示すとは限りません。

熟達者は1)から6)の特徴があり，優れたパフォーマンスを示します。次は，熟達者へのプロセスをみていきましょう。

2. 熟達化の10年ルール

熟達化の過程に関し，最初は知識や技能が“増大（accretion）”し，実践を通して新たな知識や技能が“調整（tuning）”され，“構造化（structuring）”や“再構造化（restructuring）”が進みます（Rumelhart & Norman, 1978）。これらの繰り返しにより，状況の的確な把握や実践の適切性が促進されると共に，一般化や特殊化のレパートリーも豊富になります。特定の領域，例えばテニス，チェス，楽器演奏において卓越したパフォーマンスを示すためには，知識や技能の「増大－調整－再構造化」を繰り返す学習過程を，最低でも 10 年間続ける必要があるとされます。

より効果的に熟達化が促進されるように，10 年間の間に「よく考えられた練習（deliberate practice）」を積む必要があります（Ericsson, Krampe, & Tesch-Romer, 1993）。例えば，プロ棋士，ピアニスト，テニスプレーヤーなどは，幼い頃から卓越した指導者やコーチの下に訓練と実践を繰り返し，10 代後半から 20 代で表舞台において活躍する姿が認められます。よく考えられた練習の条件としては，①課題が適度に難しく（自己をストレッチする挑戦性がある），②実行した結果に対してフィードバックが得られる，③繰り返して実施でき，修正や調整をする機会があること，があげられています。よく考えられた練習ならびに訓練を日々繰り返すこと，すなわち挑戦性のある良質の経験を長期にわたって蓄積することが重要とされます。

3. 熟達者の種類

熟達者は秀でたパフォーマンスが特徴ですが，そのパフォーマンスには様々な種類があります。キータイピングが高速で正確というパフォーマンスもあれば，顧客の多種多様な要求に応えて適切なサービスを提供するホテルコンシェルジュのような熟達もあります。また，未来技術を研究したり，傑出した芸術作品を創作したりする熟達もあります。波多野・稲垣（1983）は，熟達者に関し，「定型的熟達者（手際の良い熟達者）routine expert」と「適応的熟達者 adaptive expert」を区別しました。さらに岡田（2005）は「創造的熟達者 creative expert」の研究を行いました。

定型的熟達者（手際の良い熟達者）とは，ルーティン的な手続きを何万回と繰り返すことにより，対象を操作する技能に習熟して速さと正確さが際立ったパフォーマンスを示す熟達者です。例としては，そろばんの有段者，タイピングの熟達者，ジャグリングの名人などをあげることができます。

適応的熟達者とは，変化する状況を分析的に捉え，高い専門性（広く深い知識，実践経験の豊かさ）に基づき，問題状況の理解と柔軟な対応ができる熟達者です。状況適応的な調整や工夫による秀でたパフォーマンスを発揮します。

例としては，顧客の複雑な要望や特異な形状の土地に対し柔軟な発想と確かな技術で設計する一級建築士や，児童の状況に応じて適切で楽しい学びを引き起こす教師をあげることができます。

定型的熟達者や適応的熟達者は日々の実践に関係が深い熟達者ですが，革新的なモノ（サービスや仕組みも含む）を創造する職にあり，当該領域の革新・発展に関わる知識や理論を構築する熟達者もいます。このような熟達者を創造的熟達者といいます。例として，芸術家や科学者をあげることができます。企業におけるナレッジワーカーも付加価値の高い新規サービスを世に出し続けたり，革新的な製品を発明・開発したり，新たな手法や方式を創出したりする人々は，創造的熟達者です。

4. 熟達化の5段階モデル

熟達化の水準については，ドレイファス（Dreyfus , 1983）が5段階モデルを示しました。それは「初心者（novice）」，「上級ビギナー（advanced beginner）」，「一人前（competent）」，「上級者（proficient）」，そして「熟達者（expert）」の5段階です。

4-1 初心者レベル（目安として入社1年目）

職務遂行に必要な知識や手続きを学びますが，実践経験を積んでいないために，状況の違いに対応することなく，知識に基づいて職務を遂行します。知識を思い出しながら仕事を実施するので，職務遂行速度は遅い状態です。予測的対応ができず，知識の当てはめが多いため，自身の決定に対する確信度と責任感は低いでしょう。看護師を例とすると，勝原（2012）が指摘するように，初心者は眼前の患者の状態から適切な実務を行う経験を持たないので，測定可能な客観データが主な情報となります。初心者は，客観データに基づき，原理原則にしたがって現象を理解しようとしますから，理解の仕方は浅く断片的になります。実務に際しては，客観的なデータをどの原理原則に結び付けて行動すべきかを示し説明する臨床指導者が不可欠です。

4-2 上級ビギナー（目安として入社２年目から３年目）

変化に富む状況下で実践経験を積み，直面している状況の特徴に気づくようになります。状況の違いを示唆する特徴を捉えることができ，その特徴に基づいてある程度予測的に対応できるようになります。比較的定型的な仕事であれば，知識と実施の経験的連結に基づいて，自律的に職務を遂行できます。看護師を例とすると，担当である職場の手順書を用いながら，その職場に特徴的な患者の局面を理解するようになります。同じ病棟で働いていると，同じ疾患名で同じような症状を示す患者を何人も看ることになります。それによって，患者に繰り返し認められる状況－看護手続き－医師への支援の仕方の関係を理解して，一通りのことはできるようになります。そして同じ症例の患者の看護を任されるようになります。しかし，他の症例の患者や複雑な病気の場合は，対応の優先順位をつけたり，複合的事態に対応したりすることはできません（勝原，2012）。

4-3　一人前レベル（目安として入社４，５年目から）

同じ職場や同じような職務状況で３年ほどの経験を積んだ段階です。意識的に目標を立てて，計画にしたがって行動し，その結果からより適切な計画をたてることができます。また実践経験から特定の局面に対する理解と対応のレパートリーが蓄積されてきますので，予測的な対応や処置の選択ができるようになります。

4-4　上級者レベル（中堅レベル）

状況の兆候パターンから問題状況の包括的理解（事態がどう動くか）を直感的に察知し，その判断に基づいて対応策を生成します。また過去の事例から類推的に問題の理解や対処法を生成することができます。看護師を例とすると，豊富な経験から患者ケアの長期目標と今の状態の位置づけを理解して，最適なケアを実践します。目標への道筋を見通して実践を構成するため，眼前のケアをしながらも次に備える環境をつくることができます。患者ケアに対する自分の方針の芽生えや認識が認められます（勝原，2012）。

上級者レベルで重要なことは，専門知識や専門的実践の他に，職場メンバーの能力や職場が担う仕事状況を把握して，メンバーに適切に仕事を任せるマネジメント業務の必要性があることです。また，状況の変化や緊急性に応じて，他部署等から応援を依頼するなど，組織間のつながりの構築も必要です。この段階では，適応的熟達が進むと考えられます。

看護師を例にすると，病棟にはリーダーという役割の看護師がおり，病棟全体の患者のニーズを把握し，その日に勤務する看護スタッフたちの仕事もコーディネイトする役割を担います（勝浦，2012）。自分の仕事のモニタリングだけではなく，看護スタッフたちの仕事の統合的なモニタリングも行うことが求められます。

4-5　熟達者（エキスパートレベル）

問題状況やその帰結に関する膨大なレパートリーを持ち，より複雑で複合的な問題状況であっても，その兆候に気づいて何が起こっているかに関する直感的な認識が可能です。困難な問題事態に対しても，創造的に対処できる段階です。看護師を例とすると，気になる患者のナースコールが鳴った瞬間に予測される事態を描くことができ，その患者に何が起きたかを瞬時に把握できます。この場合は，客観的データによる裏付けはその後（予測的直観の後）についてくる，すなわち確認として機能します（勝原，2012）。

熟達者がさらに研鑽を積むと，高度な技を発揮できるようになり，達人あるいは名人（master）と呼ばれる域に達することがあります。創造的熟達化が進む段階と考えられます。

リクルートワークス研究所（2015）によると，課長になるまでの年数は10年から15年未満が28%，15年から20年未満が32.8%であり，平均では15.6年です。仕事現場で一人前として自律的に仕事ができ，後輩や少数の部下を指導ができるようになるだけでも10年前後は必要だとわかります。次の段階は企業組織では課長クラスですから，眼前の仕事だけではなく，マネジメントの役割も担うようになります。部長に昇進するまでの平均年数は20.7年です。プレーヤーとして一人前に仕事をするだけではなく，マネジャーとして持続的に研鑽を重ねて初めて，適応的熟達化が達成されることが示唆されます。

5. 熟達化過程における停滞

定型的熟達化の段階を越えて上級者になる，さらに適応的熟達化を進め熟達者の段階になる人は，入社した人の何割くらいなのでしょう。松尾（2011）によると，民間企業の人事育成担当者169名に対して質問紙調査を実施した結果，職場の中で中核となって働くメンバーである上級者レベルの社員は，平均して30.5%，外部でも名が知られるコアな人材としての熟達者レベルの社員は10.8%でした。図2-1に示すような熟達段階と割合になるようです。

図2-1では一人前から上級者への段階と，上級者から熟達者への段階が，破線になっています。割合から考えても，2つの熟達段階へ進むときにはある種の壁あるいは停滞があるようです。このような熟達化への停滞は，「キャリア・プラトー」と呼ばれます。キャリア・プラトーとは，代表的な定義としては，「今後の職務上の昇進可能性が非常に低いキャリア上の地位」（Ference, Stoner, & Warren, 1977）とされます。この定義では，キャリア・プラトーは，職階を上り組織の中心方向に進む観点（Shein, 1978）における停滞ですから，必ずしもパフォーマンスの高さや有能さが停滞するわけではありません。しかし，一人前から上級者へ，そして上級者から熟達者への成長は難しいようです。成長感を調べてみると，図2-2が示すように，成長感を持つ人の割合は30代

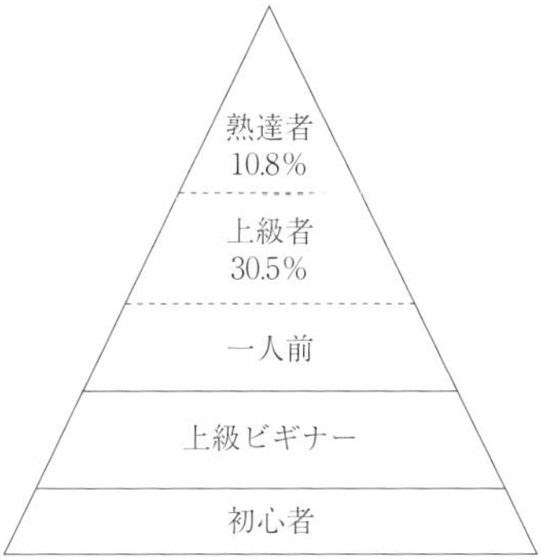

図2-1　成長の5段階モデルと成長している人の割合
（松尾，2011, p. 24より一部改変）

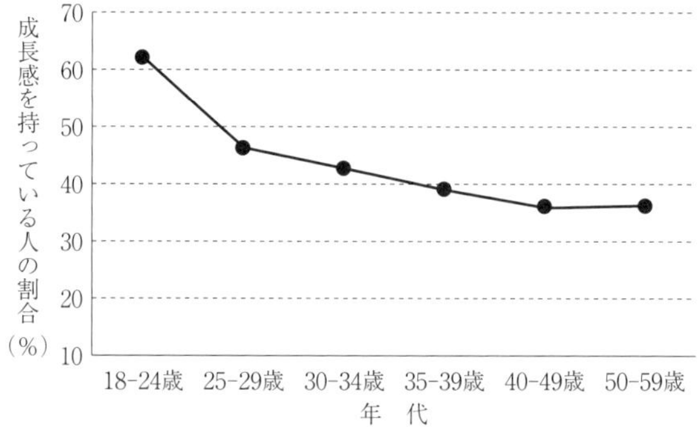

図 2-2　成長感を持っている人の割合（リクルートワークス研究所，2014）

後半から 40 代へと低くなっています。先に示した上級者が 30% という値とも合致します。

上級者以上への熟達化の難しさを，学びの観点から考えてみましょう。組織社会化では，組織と組織業務に適応することが学習の中心でした。その種の学びは，熟達段階としては一人前までと考えられます。組織は，その業務を再生産するために，組織に適応して従来生産を受け継ぐ人々を必要とします。図 2-3 は，職場における新人が社会化されて仕事を学ぶときの，個人と組織の働きかけの関係を示しています（Ashforth, Sluss, & Harrison, 2007）。学生が新人として職場に参入すると，組織から社会化の働きかけを受け，新人もそれに応じて予見的に行動します。それらが社会化された仕事を成立させます。学習が進むと，新人は仕事や職務に対する意味づけや確信を持ち，組織適応が進展します。何年もかけて新人の職務遂行のための調整と適応が進みます。

上級者や熟達者になると組織経営の観点から，組織を発展させ革新させる役割が課せられます。人を動かし，人に仕事を与え，調達のために組織を動かす役割を果たすことが求められます。組織の政治的関係を理解し配慮する必要もあります。事業戦略を職場の業務に翻訳する役目もあります。このような役割を果たすために，従来の組織適応に重点を置いた学びを革新させなければなりません。このような新規の困難な学びに，30 代後半の時期にあるすべての人が成功するとは限りません。おそらく失敗したり，部下に抵抗されたり，組織

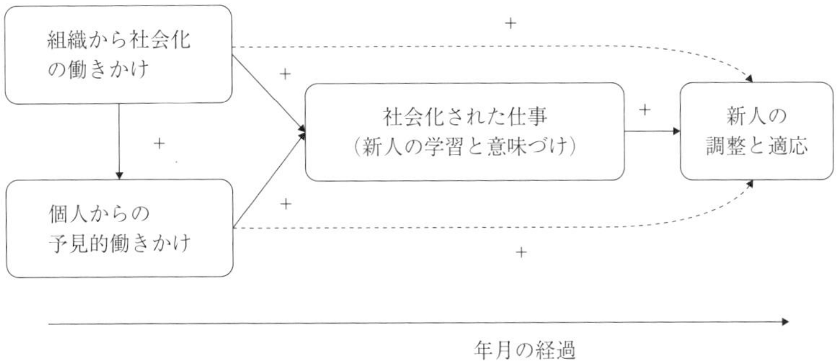

図 2-3　組織社会化学習プロセスの統合的モデル（Ashforth, Sluss, & Harrison, 2007, p. 27）

間の関係性を調整できなかったり，それまでは感じることができていた有能感を著しく低下させる出来事にも出会うでしょう。しかし，その事態を乗り越えるための指導教官はいません。自ら模索して進むことが求められます。このような新たな学びの段階に入る困難さのために，キャリア・プラトーが生じると考えられます。

6. 熟達化と革新の問題

新人が組織に参入して，職務適応のための社会組織化が進展すると，既存の手続き，顧客，業務方法に習熟してきます。そのため，職務遂行はスムーズになり，成功感や有能感が増すでしょう。しかし，職場におけるルーティン的実務の積み重ねは，革新的な熟達化にとっての阻害要因を含んでいます。

組織には経験を積み重ねた歴史があります。例えば，製品の設計，その開発技術の積み重ね，販売のルートや手続きなど，最初は試行錯誤により形や手続きを整えながら実績を積み重ねてきた組織は，その分業制度，業務手続き，設計開発手法，技術方式，管理手法などを，時間をかけて整備してきた経緯があります。それが持続的な生産や成功を支えています。このように考えると，組織の持つ制度（人事，経理，契約，法務，事業部，研究開発部など）や手続きのルールそのものが，組織が体験してきた学習を形にした学習の成果です。

組織内の一部署である職場に参入した新人は，組織の制度やルーティンを学び実践します。そのように彼は組織を再生産する役目を果たします。しかし，ルーティン的な職務遂行によって成果を得る状況が続くと，仮に外部環境が変化して従来手法を革新させる必要性が示されたとしても，すぐには革新のための模索や慣れない方法の採用に着手することはできないでしょう。失敗が許されない現場では，慣れない方法の適用はリスクが高いために，ぎゃくに従来手法に固執することさえあります。この現象は「有能性の罠（competency trap）」と言われ，個人あるいは組織の革新的学びを妨げる一因となります（Levitt & March, 1988）。

自身の積み重ねてきた有能さを一旦低下させるような試みだけでも，大きな心的エネルギーが必要です。加えて，スムーズに動いていた組織ルーティンも革新させる挑戦や実験的試みには，より大きな努力と熱意と組織的支援が必要になります。しかも直ちに大きな成果につながるわけではありません。このように，職場という実務環境において，探索的挑戦を含む革新的学びを行うことは容易ではありません。福島（2010）は，革新的学びを妨げる職場の制約を4点指摘しています。

6-1 時間的制約

残業の問題や働き方改革がニュースになるように，多くの実務現場では日々業務に追われる状況があります。しかもまとまりある仕事に考えや行為を集中させられることは少なく，複数の異なる作業が断続的に入り，考えや作業が中断されます。情報通信手段が便利になるほど，思考と作業の中断と断続的反復は多くなるでしょう。それらを所与の時間内に遂行する必要があるため，革新よりも効率的改善に向かう力が働きます。

新たな挑戦の探索や実験的実施には時間がかかります，生産性を高める行動とは，一見矛盾します。チームメンバーや職場にマイナスの影響を与えることもあるでしょう。組織からの許可や職場の協力を得るために，説明資料の作成や説得を繰り返さなければなりません。よほど強い目的意識と動機づけを持たない限り，個人が組織ルーティンを革新させる学びを引き起こすための時間を作り出すことは困難と言わざるを得ません。

6-2　経済的制約

新しい発想や企画の実験的実施には多くの費用がかかります。自分だけでは実施できない場合が多く，同僚や異なる領域の専門家の協力が必要になる場合もあります。他者や他部門に協力要請を行う場合，言うまでもなく人件費がかかります。さらに失敗時には経済的損失が発生します。これらは探索的挑戦には必要不可欠ですが，研究開発部門ではない通常の業務遂行部門では，探索的学習行為を伴う革新への挑戦は，投資ではなくコストとしてみなされがちです。

6-3　法的制約（免責構造の有無）

挑戦や実験的試行には失敗が伴うものです。失敗には他者や組織への影響に対する責任問題が発生します。例えば，医療現場では，新しい試みは人命に関わる場合があります。海外で新規プロジェクトを立ち上げ推進する場合，何らかの大きな失敗があれば，その企画を推進したリーダーが責任を負う場合があるでしょう。挑戦に伴う失敗に対し常に責任を負わされると，誰も挑戦しなくなります。

現代のナレッジワーカーには，職場内業務への適応的学びにとどまらず，組織内異動や外部研修を受けるなどして自律的に学び，付加価値の高い製品や新規サービスを開拓することが求められます。さまざまな試行錯誤が必要になるでしょう。そのような挑戦を活性化させるためには，奨励だけではなく試行錯誤に伴うリスクを理解し，適切な免責構造を備える必要があります。

6-4　組織業務の歴史的構造

職場の成員は，所属する組織の構造やプロセスや文化の中に据えられた存在です。その組織は，歴史的に多くの挑戦に伴う試行錯誤を重ねて学び続け，現在の組織ルーティンを形作ってきました。この場合のルーティンとは，組織運営のための規則や手続き，慣例，技術，分業体制などです。歴史的な学習結果であり，組織を存続させ続けるという意味で有効な組織ルーティンに支えられて，個人は仕事ができるようになり，一人前になっていきます。そのような仕事と熟達の歴史的基盤である組織ルーティンを変化させることは，かなりの勇気と覚悟と権限と決定的事実と外圧等々が必要というように，簡単なことではありません。

このように一人前からさらに上級者へ，そして熟達者への学びは，現熟達水準までの学びとは異なる発達的かつ拡張的なキャリアへの挑戦です。困難であっても多くの人がそれに挑戦し続けてきたからこそ，私たちは快適で，刺激的で，安心で，楽しくて，清潔で，便利な生活を過ごせるようになりました。何よりも職場における大人の学びは，挑戦しがいのあることにあふれています。自分なりの熟達化を描けるように，まずは組織社会化の学びにおいて足腰を鍛え，人間関係ネットワークを築きましょう。

引用文献

Ashforth, B. E., Sluss, D. M., & Harrison, S. H. (2007). Socialization in organizational context. In G. P. Hodgkinson & J. K. Ford (Eds.) *International review of industrial and organizational psychology*. John Wiley & Sons, Ltd. pp. 1-70.

Chi, M. T. H., Glaser, R., & Rees, E. (1982). Expertise in problem solving. In R. Sternberg (Ed.) *Advances in the Psychology of Human Intelligence*, Vol. 1: Hillsdale, NJ: Lawrence Erlbaum Associates, pp. 7-76.

Dreyfus, S. E. (1983). How expert managers tend to let the gut lead the brain. *Management Review*, September, 56-61.

Ericsson, K. A., Krampe, R., & Tesch-Romer, C. (1993). The role of deliberate practice in the acquisition of expert performance. *Psychological Review*, Vol. 100(3), 363-406.

Ference, P. T., Stoner, J. A., & Warren, E. K. (1977). Managing the career plateau. *The Academy of Management Review*, Vol. 4, 602-612.

福島真人（2010）．『学習の生態学：リスク，実験，高信頼性』東京大学出版会

Glaser, R. & Chi, M. T. H. (1988). Overview. In M. T. H. Chi, R. Glaser, & M. J. Farr (Eds.), *The nature of expertise*. Hillsdale, NJ: Lawrence Erlbaum Associates.

波多野誼余夫・稲垣佳世子（1983）．「文化と認知」坂本昴（編）『現代基礎心理学第７巻：思考・知能・言語』東京大学出版会．pp. 191 210.

勝原裕美子（2012）．「Expert 5-2 看護師」金井壽宏・楠見孝（編）『実践知』有斐閣．pp. 194-221.

Levitt, B. & March, J. G. (1988). Organizational learning. *Annual Review of Sociology*, Vol. 14, 319-340.

松尾睦（2006）．『経験からの学習：プロフェッショナルへの成長プロセス』同文館出版

松尾睦（2011）．『職場が生きる 人が育つ「経験学習入門」』ダイヤモンド社

大浦容子（1996）．「熟達化」波多野誼余夫（編）『認知心理学５：学習と発達』東京大学出版会．pp. 11-36.

岡田猛（2005）．「心理学が創造的であるために：創造的領域における熟達者の育成」下山晴

彦（編）『心理学論の新しいかたち』誠信書房．pp. 235-262.
リクルートワークス研究所（2015）．ワーキングパーソン調査2014（2015年3月25日公開），http://www.works-i.com/surveys/working-person-survey.html
Ross, K. G., Shafer, J. L., & Klein, G. (2006). Professional judgements and "naturalistic decision making." In K. A. Ericsson, N. C. Charness, P. J. Feltovich, & R. R. Hoffman (Eds.), *Cambridge handbook of expertise and expert performance*. New York, NY: Cambridge University Press. pp. 403-420.
Rumelhart, D. E. & Norman, D. A. (1978). Accretion, tuning, and restructuring: Three modes of learning. In J. W. Cotton & R. L. Klatzky (Eds.), *Semantic factors in cognition*. Lawrence Erlbaum Associates. pp. 37-53.
Schein, E. H. (1978). *Career dynamics: Matching individual and organizational needs*. Addison-Wesley Publishing Company.（二村敏子・三善勝代（訳）（1991）．『キャリア・ダイナミクス』白桃書房）

コラム2　新興プロフェッショナル達

熟達に関しては，将棋やチェスのように高度な技を磨き名人レベルになる方向と，2章で紹介した看護師事例の中堅や熟達者のように，職場メンバーの能力と仕事を把握して総合的マネジメントを担う方向があります。後者は，自身の専門領域に加え，他領域の業務を学びつつ協働することも少なくありません。現代の主に企業組織に所属するナレッジワーカーは，一つの専門領域の熟達者になるだけではなく，マネジメント力を磨き，協働・共創を推進する実践知が必要とされます。彼らは専門の技を極める伝統的プロフェッショナルと区別されて，新興プロフェッショナルと呼ばれます。

新興プロフェッショナルの典型例は，情報サービス産業を担う人材です。情報サービス産業の水準は国際競争力の指標となるものであり，当該領域の人材育成の方向性と指針の共通基準を策定することが重要です。そこで2001年より経済産業省において検討が始まり，2002年にITスキル標準が発表され，2003年には教育訓練のための「研修ロードマップ」が発表されました。

職種としては，下記の11職種です（ITスキル標準センター，2004）。

①**マーケティング**：企業，産業，製品，サービスの市場動向を調査し，関連する戦略の企画立案と実施計画，資金計画，ライフサイクル計画を策定する。
②**セールス**：顧客との関係を確立し，顧客の経営方針や戦略を理解した上で，その実現のためのビジネス上の課題と解決策を提案する。

③コンサルタント：顧客の経営戦略，情報化企画策定に際し，課題の整理分析を通じて，目標実現に向けた戦略策定のための助言，提案，カウンセリングを行う。
④ IT アーキテクト：顧客の情報化の企画に際し，ビジネス上の課題を整理分析し，情報構造とパターンから成る情報技術アーキテクチャーを設計する。
⑤プロジェクトマネジャー：顧客のプロジェクト遂行に関し，プロジェクトの立ち上げ，計画策定，遂行と管理を実施し，契約上の納入物に責任を持つ。
⑥ IT スペシャリスト：IT システム上の課題解決に関わるシステム設計，構築，導入およびテストを実施する。
⑦アプリケーションスペシャリスト：特定業務の開発，設計，構築，導入，テストおよび保守の実施，または適用実務パッケージのカスタマイズを実施する。
⑧ソフトウエア開発者：市場ニーズに基づくソフトウエア製品の企画，仕様設定，設計，プログラミングおよびテストを実施する。
⑨カスタマーサービス：オンサイトでハードウエア，ソフトウエアの導入，カスタマイズ，保守および修理を実施すると共に遠隔保守も実施する。
⑩オペレーション：システムの運転（定時，縮退），ネットワークの運用と監視，サービスレベル管理，機器構成管理を実施する。ヘルプデスク業務も行う。
⑪エデュケーション：求められるスキル開発の支援のため，ビジネスニーズに即した研修の企画，カリキュラム／教材の開発を行うと共に，研修の実施も行う。

11 職種には共通して表 C-1 に示す 7 段階のスキルレベルが設定されています。

表 C-1　7 段階のスキルレベルと求められるコンピテンシー

スキルレベル		求められるコンピテンシー
高位	レベル 7	レベル 6 に加え，業界のリーダーとして新たなサービスを創出でき，社外でも認知された新規サービスや技術を創設している。
	レベル 6	責任者として当該情報サービスを提供できると共に学会などへの貢献ができ，社内外でその職種の専門家として認知されている。
	レベル 5	責任者として当該情報サービスを提供でき，社内においてその職種の専門家として認知されている。
中位	レベル 4	独力で実施でき，かつ指導もできるなど，リーダーとしての役割を果たすことができる。
	レベル 3	担当領域の作業を独力でできる。
低位	レベル 2	その職種の上位レベルの指導のもと，既知の技術，知識を利用し，一連の担当領域の作業を実施できる。
	レベル 1	その職種の上位レベルの指導のもと，既知の技術，知識を利用し，一部の担当領域の作業を実施できる。

今日のナレッジワーカーは，キャリアの構築過程で学びを開発し続け，仕事への熟達に加えて学会や業界への貢献も求められます。高い要求から生じる精神的ストレスの問題だけではなく，高度な学びの持続に影響を与える心理学的問題を理解し，熟達化に向けた支援環境の設計に貢献するような基礎科学とデザイン志向を併せ持つ研究開発が新たな実践領域として広がりつつあります。

引用文献

ITスキル標準センター（2004）．『ITスキル標準ガイドブック』独立行政法人情報処理推進機構（IPA）ITスキル標準センター　株式会社メディアセレクト

3章 実践知への認知的アプローチ ——暗黙知をあぶり出す

すごい先輩はどこが違うのか

1. 実践知とは

「実践知（practical intelligence）」の定義に関し，楠見（2012）は「熟達者（expert）がもつ実践に関する知性である（p. 4）」と述べています。新人は職場に参入し，組織社会化を進展させ，熟達化の過程を歩みます。仕事経験を通して蓄積され洗練される知性は，実践経験から個々人が何を学んだかによって同じ専門職の人でも異なり，その差が業績に影響します。

仕事現場で発揮される実践知は，成果としてはとらえられますし，部分的には「〜ができる」という形で表現できます。しかし，具体的にどういう内部知識やメカニズムがあるかは外部からは見えません。そのような知識は「暗黙知（tacit knowledge）」と呼ばれます。スタンバーグとワグナー（Sternberg & Wagner, 1992）は，熟達者の実践を支える暗黙知を，「仕事の中で経験から直接獲得された知識であり，仕事上のコツやノウハウなどである」と特定しています。明示的な知識は「形式知（explicit knowledge）」と呼ばれ，マニュアルや仕様書や書物に記される知識に代表されるように，言語的に表現される知識です。暗黙知と形式知の区別は，ポランニ（Polanyi, 1966）によるものです。暗黙知は言語化が困難な経験知であり，特定の状況で活性化され，“いまここ”で利用可能になる状態のものです。上級者に仕事を成功させるコツを聞いても，本人も明確には意識しておらず，たとえ彼／彼女から回答を得ても後付けの説明や精神論である場合が少なくありません。一方，形式知は想起し確認し表現できる知識なので，マニュアルのような形で伝達が可能です。

2. 実践知を支える暗黙知の獲得と種類

2-1　暗黙知の獲得

暗黙知について，ポランニ（1966）に基づいて例示しながら説明します。私たちは生活環境や仕事環境の中で暮らしています。それらの環境にはさまざまな事物や出来事があり，それらは全体的構造と部分（細目）を持っています。例えば，描画の鼻あるいは目を見ると，それらを含む全体である顔を思い浮かべます。スプーンでアイスクリームを触って堅い感覚（細目）があると，食べ頃ではないこと（意味ある状況）が分かります。同業者の間で通用する符丁でコミュニケーションするときも，知覚されるのは特定の身ぶりや記号（細目）ですが，それにより意味ある状況（包括的全体）を把握するようになります。

暗黙知の理論では，細目は身体器官が受け取る感覚であり，「第一項」あるいは「近接項」とされます。全体としての顔の認知，食べ頃ではないとの把握，符丁の示す状況は，複数の細目を統合した全体であり「第二項」あるいは「遠隔項」とされます。新入社員は就職先の組織に参入して，その社会文化的環境の中で仕事をしながら“住まう”ことによって，経験的に第一項から第二項を把握するようになり，適応的に状況を判断し行動するようになります。“住まう”ことに伴う経験が反復される過程で暗黙知が獲得されます。

2-2　暗黙知の種類

暗黙知の種類については，熟達化の過程で５種類の暗黙知が獲得されると考えられます。

身体性暗黙知（semiotic tacit knowledge）

スポーツの名選手や楽器の名演奏者のように，姿勢や筋肉の動きに関わる暗黙知です。

認知的暗黙知（cognitive tacit knowledge）

状況把握のための構造化された知識や行為手続きの知識，モノの用途や制約，困難度や危険性など，状況の理解と意味づけのための暗黙知です。体系的に構造化された知識だけではなく，特定場面に結びつく知識ネットワークのレパートリーが膨大にあると考えられます。例えば，私たちは車カテゴリー，色カテゴリー，火の特性，交通ルールをそれぞれに知っています。しかし「ウ～，ウ～，ウ～，カンカンカン」という音を運転中に聞いたとたんに，“火事で急いでいる（赤い）消防車が来ているから道を空けないといけない”と瞬時に思い行動します。そういう特定の知覚から状況全体の意味と判断と行為が浮かび上がることを可能にする暗黙知です。

メタ認知的活動の暗黙知（tacit knowledge of meta-cognitive activity）

メタ認知的活動とは，自分の言動を大局的で目的的な観点から方向づけ，監視し（monitoring），評価し（evaluating），不適切さを感知した場合は適切な制御（controlling）を行う高度に知的な活動です。ネルソンとナレンス（Nelson & Narens , 1994）は，監視とは課題遂行を行う対象レベルの言動や出来事から情報を得ることであり，制御とはメタレベルが対象レベルを修正することであると説明しています。状況適応的な判断，行為，気づきと修正は，優れたメタ認知的活動に支えられています。

課題遂行時のメタ認知的活動は，事前段階，遂行段階，事後段階で働きます。この働きを三宮（2008）は図 3-1 のようにまとめています。事前段階では，課題の困難度を判断して目標の範囲を決め，計画や方略を策定する実践知を支えます。遂行段階では計画や方略が監視，点検と評価，制御を確かなものにします。事後においては，課題の達成度を評価したり，失敗や成功の原因を分析したりして，次回に備えます。

図 3-1 には情動的側面が記載されていません。しかし，職場では複雑な人間関係や部署間の関係性に対応する必要性に迫られますので，メタ認知的活動の対象は，感情や表情の制御などの情動的側面も含まれるでしょう。

社会文化的暗黙知（socio-cultural tacit knowledge）

現代の仕事環境では，職場内だけでは完結しない仕事が一般的になってきています。他部署や他組織の人々と共に仕事をするとき，その人々の言葉の端々

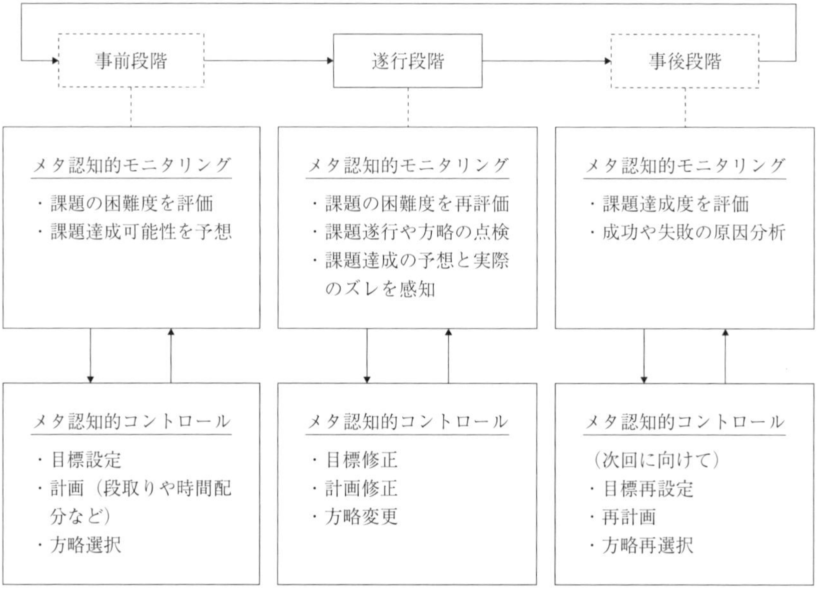

図 3-1　課題遂行の各段階におけるメタ認知的活動（三宮，2008, p. 10）

から状況を読み取り，戦術を決めたり変更したりすることがあります。特に日本は察しの文化がありますから，婉曲表現や明示的に表現しない場合が多くあります。また，出来事の重大さやその影響は業務領域によって異なります。他にも，しきたり，制度，タブーなどが含まれます。

創造性の暗黙知（creative tacit knowledge）

熟達化が進むと，目指すものの漠然としたイメージや，答えのない課題でも，見当をつけて挑む創造的"勘"あるいは"業（技）"が身につくと思われます。山縣（1999）は，日本のもの作りにおける暗黙知の例を紹介しています。通常，製品は形式知化された工学知識と技術的手法によって製造されます。しかし，顧客が「ぐっとくるモーターサイクルが欲しい」との要望を示した場合，「ぐっとくる鉄」などありません。手続き化された製造法もありません。このような場合でも，熟達したエンジニアは，このフィーリングが加速度のことであると見当をつけ，（詳細は省きますが）関連する部分に使用される鉄板の炭素量を

0.01% まで具体的に決めて部品を作り，新たな感触のモーターサイクルを製造するそうです。このような曖昧な目標に対する“分析された直感”が，新たなモーターサイクルを実現させます。

実践知とそれを支える暗黙知の特性は理解できたとして，職務領域で高い業績を示す人の暗黙知を具体的に知りたいときは，どうしたらいいのでしょう。その方法を次に説明しましょう。

3. 暗黙知をあぶり出す

実践を支える暗黙知を解明したいとき，どういう方法があるでしょうか。心理学において人に内在する「知」を扱う領域は，認知心理学です。認知心理学は，人々の学びや思考や判断に使用される知識の種類，その内部表現形式，知識の活性化され方，学びに伴う知識構造の変化，誤解など，人々の知を研究対象とします。暗黙知を明らかにする認知心理学的研究法を紹介しましょう。

3-1 問題解決アプローチ

私たちは課題を与えられ，それに取り組もうとするとき，その過程は大きく「問題状況の理解過程」と「理解に基づく解決過程（行為の実施過程）」に分けて考えることができます。問題解決という用語は，日常的には解決の方に重点が置かれがちですが，解決は理解のあり方の影響を受けます。

問題状況の理解については，個人が特定の問題状況の何に着目し，どのように意味づけ，重要度をどう判断するかに関するインタビューや質問紙によって回答を収集し，分析することができます。例えば，新人と上級者の比較，あるいは成果の異なる人の比較をすることにより，用いられる知識の共通する部分と差異が明らかになります。同様に，解決過程については，特定状況における実践行為を比較すると使用される知識の差が明らかになります。

認知心理学を応用した暗黙知研究には，パーソナル・セリング（人によって遂行される営業や販売業務）の実践知に関するものがあります。場面としては，顧客を訪問して顧客と対話する状況です。シマンスキー（Szymanski, 1988）は，

表 3-1　重要性順にみた顧客判定の手がかり（Macintosh, Anglin, Szymanski & Gentry（1992）より表の一部を掲載，手がかり語の日本語は細井（1995）p. 226 を参考にした）

有望（見込みある）顧客	
優秀な販売員	優秀でない販売員
コミット（14.86）	コミット（18.6）
収　入（13.13）	収　入（14.9）
信　頼（10.61）	純資産（10.73）
職　業（10.3）	商品知識（8.43）
純資産（10.05）	目標の数（8.29）
税控除（7.82）	年　齢（8.13）
婚姻状態（7.08）	婚姻状態（7.59）
年　齢（6.67）	子供の数（7.26）
目標の数（6.2）	税控除（6.05）
子供の数（5.95）	職　業（5.47）
学　歴（4.86）	学　歴（5.13）

注：カッコ内の数値は手がかり語の重要度評定の平均値である。（コミット：顧客が自身の財政状態を改善する事への関与。商品知識：顧客の金融商品や金融計画に関する知識。目標の数：顧客の金融計画の目標の数。信頼：金融プランナーの金融計画意思決定を行う能力への信頼の程度）

営業担当者が用いる知識に着目して一連の研究を行っています。それらの研究を紹介したマッキントッシュら（Macintosh, Anglin, Szymanski, & Gentry, 1992）が示した表の一部を見てみましょう。

実験参加者である金融販売員 82 名が，顧客との対話を通して，その顧客が有望な取引の見込みがある顧客と判断する手がかりを，自由想起法でリストアップしました。さらに，それぞれの手がかりに，合計 100 点になるように重みづけを行いました。その上で，優秀な成績の販売員とそうでない販売員のそれぞれについて，20% 以上共通した手がかりを表 3-1 に列挙しました。左側が優秀な成績を示す販売員群の手がかりと重みづけの平均値です。右側は優秀ではない販売員群の平均値です。重みづけの値が大きい順に，手がかりが掲載されています。

優秀な販売員群と優秀でない販売員群を比較すると，顧客との対話過程で顧客を有望で商談の見込みがあると判断する手がかりに関して，共通する点と異なる点が見えてきます。最も重視する手がかりと，最も重視しない手がかりは共通しています。しかし，重要な上位に位置する 3 番目，4 番目，5 番目が異なっています。優秀な販売員は，顧客が自分を信頼しているかどうかを重視しています。一方，優秀でない販売員は，顧客の自分に対する信頼をあげていません。彼らが重視しているのは，顧客の金融商品に関する知識と目標の数です。優秀な販売員は，顧客の商品知識を手がかりとしてあげていません。ここから読み取れることは，優秀な販売員は，顧客との対話の中で自分を信頼して相談してくれることに注意して顧客を理解しようとしているのに対し，優秀でない販売員は，顧客の理解よりも金融商品に関するやり取りに時間を費やしていることが浮かび上がります。このように使用知識の違いを明らかにすることにより，顧客との対話がどのようかを伺い知ることができます。

次に，販売員の行為に着目しましょう。ある状況における営業行為は，一種の場面に即した課題解決行為です。例えば，私たちがレストランに行って食事をするときは，その場面に登場する物や人そして行為の順番の知識が活用されて，レストランでの食事という課題を解決します。席について，店員さんを呼び，注文して，食べて，お金を払って，出るという流れの知識です。この種の知識は，「スクリプト（script）」と呼ばれ，ある場面で展開される出来事の流れを記した知識構造です（Schank & Abelson, 1977）。レストランのスクリプトは私たちの経験から獲得されたものですから，一種の暗黙知です。同様に考えて，販売員が持つ営業行為のスクリプトを知ることができます。

販売員が顧客を訪問して行う一連の行為に関しては，アングリン（Anglin）の 1990 年の博士論文がありますが，マッキントッシュら（1992）に要約されていますので，その一部を紹介します。アングリンは農機具の販売員の中で成績のよい 11 名にインタビューを行い，顧客への訪問時に行うことや話すことを書き出してもらい，それを整理して複数の行為（スクリプト変数）を抽出しました。その後，新たな 62 名の販売員を対象に，それらのスクリプト変数をどのような順番で実施するかについて調査しました。その結果が表 3-2 です。

成績上位の販売員群も成績下位の販売員群も，顧客への訪問場面では最初の挨拶として訪問の目的を述べ，自社についての知識を顧客にたずねるという順は同じです。しかし，そこからが異なります。上位者群は，3 番目，4 番目，5 番目と購買マネジャーを通して顧客側の製品に対する状況やビジネス状況を理解する対話を展開しています。まずは顧客を理解しようとする態度を示すと言

表 3-2　スクリプト変数の順番　(Macintosh, Anglin, Szymanski, & Gentry (1992) より。スクリプト変数の日本語は細井 (1995) p. 230 を参考にした)

順番の平均値			スクリプト変数
全体 n=62	成績上位 n=12	成績下位 n=50	
1.83 (1)	2.27 (1)	1.77 (1)	訪問の目的を述べる
3.49 (2)	3.36 (2)	3.52 (2)	購買マネジャーにわが社に関する知識を尋ねる
5.21 (3)	6.55 (7)	4.92 (3)	購買マネジャーがわが社に好意を持つようにする
5.65 (4)	4.64 (3)	5.82 (5)	購買マネジャーに現在購入している競合製品を尋ねる
5.82 (5)	5.73 (5)	5.79 (4)	現在の供給業者への満足度を尋ねる
6.32 (6)	5.91 (6)	6.36 (6)	自分のバックグラウンドを語る
6.73 (7)	5.55 (4)	7.00 (7)	購買マネジャーのビジネスの経験を話題にして話す
7.98 (8)	9.18 (10)	7.74 (8)	製品の利点を詳細に説明する
8.22 (9)	7.64 (8)	8.30 (9)	わが社の流通システムを強調する
8.87 (10)	9.09 (9)	8.89 (10)	購買マネジャーの個人的な関心事を話題にして話す
9.02 (11)	9.27 (11)	9.05 (11)	他社製品に対する関心を探る
9.49 (12)	9.36 (12)	9.52 (12)	わが社のコンピュータ化された市場情報を強調する
12.37 (13)	12.45 (13)	12.12 (13)	再訪問の意向を述べる

って良いでしょう。その後に，自分や自社のことを話そうとしています。一方，下位の群は挨拶のあとすぐに自社に好意をもってもらうような話の展開をしています。おそらく自社製品の優れた点を話すのでしょう。相手を知るよりも前に，自社のことを話しています。購買マネジャーのビジネス経験の話は，かなり後です。成績上位群は相手をよく理解しようとする対話を進めていますが，下位の群は相手を理解するよりも売り込みが目立つ対話と言えます。

重要なこととして注意すべきは，現実でもそうですが，この研究における成績上位者は下位者よりも人数がずっと少ないです。このため全員の平均値は，下位者の方に近づきます。したがって，ある専門職の暗黙知を調査するときは，特徴的な層を分けて，各層の特徴を比較によって明らかにすることにより差異を発見することが，暗黙知の理解には有益です。

3-2　シミュレーション法

問題解決アプローチでは，インタビューと質問紙を組み合わせました。それらは参加者に実践現場の思考や行為を思い出して報告してもらう手法でした。しかし，実践知は現場の“いま，ここ”で発揮される知であり，回想して思い出す方法では捉えられない知があります。それらの暗黙知を捉えるために，状況を再現して，その場でどう判断しどう行動するかを報告してもらう方法があります。それをシミュレーション法と言います。

シミュレーション法では，特定の状況や場面を参加者に映像で見せたり，状況の事例（ケース）を資料にして渡したりします。その状況については，当該領域で重要な場面を事前に調査しておきます。営業に関して重要な場面の一つは，初回訪問時です。重要な場面や局面は複数ありますから，暗黙知を捉えたい場面を選んでおきます。

図 3-2 は，伊東・平田・松尾・楠見（2006）の研究で用いた映像の概略図です。実際は営業訓練用ビデオ教材を編集して使用しました。映像はパート 1 からパート 3 に分かれています。パート 1（約 1 分）では，オフィス家具販売会社の地域支店長から営業所の所長に対し，新規顧客開拓の重要性が説明されます。営業方針の説明に相当する部分です。

パート 2（約 2 分）は図 3-2 の a, b, c です。シーン a：主人公である営業マン（先の営業所所属）が自社で先輩に訪問先の説明をしています。シーン b：訪問先オフィスの様子が流れ，空間に余裕のない状況が映し出されます。シーン c：主人公が面談予約を入れた総務課長が企画室室長に，オフィス家具販売会社の営業マンが来ると知らせています。企画室室長は雑然とした空間を改善したい考えです。これらのシーンは顧客状況を知らせる働きをしています。

パート 3（約 7 分）は d, e, f の商談場面です。シーン d：主人公の営業マンが顧客先に訪問して，3 名で座り，オフィスを見ながら話を始めたところです。シーン e：空間に余裕がない現状の理解は顧客と営業マンで共有できたものの，営業マンからの提案が顧客の問題意識に合わず，営業マンは考え込みつつも考えてきた提案を続けます。シーン f：接点が見つからないまま時間切れになり，営業マンが「ご検討をよろしくお願いします」とお辞儀をして帰ります。

実験参加者は，複写機・情報機器を扱う販売会社の高成績者 11 名と平均的成績者 9 名でした。平均年齢は高成績群が 28.9 歳，平均的成績群が 27.8 歳，経験年数は高成績群が平均 6.8 年，平均的成績群が平均 5.7 年でした。経験年数の違いによる影響を回避するために，年齢と経験年数があまり違わない参加者をお願いする必要がありました。参加者は当該販売会社の営業所の所長が選

a. 主人公の営業マンと先輩との会話：新規訪問先の会社の情報を提示

b. 訪問先の雑然としたオフィスが映しだされる（営業マンはここに来る）

c. 総務課長が企画室室長に営業マンが来ると知らせ，室長は乗り気

d. 営業マンはオフィスが雑然として困っていることを理解して話し始める

e. 提案に接点が見出せず，3者は考え込む

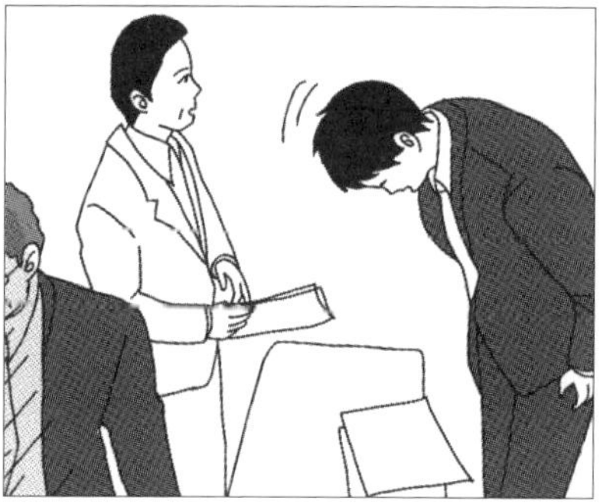

f. 時間切れ：営業マンは「ご検討よろしくお願いします」とお辞儀をして帰る

図3-2　商談の前と商談中の映像ビデオの概略図[1]

表 3-3　訪問前の行為と報告単位数（伊東ら，2006 の表を日本語に改変）

訪問前		n
趣旨設定	N=21	
お客と関係を築く		7
売り込みの態度は見せない		7
自分を知ってもらい売り込み		4
うちの会社を知ってもらう		3
行為目標設定	N=18	
使える情報を獲得する		6
お客のニーズや抱える問題を収集する		6
お客のビジネスに関する情報を収集する		4
成功する見込みをはかる		2*
事前調査	N=9	
お客の会社について事前調査する		2
お客の業界のトレンドを調査する		2
先輩に相談してアドバイスをもらう		2
お客の業界で実施した事例を用意する		2
うちの会社の商品カタログを用意する		1
ビジネスマナー	N=1	
きちんとした服装で伺う		1

*p<.05

びました。営業成績の数値も取得しておきます。ただし，実験の時は，実験者は目の前の参加者がどちらの群の人かは知らされません。

手続きとしては，参加者は一人ずつ会議室に入り，まずパート 1 とパート 2 の映像を見て，準備行為として「何を決めておき」「どういう準備をするか」を報告しました。この報告は，参加者らが顧客情報を得て訪問までに行う準備行為のデータになります。次に，彼らはパート 3 を視聴し，営業マンの不適切な行為を発見するたびに，映像の一時停止を何度でも行いました。そのとき「何が不適切か」「自分であればどう振舞うか」を報告しました。これらのデータは，感知（気づき）と診断と対応行為を示します。特定の営業実践に関し，訪問前行為，実践上の問題の感知，診断，対応行為の 4 種類のデータを両群で比較しました。分析に際しては，参加者の報告の録画を書き起こし，停止場面に対応した意味の単位に分解してカード化したものを報告単位として，2 名の研究者で分類し，高い一致率を得ました。

訪問前行為の分析結果を表 3-3 に示しました．訪問前行為としては，1)「商談の趣旨をすえる（関係を築く，売り込みの姿勢はみせない，自社を知ってもらう，など）」，2）「対話行為の目標を設定する（ニーズや問題を収集する，ビジネスに関する情報を得る，成功の見込みをはかる，など）」，3）「事前調査（お客の会社調査，業界のトレンド調査，事例やカタログの準備，など）」，4）「ビジネスマナー（きちんとした服装）」に分類することができました。

報告単位数と営業成績との相関分析を行った結果，「成功の見込みを探る」でのみ，正の相関が認められました。他の行為が同じだとしても，高成績群は初回訪問で成功の見込みを把握するように自身を方向づけることがあるようです。

商談時のデータ分析に関しては，「注意をして聞いていない」「提案を押し付けている」「説明が不適切」「マナーが不適切」「場を読めない」「終わり方がよくない」に分類できる個々の指摘がありました。しかし，それらに関係する一時停止回数の差も，指摘事項数の差も，認められませんでした。どちらの群でも刻々変化する場の状況を読むスキルは変わらないことがわかりました。

次に，映像内の主人公の不適切な行為に対し，“自分はこうする”の報告を分析しました。単位カードを作成して整理分類した結果，5個のカテゴリが見出されました。1）「役立つ情報の獲得（お客の言った問題を掘り下げて聞く，など）」，2）「自分の行動の抑制（売り込み姿勢を見せない，など）」，3）「自社製品の良さの説明（カタログや事例を使って説明する，など）」，4）「訪問終了の仕方（次回の予約をとる，など）」，5）「礼儀（感謝を表す，など）」でした。

報告単位数を用いて，両群の行為を区別するために，判別分析を実施しました。表3-4にその結果を示しました。先の準備段階では，両群とも訪問の趣旨はお客との関係を築き，売り込みの態度を見せず，情報を収集することでした。それらの目標のもと，高成績群はお客の話を穏やかに聞いて状況を理解することに集中するよう，自身へのコントロールがよく発揮されています。また，予約が総務課長でしたから，企画室室長が同席しておられることの意味を理解しようとしています。おそらくここで見込みがあるとの判断をしているのではないかと推察されます。そういう目算で聞く姿勢を徹底させ，お客が安心して自分の問題を相談できる場づくりを心掛けていることがわかります。また，外面的なニーズの背後状況がわかるようになるので，提案の規模が大きく，しかも的確になると推察されます。

表 3-4　主人公の不適切行為に対し自分ならこう振る舞うと報告した行為（95% の確率で正しく判別された行為と係数）（伊東ら，2006 の表を日本語に改変）

高成績群に特徴的な行為	カテゴリ	高成績	平均成績
お客が受け入れる話題に焦点を合わせる	情報の獲得	18	0
「実はこんな問題が,,,」という言葉を待つ	情報の獲得	18	0
お客の腹の中を言わせる感じで会話する	情報の獲得	18	0
上位の方がおられる状況の意味を推測する	情報の獲得	0	-36
売り急ぐ必要はない	行動制御	18	-36
注意深くメモを取る	行動制御	18	-18
初回は使える情報の獲得に集中する	行動制御	18	0
売り込まず，商談を穏やかに保つ	行動制御	18	0
事例やカタログを用いて良さを説明する	良さの説明	18	0
平均成績群に特徴的な行為	カテゴリ	高成績	平均成績
お客からニーズや関連情報をもっと聞きだす	情報の獲得	0	18
お客が現在抱える問題を聞き出す	情報の獲得	0	18
お客が言った問題と関連する事柄を話す	情報の獲得	-18	0
お客が言った問題への解決策を提案する	良さの説明	0	18
平易な用語と日常語を使う	良さの説明	0	18
constant		-8.88	-8.69

一方，平均的成績群は，提案につながるようなニーズを聞き出し，聞き出せた問題に対して関連する事柄を切り出したり，提案したりしようとしています。少し性急な気がします。また，表面的なニーズに対する提案は規模的には小さくなりがちかも知れません。このような差が認められ，商談状況の違いを推測することができました。

認知心理学的にこの結果の差を解釈するならば，営業に関係する知識や実行スキルに違いはほとんどないが，設定した方略に従って自身をコントロールするメタ認知的能力やその発揮の仕方に差があると言えるでしょう。

4. 暗黙知を明らかにすることの意義

実践知を支える暗黙知は，周囲の人からは見えません。本人でさえ，明確に説明することができません。しかし，認知心理学的研究法を採用することにより，実践知の科学的理解を進めることができます。実践知を支える暗黙知が形式知化されれば，それらの「知」が議論の対象になって共有され，訓練可能になり，事前にリハーサルできるようになるなど，学習が可能になります。

ただし，暗黙知の解明と活用には，問題もあります。一つは，一人前レベルや上級者レベルになった人々は自分のやり方ができあがっているので，彼／彼女らがより成果の高い人の暗黙知を知るだけで，自分の実践行為を改善・改革してくれるかという問題です。身体化されている実践の型を変えることは，簡単ではありません。一定の成功体験を持つ人は「有能性の罠」の例もあり，自身のやり方の変更には抵抗を示すでしょう。コラム３も参考にして下さい。

別の問題として，暗黙知の伝承の問題があります。暗黙知の伝承は，従来はOJT を通して年数をかけて伝えてきました。しかし，これまで日本の技術現場を支えてきた団塊の世代（1947 年から 1949 年生まれ）が大量に退職するいま，技能伝承に時間をかけることはできません。暗黙知を解明し形式知化して共有するだけではなく，暗黙知を暗黙知のまま教えることのできる教材づくりが喫緊の課題です。今後は実践現場からの暗黙知伝承の試みが増えること，そしてそれらが公開されることが期待されます。

注

1）実際に使用した映像刺激は産能大学の訓練用ビデオを編集したものですが，そのまま掲載することはできませんので，筆者のゼミ生であった岩田英梨さんが映像を視聴して描いて下さった概要描画を掲載しました。

引用文献

伊東昌子・平田謙次・松尾睦・楠見孝（2006）. 有能営業担当者と非有能営業担当者の初回商談にむけた準備行為と商談行為　人間工学，Vol. 42(5), 305-312.

細井謙一（1995）.「営業の認知里理論：パーソナル・セリング研究における認知的アプローチ」石井淳蔵・嶋口充輝（編）『営業の本質：伝統と革新の相克』有斐閣．pp. 218-258.

楠見孝（2012）.「実践知と熟達者とは」金井壽宏・楠見孝（編）『実践知』有斐閣．pp. 3-31.

Macintosh, G., Anglin, K.A., Szymanski, D.M., & Gentry, J. W. (1992). Relationship development in selling: A cognitive analysis. *Journal of Personal Selling and Sales Management*, Vol. 12(4), 23-34.

Nelson, T. O. & Narens, L. (1994). Why investigate metacognition? In J. Metcafe & A. P. Shimamura (Eds.), *Metacognition*. Cambridge, MA: MIT Press. pp. 1-25.

Polanyi, M. (1966). *The tacit dimension*. London: Routledge & Kegan Paul Ltd.（佐藤敬三（訳）（1980）.『暗黙知の次元：言語から非言語へ』紀伊國屋書店）

三宮真智子（2008）.「メタ認知研究の背景と意義」三宮真智子（編著）『メタ認知：学習力を

支える高次認知機能』北大路書房．pp. 1-16.

Schank, R. & Abelson, R. (1977). *Scripts, plans, and knowledge*. Lawrence Erlbaum Associates.

Sternberg, R. J. & Wagner, R. K. (1992). Tacit knowledge: An unspoken key to managerial success. *Creativity and Innovation Management*, Vol. 1, 5-13.

Szymanski, D. M. (1988). Determinants of selling effectiveness: The importance of declarative knowledge to the personal selling concept. *Journal of Marketing*, Vol. 52(1), 64-77.

山縣裕（1999）．もの作りにおける日本の競争力と暗黙知　まてりあ，第38巻，第7号，581-585.

コラム3　暗黙知研究と有能性の罠（competency trap）

長年の成功経験を持ち手堅く成果を上げてきたマネジャーの中には，他の方法や考え方の採用をためらったり，他者から指導やフィードバックを受けることがなかったりという状況が少なくありません。従来の成功経験や苦労した経験から「持論」を持つようになり，それに縛られて新たな挑戦を退けるケースも少なからず認められます。手堅い意思決定と探索的実践は相容れない場合があります。それを明らかにすることも，暗黙知研究です。

伊東・河崎・平田（2007）は，複雑な業務系ITシステムの開発を率いるプロジェクトマネジャーを対象に，大規模で複雑なプロジェクトを率いる群と従来型プロジェクトを率いる群の暗黙知を調査しました。刺激材料としては，新規大規模プロジェクト事例を与え，その初期に行う調査・検討・確認についてその目的と理由も含めて書き出してもらいました。さらに1週間後の社内初回ミーティングに呼ぶ人についても書いてもらいました。

事例の要約：「あなた（X社システム開発部の技術者）の会社は，従来からA県教育委員会の人事管理システムを開発してきました。A県では，いま，他の3部門を含め4つの人事管理システムを統合する再開発5ヶ年計画が走り出しました。従来から受注してきたプロジェクトは，ソフトウエア事業部との共同実施で，安定的な収益も確保できており，システムの保守運用は，系列の関連会社に依頼してきました。A県の再開発5か年計画の公募は，3ヶ月後です。あなたは上司から対策を講じて受注に動くよう依頼されました。」

両群の回答を分析した結果が，図C-1です。図C-1aは，両群のマネジャーが直ちに調査・検討・確認する事項です。プロジェクト行動を問題解決過程として考え，各下位プロセスに振り分けられた回答単位の平均個数を示しました。

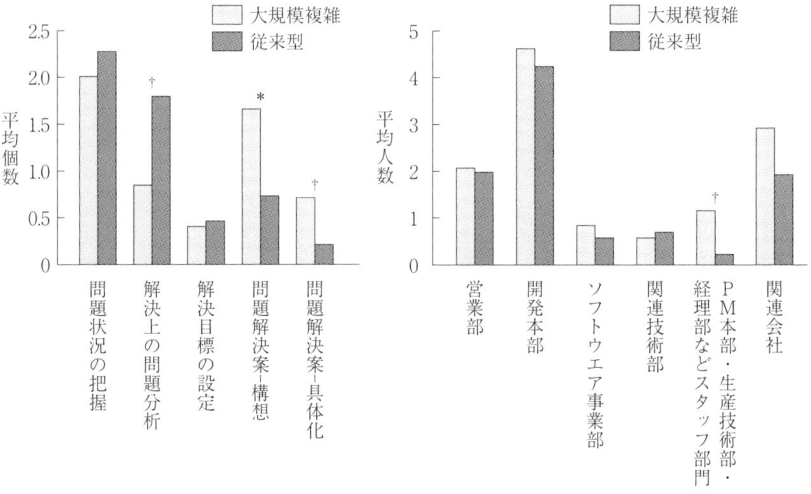

a. 直ちに調査，検討，確認する事項　　b. 初回ミーティングに呼ぶ人の所属と人数

図 C-1　大規模複雑プロジェクト担当群と従来型プロジェクト担当群の初期行為と初回ミーティングの人員構成（伊東ら（2007）より）＊ $p<.05$ † $p<.10$

例えば「問題状況の把握」は顧客キーマンの探索，県の予算確認など，「解決上の問題分析」は競合他社の調査や従来プロジェクトへの影響など，「解決目標の設定」は対応できる範囲の方針検討など，「問題解決案－構想」は社内・関連会社の体制検討やリスク検討など，「問題解決案－具体化」は工数や分担等の下案作成などです。

図 C-1b は，社内初回ミーティングに呼ぶ人の所属と人数を示しました。営業部，自分の部署である開発本部，従来プロジェクトを共同で実施してきたソフトウエア事業部，必要な技術を持つ関連技術部，プロジェクト・マネジメント全体を見ているプロジェクト・マネジメント（PM）本部，新技術に詳しい生産技術部，経理部などのスタッフ部門，保守運用を担当してきた関連会社です。

大規模複雑群の特徴は，初期行動として「問題解決案－構想」すなわちプロジェクト体制の調査やある程度の具体的下案を作成することと，初回ミーティングに全社的な視点を持つスタッフ部門を呼ぶことです。PM 本部や経理に早めに相談し，アドバイスと支援を求める姿勢です。従来型群の特徴は，これまで担当してきた部署と関係者で会議を持ち，解決上の問題分析を行うことです。この差は大規模プロジェクトを担当するに際しての意味ある差なのですが，その解説は別の機会に行うとして，本コラムにとって重要な結果は，以下のものです。

調査からおよそ1年後に，両群の複数の参加者に上記の図を見せて，結果が2タイプに分かれたことを説明し，その図から自分のタイプを判断し，他方のタイプに対する見解を述べるように依頼しました。その結果，参加者全員が自身のタイプを迷うことなく即答で正解しました。自分とは異なるタイプへの見解について，両群の参加者らは同様に次の例のように述べました。「　」内には代表的な回答を掲載しました。

大規模複雑群：「このやり方でうまくいくのは，よっぽどできる人。すべてを見通せて自分でやれる人です。通常なら大規模な場合は，このやり方では間に合わない。自分はそこまでできないので，人の力をお借りして動く。見えない部分を見るためにはそれなりの経験が必要。PM本部と業務に詳しい人とインフラが分かる人に入ってもらって，上流工程から一緒に検討していく。」
従来型群：「最初からこのやり方をすると発散してしまう。スタッフ部門に来てもらっても，何を頼むかがまだ決まっていない。まずは関係者だけでもむ（範囲と方針を検討する）。」

本研究を実施した研究者らは，大規模複雑群の参加者の方が，他方を「よっぽどできる人」とみなし，「自分はそこまでできないので」全社的にプロジェクトを見ている人たちの力を最初から借りる，と述べたことに驚きました。従来型群すなわち経験の範囲内である程度手堅く判断を行う群では，一人も他方を優れているとみなすことはなく，「このやり方をすると発散してしまう」と否定的な反応でした。

この研究結果は，一種の「有能性の罠（competency trap）」を示すと考えることもできます。従来の成功経験によって培われた知識や判断基準を超える対象については保守的になってしまう，言い換えれば自身の枠組を省察するよりも対象への否定に留まりがちな傾向です。ここにミドル・マネジャーや彼／彼女らが支える職場の革新的学習の困難さを垣間見ることができます。優れた実践知の共有が新たな実践を引き起こすとは限らない現象の一因でもあるでしょう。有能性の罠をどう乗り越えるか，その学習の困難さを理解した上で，研修の工夫など，創造的な学習支援環境の設計が求められます。

引用文献

伊東昌子・河崎宜史・平田謙次（2007）．高達成度プロジェクトマネジャーは組織の知とどう関わるか　組織科学，Vol. 41(2), 57-68.

4章 経験からの学習――経験だけでは学べない

経験の蓄積と経験から学ぶことの違いとは

1. 経験学習論

1-1 デューイの理論

学校で学ぶ場合，学びの内容は学生に明示されます。明示しないと，多くの大学では，学生からも大学当局からも改善を求められるでしょう。一方で，学生はその学びの内容を実生活の問題解決に役立てたり，学んだ知識で生計を立てたりすることはないでしょう。学校での学びは，学生が将来的に職業人となり，仕事上で自身の学びを開発・開拓する力の知的基盤を獲得することが目的です。したがって，生活経験との関係性は間接的です。

しかし，デューイ（Dewey, 1915）は経験と教育の関係性を重視し，従来の学校教育を以下の点から批判しました。第一に，子どもが生活の中で家の手伝いをして，その作業や対話を通して学ぶような経験的統合性が欠如している点です。教えられる内容と生活上での意味や実用性とのつながりがなく，算数や国語などの教科は個別に切り離されていることです。第二に，教育における重力の中心が，子どもの直接の興味や活動ではなく，教師や教科書など，教授する方にあることです。彼は，学校は子どもが生活する場でなければならず，その生活活動の経験に寄り添って指導し成長を促す場であるべきと主張しました。

デューイ（Dewey, 1938）は，経験の原理について解説しています。一つは「連続性の原理」です。ある目的のもとに具体的な経験をすると，好き嫌いの感情が生じ，それがある行為を容易にしたり困難にしたりする場合があります。このことを含み，現在の経験が次の経験の実施に影響を与えます。また，現在の経験の質や制約のあり方は，次の経験に対する態度に影響を与えます。このように，経験は連続性を持ち，現在の経験が次の経験に影響することを踏まえて，教育者は子どもの経験の方向性を理解して指導する必要があると主張しました。デューイは，どのような環境を整えたときに，どのような経験が形成されるかを注意深く知ることの重要性を強調しています。

もう一つの原理は，「相互作用の原理」であり，経験が形成される環境に関係します。具体的な経験は，客観的な条件と子どもの内的条件の相互作用によって成り立つということです。2つの条件の相互作用が，子どもが生活する状況を創りだします。例えば，水に関する経験は，海辺で育った少年と内陸で育った少年とで異なるでしょう。また，同様の経験でも，内的条件によって着眼点や受け取り方が異なるでしょう。

連続性の原理と相互作用の原理は密接に関係しており，個人がある状況で学んだ知識や技能は，続く状況を理解し効果的に対応する道具になります。連続する学びの過程で，ある経験を有効にさせているルールや条件を振り返って考え，過去と現在の経験を再構成して理解し次に活かすといった連続性のある経験によって成長が促されるとの立場です。

デューイは，過去に確立した知識の獲得に重点を置く教育活動は，子どもの経験の成長を促す教育ではないと指摘しました。子どもが社会生活上の経験から知識や技能を学び，次の経験の再構築に良い影響を与えるような活動に取り組ませる学びの場の重要性を主張しました。同時に，その環境で生産的な相互作用をもたらす教師の重要性も指摘しました。デューイの理論は，現代における総合的学習やアクティヴ・ラーニングなどの経験学習に影響を与えていると言われてきました。デューイは社会的遺産である知識と技能の標準化された内容を伝達する（例，導管モデル（Reddy, 1979））教育を批判し，実社会につながる課題解決型の経験学習を推進する実験的学校を1896年から1903年までシカゴ大学で開校し，経験の原理に基づく教育を実施しました。

デューイ（1938）は，経験の連続を重ねるだけではなく，目的や仮説をもって行為し，そのプロセスと結果を注意深く反省（省察 reflection）的分析の対象にすることを重視しました。この反省（省察）こそが経験の知的組織化の真髄であり，経験するだけでは知的組織化は行われないと述べています。この意味で，プロセスを設計し実施する教育者の重要性が繰り返し述べられています。

ただし，デューイの弱点としては，実現目標である教育実践環境の設計論や教員に求められるコンピテンシー要件が不明確なことです。例えば，教師の資質，知識，スキル，求められる経歴と指導に関わる能力要件に加えて，マネジメント環境，学習環境，児童の成長目標に即したプロセス運営手法，カリキュラム設計，各プロセスの質に関する評価基準や評価サイクルが明確でありません[1)]。

森（2009）によると，プロセス設計に関する研究は2000年以降に盛んになったようですが，経験学習の設計論として確立されているわけではありません。経験するだけでは続く経験に適切な影響を与える知識の組織化が生じ難いならば，望ましい省察のあり方を支援する学習支援環境が必要でしょう。しかし，これらの点に関する明示的な設計論が整備されていないことは，弱点と言わざるを得ません。

1-2　コルブの経験学習論

コルブ（Kolb, 1984）は，哲学者であるデューイ，社会心理学者でグループダイナミクスの提唱者であるレヴィン（Lewin），発達心理学者であるピアジェ（Piaget）とブルーナー（Bruner）の理論に影響を受け，それらの理論を統合した「経験学習モデル」を提案しました。コルブ（1984）は，どのようなプロセスが経験から学びと発達を引き起こすかについて，図4-1に示すモデルを提唱しました。

「具体的経験 concrete experience」とは，現場において具体的で様々な状況や局面に遭遇することです。職業人はそれらに適用できる知識を用いて，あるいは即興的に対応して眼前の仕事を終了させます。個別のエピソードやそれらの断片的な知識が記憶に残ります。

「省察的観察 reflective observation」では，それらの痕跡や知識を，現場を離れて意識的に分析したり再考したりして，省察的に観察します。そうすると経験した事例間の関係性や類似性を発見する場合があります。あるいは，教訓や確認しておきたい事項が思い浮かぶこともあります。

「抽象的概念化 abstract conceptualization」では，困難な仕事経験を通して自分で発見した意味やルールや手続きなど，自分なりの概念化やルール化をします（例えば，この種の事態はこういう意味があり，事前のこれこれの事態が関係

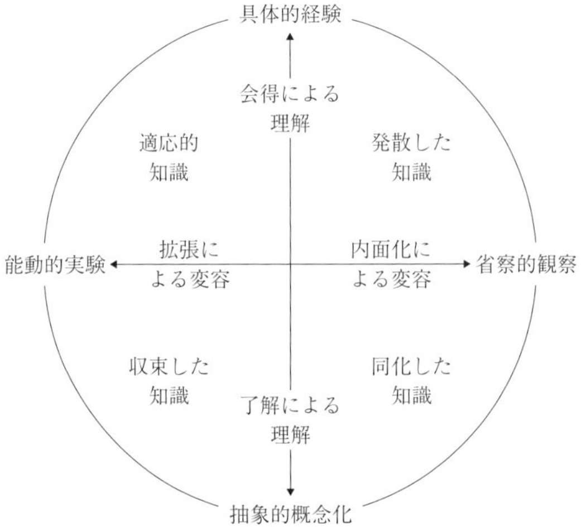

図 4-1　経験学習プロセスの背景にある構造基盤と各フェイズを経た結果としての知識形態（Kolb, 1984, p. 42）

する。だからこの種の事態は，事前にこの辺を調べて準備すると対応がスムーズだ，など）。この概念やルールは，仮説的なものも含まれます。ここでは，着目すべき知識が収束します。

「能動的実験 active experimentation」とは，概念化した知識や仮説を次の同様な仕事実践で実験してみることです。成功する可能性が高い仮説だけではなく，多少のリスクはあっても試しておきたいこともあるでしょう。これらの仮説的知識を実験的に適用する実験的実践です。ここで妥当であると確認された知識は，適応的知識あるいは不適応を防ぐ知識になります。

コルブの経験学習モデルには，二項対立的な２軸があります。両極は連続的に変化するものではなく，弁証法的に対立するプロセスです。互いに補強し合い練り合い，より高いレベルの知識，思考，判断，選択を導くと考えられています。「会得による理解 grasping via apprehension」では，具体的状況を感覚的・直感的に把握し行動し，経験の感触をエピソード的に捉えます。一方「了解による理解 grasping via comprehension」では，省察と概念化を通して具体的経験は言語的・記号的な知識になります。「内面化による変容 transforma-

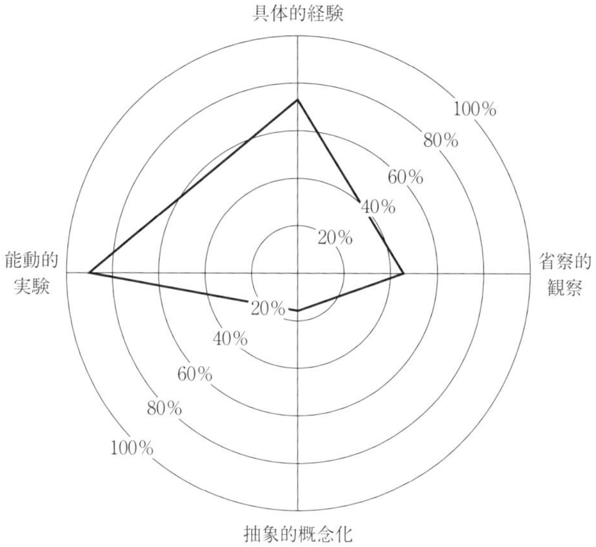

図 4-2　学習スタイルのプロファイル例　女性ソーシャルワーカー
(Kolb, 1984, p. 70 一部得点を省略)

tion via intention」では，経験的事実を意識的に内省して意味的，比喩的あるいは象徴的な表現に変容させます。「拡張による変容 transformation via extension」では，仮説的知識に基づいて外界に働きかけ，フィードバックから知識を変容させます。

4つのプロセスを踏むことにより，より確かな適応的知識を獲得することができ，個人がより高次の発達的熟達を展開できるとの主張です。コルブのモデルは経験から学習するプロセスを示し，教育・訓練・指導の指針を与えただけではなく，経験からの学びに関する個人プロファイルを示すことにも貢献しました。一例として，コルブ（Kolb, 1981）は経験学習論の見地から学習スタイル質問票を作成し，18歳から60歳までの数百名のさまざまな職業人データに基づき，学習スタイル検査を開発しました。ある女性ソーシャルワーカーの学習スタイルは，図 4-2のようになりました。現場の問題に直面した時，以前の経験に基づき直接行動に移すスタイルです。

彼女も「私が眼の前の問題に気持ちとして強く関心を持ったとき，その気持ちを平静に戻す唯一の方法はとにかく行為あるのみです。できるだけ素早くその問題を“解決しちゃう”です。じっくり考えたり，分析したりするなんて，難しいしストレスを感じます（p. 69)」と報告しています。プロファイルと自身の報告が一致しています。このようなプロファイルは，当人がどのような実践をしがちであるかの予測や，間違いに対しては落ち着いて省察と概念化を行わせることが有効であろうとの見通しを得ることに役立ちます。

2. 職階上位者の業務経験調査

経験学習論は，主に哲学と心理学（社会心理学，発達心理学，教育心理学）の影響を受けて整備されてきましたが，それらの研究における“経験”は職業人の具体的な仕事をとらえたものではありませんでした。どの熟達段階にある職業人にどのくらい困難で挑戦性のある仕事を与えるかは，職場学習にとって重要です。この観点から研究を行った研究者が，マッコール（McCall, 1988a, 1988b）です。

マッコールは，数百名の上級管理職に，経歴を振り返り飛躍的な成長につながった仕事経験とそこで獲得した教訓を，インタビューによって収集し分析しました。その結果，事業戦略に即して，「プロジェクトチームに参画」「業績低下の部門や業務の状況改善・再構築」「新規事業や新市場開発などゼロからの立ち上げ」など，その遂行には状況分析，詳細な実現化計画，プロセス管理，従来の知識と技能の境界を超える事態への挑戦などが求められる仕事が成長を促すとわかりました。ただし，そのような困難な挑戦には，組織が支援環境や評価システムを整備することが重要であることもわかりました。求められる仕事は，否応なく適応的熟達や創造的熟達を引き起こすような経験です。日本における経営幹部を対象とした研究でも，同様の結果を得ています（金井，2002)。彼らの研究は経営学領域におけるリーダーシップ開発論に位置づけられています。

上記の研究の注意点としては，ある水準に到達した人のみを対象としている点です。すなわち，同じような仕事経験を持つ人で高位の職階に位置していない人を調べてみないと，高い挑戦性のある仕事が常に有効であるとは言えないでしょう。成功経験の分析のみに基づく人材開発の設計には，十分な注意が必要です。

3. 組織学習論

職業人は組織とその業務との関わりを通して学習し，組織も新たな変化や革新を契機に学習します。経営領域における組織学習論を理解することは，個人の職場学習を理解する上で欠かせません。

組織学習論は，組織全体の適応的変化を組織上部から見下ろす観点で整備されてきました。組織学習プロセスは，一般的には，組織が新たな知識や価値観を習得していく過程を指します。組織が新たな知識を新しい手続きや制度として解釈し，記録（記憶）し，ルーティン化することが組織学習の形態です。組織に埋め込まれている職業人は，制度化されルーティン化された仕組みを遵守しながらも，それらを刷新するような創造性を発揮する場合があります。また，外部環境の変化により，組織が新たな学習を推進しようとするときは，従業員は従来の既に浸透している学習を一新させないといけません。このような事態では，組織の学習と個人の学習がぶつかり合う場合があります。変化の激しい時代では，このぶつかり合いもより頻繁になります。組織の中の職場に埋め込まれた個人の学習を理解するためにも，組織学習の理論を紹介します。

3-1　マーチ（March）系の研究

安藤（2001）によれば，組織学習論には代表的な3つの系統があります。一つは，組織学習論の初期において組織の適応過程を記述した，サイアートとマーチ（Cyert & March, 1963）の『企業の行動理論（A behavioral theory of the firm)』です。組織は自らの業績と組織目標の差を比較し，目標水準を修正することにより適応するというものです。マーチ系の研究は，組織学習を，手続き化され組み合わされた一連のルーティンの獲得，既存ルーティンの変化，新たなルーティンの定着といった動態とみなします。レヴィットとマーチ（Levitt & March, 1988）によると，ルーティンには規則，形式，慣例，戦略，技術，知識，文化，コードが含まれ，組織の記憶として定着します。これらは研修や仕事を通して従業員に伝達されます。種々のルーティンは，組織が組織の歴史から学んだ結果として存在し，目標と業績の差異によって変化します。したがって，組織学習はルーティンベースであり，歴史に依存しており，そして目標志向です。

3-2　アージリス（Argyris）系の研究

アージリスの系統では，学習主体は組織成員であるとされています。彼は組織における個人の成長・発達に興味がありましたが，大学の教員のかたわら大企業を対象としたコンサルタントとしての経験を積むことが影響して，全体的な組織行動の変革を捉えるようになりました。アージリスは，1978年，専門職の人々の能力やスキルを研究していたショーン（Schön）と共著で，“Organizational learning: A theory of action perspective”を出版しました。

彼らの理論では「シングル・ループ学習」と「ダブル・ループ学習」が区別されています（図4-3）。シングル・ループ学習は，組織の既存価値の範囲内でエラーや矛盾を修正する学習活動です。ダブル・ループ学習は，既存の価値前提そのものに疑問を提示し，妥当性を失った価値を新たな意味ある価値に置き換える活動です。仕事実践において，単なる誤りや不都合を１次的エラーとし，それを修正し改善するのがシングル・ループ学習です。職場は現存する組織価値観とルーティンの下に職務遂行しますから，シングル・ループ学習は日々の仕事実践の中で実現可能であり，周囲の了解や協力も得やすいでしょう。一方，市場変化などにより現存するルーティンに疑問や矛盾が生じ，それらの革新を吟味する過程で発生する２次的エラーがあり，それを刷新・革新させるのがダブル・ループ学習です。職場の成員が個人でダブル・ループ学習を実現させることは極めて困難です。その革新行為が他の同僚たちが実践を続けている現行の組織ルーティンとぶつかるからです。

組織に埋め込まれた職場では，現存するルーティンに即した職務遂行が前提であり，組織システムは，通常は，ダブル・ループ学習を妨げるように働きます。例えば製造現場は品質と納期と予算を厳守しなければなりません。従来の手続きを変更することは，品質的にも納期においても予算的にもリスクを伴います。

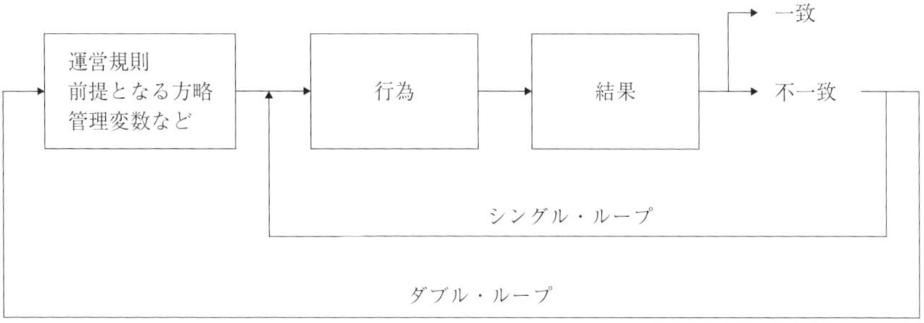

図 4-3　シングル・ループ学習とダブル・ループ学習（Argyris, 1992, p. 68）

アージリス（Argyris, 1982; Argyris & Schön, 1996）によると，組織には表向き掲げる「信奉理論（espoused theory）」と，現場の成員が判断や行為において準拠する「使用理論（theory-in-use）」があります。使用理論は身体化されており，彼らは無自覚的に使用理論に従い行動します。多くの場合，人々は日常的ルーティンと自己と同僚を防衛するように行為し，規範的に振る舞い，面子を守り，リスクを低めようとするので，生じた不都合を外的要因に起因させ部分修正で終結させようとします。このため，ルーティン全体やその基盤となる制度にフィードバックがかからず，ダブル・ループ学習は生じません。このような組織は「モデルⅠ使用理論」が支配的です。

一方で，組織メンバーが自己の立場を主張し，情報に基づき内的コミットメントをもって自由に判断し，他者と議論しながら環境を設計・再設計しようとする組織は，「モデルⅡ使用理論」が働きます。モデルⅠから脱却してモデルⅡの使用理論を獲得できるようになるには，組織の個々の成員のみでは大変難しいので，外部コンサルタントの介入が功を奏する場合があるでしょう。このようにアージリス系の組織学習論は，組織の成員の使用理論を必要な局面ではモデルⅡに変革することが組織学習であり，組織の長期的な有効性を高めるために不可欠であると主張しています。

3-3　ヘドバーグ（Hedberg）系の研究

ヘドバーグはアンラーニング（unlearning）の重要性を指摘した研究者です。アンラーニングとは，組織学習の領域では「学習棄却（または単に棄却）」と訳

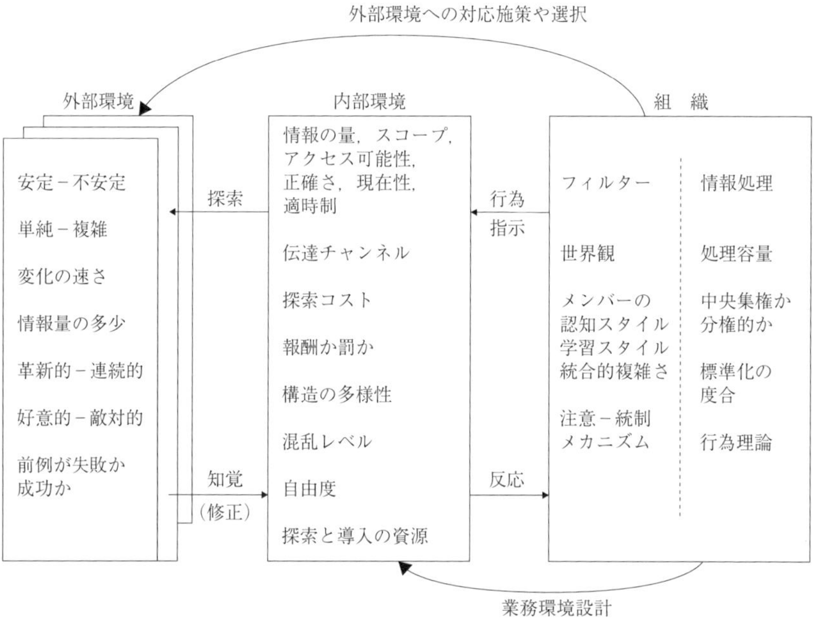

図 4-4　組織学習に影響を与える要因（Hedberg, 1981, p. 16）

され，組織の価値前提や知識のうち，妥当性を欠くようになったものを棄却して，より妥当性の高い知識や価値に置き換えることです。適切に棄却できて初めて，新たな組織学習に踏み出せるのです。

ヘドバーグ（Hedberg, 1981）が示した図 4-4 を見ましょう。歴史的に新たな知識を獲得し組織的ルーティンとして実現してきた組織は，「外部環境」の影響を受けます。外部環境の変化を適切に知覚し，変化に対応するように事業戦略や組織行動の革新が求められます。この要となるのが「内部環境」です。外部環境調査のための資源，伝達チャンネル，報酬や罰の制度，挑戦における自由度，成員の動機づけや研修制度なども含まれます。外部環境の影響を受けて内部環境に変化の兆しがあるとき，それを組織学習につなげることができるかどうかは，「組織（上位組織の認知的フィルターや情報管理文化）」に依存します。上位組織が，組織成員の挑戦性や創造性を活性化する環境設計を行うならば，アンラーニングと新たな学習が促進されるでしょう。その過程で，上位組織の認知スタイルや統治制度も修正されますし，内部環境の仕組みやルーティンも革新されるでしょう。

ヘドバーグ系の研究では，組織学習におけるアンラーニングの焦点が，上位組織の認知的フィルターや情報管理文化にあります。例えば，メイヤー（Meyer, 1982）は，病院における外科医の長期ストライキという異常事態への対応を，学習過程として分析しました。分析対象は，価値観や信念体系に代表されるイデオロギーが異なる複数の病院です。対象である19の病院は3タイプに分類されました。小・中規模で内部統制に重きを置く保守的で防御的なMタイプ，小規模で革新的取り組みに積極的なCタイプ，大規模で事業部制を採用して冷静な分析による経営を行うGタイプです。

Mタイプの病院は，ストライキという異常事態は効率低下を招く障壁とみなしました。病院はストライキの予測ができず，対応が遅れ，沈静化を待つのみであり，結果的に財政的な損失が大きくなりました。さらに，異常事態から何も学ばない状況でした。Cタイプの病院は，ストライキという異常事態を病院の価値や業務形態を見直す絶好の機会とみなしました。事態への対処シナリオを予測的に作成して実施し（アンラーニング実践），最終的に従来の価値観を見直して改革する学習を達成しました。

Gタイプは大規模な病院なので，外科医のストライキの影響予測を行い，他の部門の資源（人財）を活用する可能性を探索し，その対策を採用してストライキを乗り切りました。Gタイプの場合は，組織学習というよりも配置転換による問題解決法を学習したと言えるでしょう。このように組織のイデオロギーが状況に応じたアンラーニング実践に影響することが示されました。

ヘドバーグ系においても，人に焦点をあてた研究があります。ニストロンとスターバック（Nystrom & Starbuck, 1984）は，米国企業を対象に，危機を乗り超えた企業と乗り超えられなかった企業のケース分析を行いました。その結果，危機や問題が表面化したときの企業トップの受け止め方や対応の違いが，組織学習に向けたアンラーニングの成否を左右すると結論づけました。危機を乗り超えられなかった企業では，経営陣が問題に気づいても，問題を過小評価したり，皮相的な戦略でやり過ごそうとする共通点が発見され，企業トップのアンラーニングが組織学習の実現には不可欠であることが示されました。

さて，職場の仕事を通して熟達化の道を進む組織成員の立場からは，疑問が出てきます。定型的熟達から脱却して適応的熟達そして創造的熟達へと専門性やマネジメントスキルを磨いても，組織成員は新たな価値観の開拓を伴う組織学習を引き起こせないのか，組織学習は上層部次第なのかという疑問です。別の方向の疑問として，革新的組織戦略と新たな業務実践への取り組みを上層部が命令すれば，現場の人々は使用理論である従来ルーティンとは異なる使用理論を，直ちに探索的に実践しようとするかという問題です。

各職場には上位組織より課せられた業務上の任務と厳しい達成目標があります。業務上の任務と事業目標に即した業務項目が定められ，従業員には業務項目に従事する時間（稼働時間）が決められています。例えば，Mさんは1週間のうちA業務にX時間，B業務にY時間，C業務にZ時間という具合です。職場において手探りで新たな実践を試し，それが職場の“正統な業務実践”になるまでには，かなりの時間とコストがかかります。部署を超える連携が必要な場合は，従来は協力関係のなかった部署への交渉と段取りが必要になります。上層部が要求する新たな学習が従来（現行）の使用理論と拮抗する場合には，推進する役目を担う個人はダブルバインド状態（板挟み）になったり，アイデンティティが揺らぐ事態になったりと，ストレスが大きくリスクも高くなります。そのような場合は，職場は防衛的に現行の使用理論で遂行できる仕事を優先させるでしょう。内部環境における各部署のアンラーンの担い手は個人です。組織や上層部の人は，権限の限られる個人が職場のアンラーンを担うときの，言い換えれば職場のダブル・ループ学習という軋轢に満ちた挑戦を行わせる状況を理解し，その支援環境の設計と実施が不可欠でしょう。

4. 組織を革新させるワーカーを支援する学習環境の設計

従来の経営学においては，個人が組織の中で学習する方法は，OJTとOff-JTと自己啓発であり，個人の学習は組織の知識レパートリーを増やすものと捉えられていました。しかし，近年は，市場要求や技術革新の変化が速く，新しい技術や設計手法を組織成員が外部の研修で学び，従来の業務プロセスを変化させようとする状況が増えています。それは，個人が職場で獲得してきた知識や手法とは異なる知識や手法をOff-JTで学び，職場に戻ってからそれらを取り入れて従来の実践を変えようとする事態です。一種のダブル・ループ学習に相当します。推進者だけではなく，同僚や組織ルーティンのアンラーンを探索的に進める，極めて困難で精神的負担も大きい事態です。

組織学習論は，職場で担当者が経験する“ダブル・ループ学習の試み”と“シングル・ループ学習の保守”の間の軋轢に，あまり光をあててきませんでした。心理学においても，人にも組織にもアンラーンが求められる学習プロセスは，ほとんど扱われてきませんでした。しかし，市場や社会の変化が激しい時代では，人も組織も適応的なシングル・ループ学習のアンラーンを伴う学習に直面する場面が増え，しかしボトムアップ的な動きであるが故に，組織的な支援を設計できない事態が目立ちます。年数を重ねた経験によって知識や技能を蓄積してきた熟達者も，組織ルーティン化させてきた歴史ある組織も，革新的学習時にまず直面するのはアンラーンの困難さであり，その困難さの理解と克服への支援が議論され設計されることが待たれています。

ヘドバーグ（1981）の理論は組織を対象としており，アンラーンは妥当性を欠くようになった価値前提や知識を棄却して，より妥当性の高い知識や価値に置き換えることでした。しかし，職場の学習を担うのは個人です。個人は積み重ねた経験知を棄却することはできません。人の学びを扱う教育心理学では，アンラーンは「学びほぐし」と訳されます[2)]。「学びほぐし」とは，学びの主体が「これまでの「まなび」を通して身に付けてしまっている「型」としての「まなびの身体技法」を問い直し，「解体」して，組み替えること（佐伯，2012, p. 62）」です。構築してきた知識や技能の「棄却」ではなく，一旦解きほぐし，新たな知識や技能との統合を模索しながら，知識，技能，実践を再構築することです。

さて，職場に新規の手法やプロセスを導入することは職場ルーティンを変化させることになります。そこには個人の権限を越える事態が多々発生します。このため，個人の努力だけでは職場ルーティンを変えることは容易ではありません。個人が学習を実践しようとしても，組織ルーティンに関わる困難や個人の裁量を超える問題が発生して立ち往生する場合があります。アンラーンを伴う個人と組織の学習の接面に生じる困難を，事例を通してみていきましょう。

4-1　事例：個人と職場のアンラーンを伴う学習

情報通信システムの設計製造販売会社 X は市場変化に対応するために，「人間中心設計（Human-Centered Design: HCD）」を設計段階から導入する必要性を認識し，研修を経年的に行って職場実践を奨励してきました。しかし，知識は広まるものの，革新的実践が出現しない事態が続いていました。HCD とは，機器システムの設計・開発段階において，機器を仕事場や生活場で利用する人々が快適に利用できるよう，利用状況を調査して利用場面における価値を見出し，それを反映させた設計と開発を行い，妥当性評価によって確認する方法論です。

当該企業の技術者は，従来からユーザに近い販売部門や営業部門から渡される要求リストに基づいて，機器の機能設計を行ってきました。HCD 実践を設計段階に組み込むことは，技術者にとっては，従来の役割を超えて「利用場面に赴き，ユーザと対話し，現状の不都合やユーザの経験価値を発見し，設計に反映させる」という“未経験の役割”への挑戦が求められます。伊東（2018）はこのような現場技術者の困難の具体的内容を調査しました。X 社の人間中心設計推進チームへのインタビュー調査を 2 週間に一度 2 時間として，2ヶ月間余り行いました。その結果，表 4-1 に示す「現象としての問題」と，その問題の背後に存在する心理的問題と組織学習に伴う権限や活動の正統性の問題が浮かび上がりました。

「スキルとして未習熟の領域」の問題としては，専門外の挑戦に伴う有能感の低下と技術者アイデンティティの揺らぎを引き起こす可能性のある事態であるにも関わらず，挑戦的実践の過程で頼る場がないことです。「従来型任務意識とリスク回避」や「動向把握的」の問題現象は，組織（職場）から課せられた挑戦であるにも関わらず，HCD 活動を試行錯誤するための稼働項目がなく，正統性の低い作業として扱われる矛盾への敏感な反応でしょう。「機能的分業制」に関しては，図 4-5 に示すような，技術企画からユーザに至るまでの構造化された分業制度がもたらす職場境界の影響です。技術設計の職場に所属する技術者がユーザを訪問するためには，複数の社内・社外の境界を越える必要があります。そのためには上位の職権や他部門への協力要請が必須です。言い換えれば，社内部署間の関係性や社内とユーザの関係に変化をもたらす問題です。

表 4-1　問題現象，背後にある障壁，学習支援設計（伊東，2018）

<table>
<tr><th></th><th>現象としての問題</th><th>背後にある障壁や負担</th><th>対策：学習支援設計</th></tr>
<tr><td>スキルとして未習熟の領域</td><td>研修を通して HCD 知識と手法の概要は学んだものの，システムの設計・開発プロセスに HCD 活動を適切に組み込んだ経験がない。
システムを利用している現場の人の要求やそこでの経験価値を共感的に引き出す対話スキルがない。</td><td>• 不透明感から不安定へ：
専門以外の領域を探索的に実践する不透明感が，有能感も動機づけも低減させ不安定にさせる。
• アイデンティティの揺らぎ：
仕事を通して構築してきた技術的価値観や行動規範を崩すような考え方や行為を，従来文化の中で遂行する過程では，板ばさみ的葛藤に陥る。
• 実践共同体の不在：
革新的な新規実践に挑戦する者同士が交流し，困難の共有や対策の伝授・創発ができる共有場がなく，挑戦者にとっての拠り所がない。</td><td>1）対話訓練：Off-JT 研修では，技術者が苦手なユーザの機器利用状況やその場の経験を引き出す対話訓練とその情報に基づく設計案作成に重点を置く。
2）上司を巻き込む：研修から職場に戻った後には，職場で可能な実践の企画と実施計画を練り，上司に相談し承認を得た上で実施する。
3）ソーシャルサポート環境の構築：活動と動機づけに関する週報をウェブ上に記入させ，研修チームが参加者の状態を見守り必要な支援を行う。
4）実践共同体に代わるナラティヴ共同体：2ヶ月毎に経験共有会を開き，経験を語り，支援を得られる場を設ける。</td></tr>
<tr><td>従来型任務意識とリスク回避</td><td>事業目標達成のため，職場では製品システムの設計開発部署としての任務意識が強く，開発効率や技術品質を守ろうとする。未経験の探索活動はリスクとして回避される。</td><td rowspan="2">探索的行為の非正統性：
所属部署が歴史的に担ってきた技術職としての役割からは，HCD 活動は優先順位も正統性も低い。探索的行為が従来実践の効率を低下させる場合，同僚や上司の抵抗を受けがちであり，挑戦者の動機づけは下がる。挑戦への行動は，逆説的に，その行為の中止が暗黙裡に承認される状況を作り出す場合がある。</td><td rowspan="3">〈組織学習モデルの共有化〉
多様な役割モデルの育成と顕在化

支援環境
1）経営戦略化：HCD 役割モデルの育成を経営戦略化する。事業部トップ層が各業務領域の部長を会議に招集。部署の任務として Off-JT 研修，Off-JT 後の探索的実践（1 年間），部署を超える活動への協力と支援を要請。
2）教育部門を巻き込む：研修運営チームには，HCD 専門家に加えて事業部教育部門の担当者も参加し，他の研修との調整を図る。
3）参加者の部署指定：図 4-5 に示す設計から販売促進に至る各部署の中堅層。研修後の実践時に，部署の境界を超える協力関係を築きやすくする。
4）探索的実践の正統性保証：Off-JT 後の探索的職場実践を，研修期間として公認する。稼働時間を割く項目を保証する。
5）職場主体の実践：職場に可能な HCD 実践を上司と相談して決め，承認を得る。
6）組織における顕在化：成果に結びつく変化が認められた段階で，事業部内発表会を開き，事例と担当者を役割モデルとして紹介し，学習や変化を見える化する。</td></tr>
<tr><td>動向把握的</td><td>HCD 研修に参加した者は，概要を職場に伝えるが，参加者も職場も自らの挑戦事項ではなく，外部動向として捉える。</td></tr>
<tr><td>機能的分業制</td><td>技術者らは機器の設計，開発，品質管理，運用支援，販売促進等の部署に所属し，部署の役割も固定化している。技術者は，営業や販売促進部門から渡される機能要求に基づいて設計を行うため，組織構造的に技術者が利用現場のユーザと対話することはない。設計者がユーザの利用状況を知りたいと思っても，複数部署の境界を越えるために，複数部署の協力を得る必要があり，上司の協力や交渉など多くの壁がある。（図 4-5 参照）</td><td>• 組織メンバーの権限を越える部署間の関係性への影響：
図 4-5 の部署・部門境界や役割分業は事業部の歴史的所産であり，その構造に埋め込まれた暗黙のルールが事業成果を支えてきた経緯がある。その境界を超える行為は，上司の許可と他部署への支援要請が必須であり，部署間の関係性を変化させるための手続きが発生する。
この状況は，個人の学習を超えて，部署間の関係性の学びほぐしを迫る事態でもあり，組織上層部からの支援が必須な問題である。</td></tr>
</table>

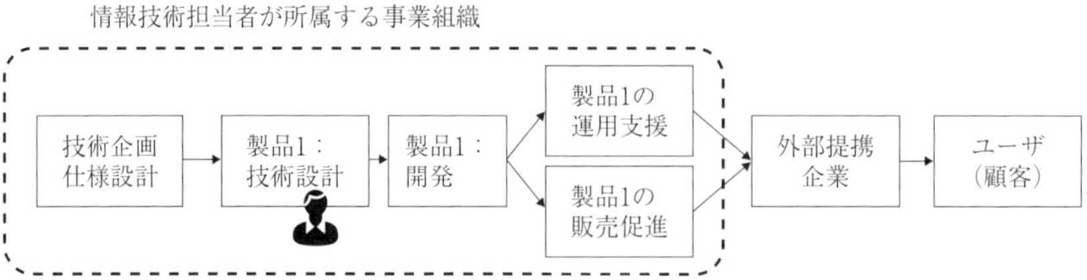

図 4-5　技術設計の担当者とユーザまでの組織構造的距離と境界（伊東, 2018）

このように，HCD 実践は個人の挑戦的学習の問題にとどまらず，従来の組織ルーティンやユーザとの関係性の変化をも伴う組織学習の側面があります。それゆえ個人で実践を進めることは困難であり，組織による一定期間の支援が不可欠なのです。なぜなら，標準的な知識の適用ではなく，活動を進める過程で個人と組織の接面上に出現する状況的困難さへの対応は，事前に教えることができず，状況的支援が必須だからです。

表 4-1 に示す障壁や負担を解消する方向で，学習支援環境を設計し実施しました（伊東，2018）。「未習熟の領域」に関し，技術者はユーザと対話をして，表層的ニーズではなく，そのニーズの背景にある状況やそこで実現されるべき価値を聞き出す経験がなかったので，利用状況の理解を目的とした対話と理解に基づく設計および評価を中心とした演習型 Off-JT 研修を行いました。職場における HCD 実践の支援に関しては，1 年間の職場実践を研修の一環として位置づけ，参加者の仕事場に関連するストーリー性のある実践計画を立案し上司の許可を得ることを義務づけました。また，職場における持続的挑戦への支援としては，職場実践遂行者の活動報告と動機づけ状況をモニターして，適切な社会的支援（情報的支援，教示的支援，感情的支援，評価的支援（House, 1981））を提供する環境を整えました。また，経験共有会を 2 ヶ月ごとに開催し，他の実践者と活動を語り合えたり，アイデアを共有したり，専門的相談ができる“安心できるサードプレイス（Oldenburg, 1989）”を設けました。

「機能分業制」や「従来型任務意識」への対策としては，事業部トップが関連する部門の部長に協力を求める会議を開き，図 4-5 に示す設計から販売促進に至る各部署の HCD に興味がある中堅層を研修参加者として選定してもらいました。また，実践者も周囲も成果につながる変化の感触が持ちにくいことを考慮して，ある程度具体的な成果を得た段階で，事業部内で発表会を開催しました。発表会は，HCD という抽象的な概念ではなく，職場に即した身近な役割モデルと事例を事業部内で顕在化させ共有して，他の成員の仕事場状況とそこでの経験との関係性を捉えやすくすると共に，実践者の自己効力感を向上させる働きを持ちます。

4-2　事例：学習成果の評価指標と成果

アンラーンを伴う職場学習の実践に際しては，学習プログラムや支援環境の設計だけではなく，学習成果の評価方法についてもモデル化しておきました。職場において新たな実践を展開するためには，特に HCD 実践の場合，研修参加者自身の内部変化にとどまらず，職場ルーティンの変化を引き起こすこと，例えば，同僚や他部署やユーザに影響を与える活動を展開させることが求められます。そこで研修に伴い自身の知識変化に閉じることなく，分業的境界をどこまで越えて HCD 活動を展開させて従来ルーティンに変化を引き起こしたかの観点から，以下の 4 段階で評価しました。

L1（レベル 1）

研修内容が個人内に留まる場合です。例えば，興味を持って経験共有会には参加するが，職場実践には至らない場合です。

L2（レベル 2）

職場の同僚を巻き込み，皆が苦手なエンドユーザとの対話練習兼勉強会を開く実践です。新たな実践を職場内に浸透させる活動です。

L3（レベル 3）

同じ製品を担当する部門内でワークショップを開き，エンドユーザへの調査を開始するなど，職場を超えた拡張的浸透に携わる実践が認められる場合です。

L4（レベル 4）

自社と顧客企業の関係に変化をもたらす実践が認められる場合です。顧客企業に情報機器製品を納入する企業は，ベンダーと言われます。定められた要求仕様に基づき製品を設計・開発し顧客に納入します。しかし，HCDの観点から顧客側のビジネス現場で求められる新たな価値を発見すれば，ベンダーの方から提案する機会を得ることになります。顧客との関係に好ましい変化が生まれます。

L2以上は，研修参加者が他者と活動を展開させる過程で，理解者や協力者を増やすことになるので，組織ルーティンの変化が飛び火的に広がります。

Off-JT研修を終了し，職場での企画承認から1年経過後に，研修運営チームに対し評価指標に基づく研修参加者の実践に関するインタビュー調査を行いました。調査対象は研修初年度に参加した13名です。その結果，仕事の関係で辞退をした3名を除き，L1が2名，L2が3名，L3が3名，L4が2名となりました。L4の2名の実践例は，顧客との関係性の変化や新たな機能設計をもたらしたことにより，事業部内で発表され部長による奨励を受けました。L3の例の一つでは，部門内での対話ワークショップを開き，それに参加した顧客システムの運用支援技術者から顧客オペレーターとの対話に活用できたとの報告も得ました。このように，研修参加者の職場を超えた拡張的実践だけではなく，他の組織成員への飛び火的な広がりも認められました。その後の参加者も独自の活動を示しました。

上記事例でも認められたように，個人と組織のアンラーンを伴う新規学習は，その支援環境を設計・整備することにより，困難な挑戦を持続させることができます。ぎゃくに，組織上層部が掛け声をかけて現場の個人にまかせるだけでは，ルーティンの変化が期待できない難しさがあることを，人（ミクロ）と組織（マクロ）のアンラーンの観点から理解することが重要です。

5. 経験だけでは学べないが，経験からしか学べない

職場学習は座学で形式知を学ぶ学校での学習とは異なり，仕事経験を重ねて身につけなければなりません。しかし経験を重ねるだけでは定型的熟達の域を超えることは難しく，適応的熟達へ，そして創造的熟達へと進む過程では，実

経験を省察的に観察したり，抽象的概念化による知恵や仮説を蓄えたりして実践で確認するなど，知的循環の重要性が高まるでしょう。自身の専門領域や部署の境界を越境して，他領域の人々と新たな実践を共創し，それを組織ルーティンへ組み込む学習に挑戦することもあるでしょう。そのようにして得た実践を支える知の多くは暗黙知です。

本章では，経験学習の理論と経験知のアンラーンが必要な学習を紹介してきました。職場学習の観点から今後取り組まなければならない問題は，高度な専門的ナレッジワーカーの技能伝承でしょう。この問題は，多様な職場を支えてきた団塊の世代が大量退職する影響として，多く議論されてきました。経験的知識の蓄積には時間がかかりますし，豊富な経験を持つ上級者や熟達者との相互作用が欠かせません。しかし，多くの熟達者が職場や仕事現場から退く状態があるいま，実践を支える暗黙知の伝承が大変困難になっています。近年ではゲームなどで体験を通して仕事のノウハウを獲得する試みがありますが，ゲーム体験からの学びをどう引き起こすか，評価をどう設計するか等の問題は未解決です。また，形式知化しない暗黙知の伝承をどう理論化するかについても今後の課題です。組織に据えられた職業人の学びは組織を変化させる力を持つ意味で大変興味深く，今後の研究の発展が期待されます。

注

1）Dewey の実験学校の実施は前期（1986-98 年）と後期（1898-1903 年）があります。前期は理論的前提，子どもの本性，教材に関わる実践知識，科学的手法に導かれて実施され，その実践と結果に基づいて後期の実践が修正されたり発展されたりしています。しかし，結果としてそうなったのか，設計論に基づくものかは不明です。

2）鶴見俊輔はニューヨークで学生時代にヘレン・ケラーに会い，「私はたくさんのことをまなんだが，そのあとたくさん，アンラーンしなければならなかった」との発言を聞き，アンラーンを「まなびほぐす」と訳しました。いったんは型通りにセーターを編むが，後にほどいて，その毛糸から自分の身体に合わせて編みなおすイメージとしています。（鶴見俊介（2006）.「対談の後考えた　臨床で末期医療を見つめ直す」朝日新聞，2006 年 12 月 27 日朝刊 15 頁）

引用文献

安藤史江（2001）.『組織学習と組織内地図』白桃書房

Argyris, C. (1982). The executive mind and double-loop learning. *Organizational Dynamics*, Vol. 11(2), 5-22.

Argyris, C. (1992). *On organizational learning.* Mass: Blackwell.

Argyris, C. & Schön, D. A. (1978). *Organizational learning: A theory of action perspective.* Reading, Mass.: Addison-Wesley.

Argyris, C. & Schön, D. A. (1996). *Organizational learning: Theory, method, and practice.* Reading, Mass.: Addison-Wesley.

Cyert, R. M. & March, J. G. (1963). *A behavioral theory of the firm.* Englewood. Cliffs, NJ: Prentice-Hall.（井上恒夫（訳）(1967).『企業の行動理論』ダイヤモンド社）

Dewey, J. (1915). *The school and society.* Revised edition. The University of Chicago Press.（宮原誠一（訳）(1957).『学校と社会』岩波文庫）

Dewey, J. (1938). *Experience and education.* New York, NY: Kappa delta Pi.（市村尚久（訳）(2004).『経験と教育』講談社学術図書）

House, J. S. (1981). *Work stress and social support.* Boston: Addison-Wesley.

Hedberg, Bo L. T. (1981). How organization learn and unlearn. In P. C. Nystrom & W. H. Starbuck (Eds.), *Handbook of organizational Design,* Vol. 1, New York: Oxford University Press. pp. 3-27.

伊東昌子（2018). 職場への研修転移の促進：役割モデルの育成と人間中心設計の訓練　産業教育研究，第 48 巻，第 1 号，11-18.

金井壽宏（2002).『仕事で「一皮むける」』光文社新書

Kolb, D. A. (1981). Experiential learning theory and the learning style inventory: A reply to Freedman and Stumpf. *Academy of Management Review,* Vol. 6(2), 289-296.

Kolb, D. A. (1984). *Experiential learning: Experience as the source of learning and development.* Prentice Hall.

Levitt, B. & March, J. G. (1988). Organizational learning. *Annual Review of Sociology,* Vol. 14, 319-340.

McCall, M. W. (1988a). *The lessons of experience: How successful executives develop on the job.* Free Press.

McCall, M. W. (1988b). *High flyers: Developing the next generation of leaders.* Harvard Business Press.

Meyer, A. D. (1982). Adapting to environmental jolts. *Administrative Science Quarterly,* Vol. 27, 515-537.

森久佳（2009). デューイ実験学校（Dewey's Laboratory School）におけるカリキュラム・デザインの形態に関する一考察：「カリキュラムの計画（planning of a curriculum）の特色に着目して．愛知江南短期大学紀要，38, 43-59.

Nystrom, P. C. & Starbuck, W. H. (1984). To avoid organizational crises, unlearn. *Organizational Dynamics,* Vol. 12(4), 53-65.

Oldenburg, R. (1989). *The great good place: Cafés, coffee shops, bookstores, bars, hair salons and other hangouts the heart of a community.* New York: Paragon House.（忠平美幸（訳）(2013).『サードプレイス－コミュニティの核になる「とびきり居心地のよい場所」』みすず書房）

Reddy, M. J. (1979). The conduit metaphor: A case of frame conflict in our language about language. In A. Ortony (Ed.) *Metaphor and thought*. Cambridge University Press. pp. 284-324.

佐伯胖 (2012).「「まなびほぐし (アンラーン)」のすすめ」苅宿俊文・佐伯胖・高木光太郎 (編)『ワークショップと学び 1：まなびを学ぶ』東京大学出版会. pp. 27-68.

5章　実践文脈に参加する役割主体としての学習

“仕事実践への参加とその変化こそが学び”とは

1. 心理学における伝統的な学習観

学習を扱う基礎心理学には，行動主義心理学と認知心理学があります。20世紀前半に出現した行動主義心理学では，研究対象を外から観察できる行動に限定し，主に動物行動の変化を制御する環境変数を，実験によって解明してきました。例えば，実験箱に入れられたハトが，偶然に赤い小窓をつつき，すると下方から餌が出たとします。その“赤い小窓（環境内の弁別刺激）”－“つつく（特定行為）”－“直後の餌（褒美）”といった随伴性を繰り返すと，ハトは箱に入れられると赤い小窓をつついて餌を獲得します。その随伴性が，ハトの“赤い小窓つつき”という学習を生起させ，持続させたと言えます。行動主義心理学の理論的目的は，行動の変化を制御する変数の発見にあると言えるでしょう。

行動変容のみに焦点をあてる行動主義心理学を批判し，人間の知的行動を支える内部メカニズムを解明しようとした認知心理学が，20世紀後半に出現しました。ものごとを理解し判断し記憶するなど，人の知的機能の特性が探求されました。知的機能のメタファーとして，外部から情報を入力し，それを内部で知識を使用して処理・加工し，貯蔵し，必要に応じて検索して利用するコンピュータの情報処理システムを想定し，人としての特徴を調べてきました。処理速度，記憶の限界やゆがみ，知識構造，判断特性，文化差，発達差などです。

行動主義心理学でも認知心理学でも，学習の焦点は行動や知識の獲得と応用です。新たな行為を獲得する，知識を獲得する，手法を獲得する，思考法を獲得するなどが研究され，その獲得内容や応用力は実験的手法や評価手法により確かめられてきました。しかし，職場学習では，業務行為や業務知識の獲得は求められるものの，それだけでは職場学習の全体像を説明できません。学びについて別の理論体系が必要になります。それらを紹介しましょう。

2. 状況論と正統的周辺参加

レイブとウェンガー（Lave & Wenger, 1991）は，社会的実践を行う共同体（例，仕立て屋）における徒弟制度を研究し，専門職に携わる職業人の学びのあり方を明らかにしました。仕立てに関する多様な役割と専門性を持つ職業人が協働して実践を行う共同体においては，学習は状況に埋め込まれて（situated）おり，その状況への「参加」の概念で説明されます。学習とは，新参者が実践共同体の成員として周辺的な実践に参加し，その参加形態を次第に変化させながら，より深く実践共同体に関与するようになる過程の全体を指します。その初期段階は，正統的周辺参加（legitimated peripheral participation: LPP）と呼ばれます。周辺的ではあるけれども，共同体の正統な仕事を担う参加であるという意味です。その参加は，周辺的参加から十全的参加（full participation）へと移行し，その過程で人は一人前になり，やがて熟練のアイデンティティ（identity of mastery）が形成されるようになります。

十全的参加は，実践共同体の頂点に立つことでも，技術的な技を極めることでもありません。参加の深まりと共に，他者の参加のあり方の意味を知り，自らも複数の役割を果たし，仕事的にも社会的関係性としても多様な経験を積みながら，共同体の一員として成長する発達的軌跡を捉える学習の視座です。実践共同体の成員は，周辺的参加であっても，多様な役割の人々の実践のあり方，使う道具，他の人々との関係性，それぞれの役割の生産活動における位置づけを観察できます。それらが見通せる場の中で，変化する参加体験（役割や仕事の変化）を通して，自らの学習のカリキュラムが進展していきます。

リベリアのヴァイ族とゴラ族の仕立屋の例では，その共同体の徒弟に入ると，親方や多くの先輩職人たちの仕事を観察できるので，衣服を作る全過程と完成品をじっくり観察できる豊富な機会があります。それらを通して，新参者は将来的な参加（学び）の姿や技能を思い描くことができます（Lave & Wenger, 1991, 邦訳 p. 50）。

技能の獲得も，正統的周辺参加に埋め込まれています。新参者の徒弟は，衣服を作る全過程を観察することはできますが，参加する製造段階は最終段階から遡る形です。最初は，ボタンをつけたり，縫い目が表に出ないように袖口を縫ったりします。次は，布を縫い合わせることに参加します。徐々に裁断された布の縫い合わせ方の順序，定位，糸と布の関係などを体験的に学び，材料や糸の感覚，布や形を扱う身体所作，針の進め方，プレスの仕方などの技術や意味を会得していきます。そして最終的に布の裁断に進みます。このように製品の完成形に至る段階と各段階の前の段階の意味を，参加の仕方の変化を通して学べるように仕組まれています。この順序は，学びの仕組みであると同時に，未熟であるが故の失敗の影響を最小限に抑える共同体のリスクマネジメントでもあります。実践共同体における参加とその変化の過程が，学習のカリキュラム[1)]になっているのです。

レイブとウェンガー（1991）の理論は，「状況論」と呼ばれます。状況論では，学習の主体は誰に（どこに）あるのでしょうか。レイブらの著書にハンクス（Hanks）が書いた序文では，状況論における学習は「実践共同体への参加という枠組で生じる過程であり，個人の頭の中でではないのである」とあります。この部分は分かりにくいかも知れません。レイブらは実践共同体に分かち持たれている学習の仕組みに着目しています。実践共同体に新たな参加が生じると，それに関わる他の成員にとっても参加の変化が生じます。この意味で学ぶ主体は，実践共同体です。「参加」が発生し，その「参加」が周辺から十全へと移動する過程で，他の成員たちの参加の有り方も変化し，共同体全体の維持と変化が次の実践に受け継がれます。これらの仕組みと過程が学びなのです。

実践共同体は参加の継続によって自らを再生させますが，同時に変化します。実践共同体の仕事をする過程で，新参者は先輩の指導や支援を受けることがあります。しかし，それは単に先輩から後輩への技能伝承という（教えの）事態ではありません。技能などを受け継ぎ仕事が行われるときに，個々の参加のあり方，例えば，仕事の仕方，他者との関わり方，協働実践の意味の見出し方，新たな実践の試みなど，従来の仕事や関係性や道具などに変化が生まれます。仕事実践の中の日々の相互作用が，伝承による維持と再生産にとどまらず，変化も創り出します。ウェンガー（Wenger, 1998）は，このように実践への参加

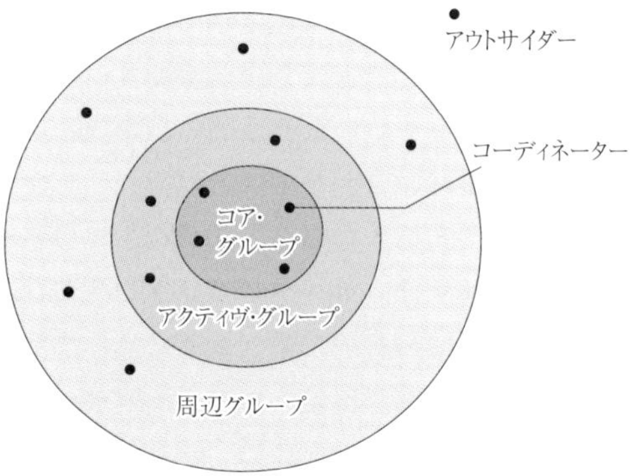

図 5-1　コミュニティへの参加の度合（Wenger, McDermott, & Snyder, 2002, 邦訳 p. 100）

を通して相互構築的に意味を生成し，共同体を規定し，アイデンティティをも相互構築的に規定する側面を重視しました。

ウェンガー（1998）は，実践共同体における学習に関し，参加者が共同体への所属（belonging）の仕方をデザイン（設計）することと述べています。共同体には図 5-1 に示す様々な参加過程の成員が存在します。共同体の成員が特定の実践に参加する・しない，共同体外部との関わり方，注力の仕方，共同体内の位置などを判断し実施することが学習であり，アイデンティティの形成であるとします。この意味で「不参加という参加」は戦略であり，防衛でもあります。特定の実践への参加（不参加）の判断と実施を通して，成員は特定の対象や人との間にある種の距離や関係性を保ち，その「布置（constellation）」を描くようになります。それらの布置には，共有する歴史やチームや用語や資源などが含まれ，ある種の境界を形成するようにもなります。共同体内部のこの種の営みを経験して，その成員は参加と不参加を判断し，自身の位置をデザインすると共に周囲にも示します。

3. 参加としての学習——企業デザイナーの事例

状況論的観点から，企業内専門職における参加とその変化としての学びを，具体例を通してみていきましょう。

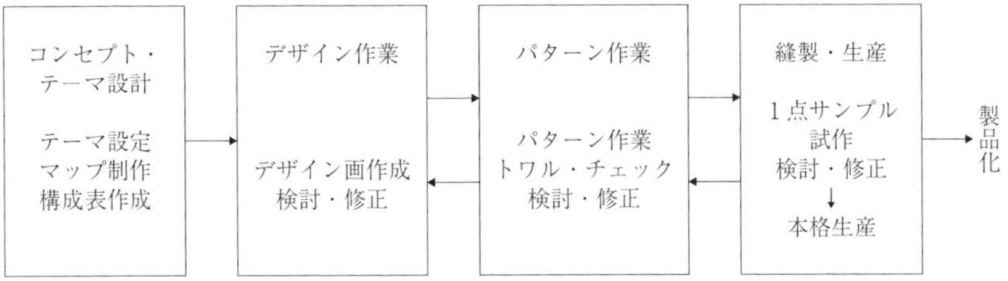

図 5-2　アパレル企業での製品の制作プロセス（松本，2003, p. 184 より）

3-1　企業組織の中のデザイナー

松本（2003）は，新参者が企業内デザイナーの共同体に参加する例を，実践知との接触，正統的周辺参加における学びの機会，参加の変化とデザイン画の変化，などの観点から丁寧に分析しています。

調査対象は，アパレル企業として多くの製品を企画・製造し，直営店を通して全国に販売しているC社です。C社には多くのブランド組織があり，各組織が異なるターゲットを対象としたコンセプトを持っています。各ブランド組織には，マーチャンダイザー（MD：仕入れ販売担当），デザイナー，パタンナー（デザイン画に基づき型紙を制作する），営業，生産（縫製等）などの部署があります。デザイナーは特定のブランド組織の中で，そのブランドの製品をデザインします。製品の制作プロセスを図 5-2 に示します。

デザイン画が商品になるまでには，パタンナーがデザイン画を理解して型紙を作り，適切な生地が選ばれ裁断されてサンプル製品が縫製され，各プロセスのチェックを経て，商品化に辿りつきます。企業デザイナーは，所属組織を構成する各部署の仕事を理解して初めて，自身が思い描く製品を商品として世に出すことができます。言い換えれば，当該企業のブランドらしい商品を生産する一員としての役割を果たせるようになることが求められます。

3-2　デザイナーに求められる技能

企業デザイナーは，ほとんどの場合，入社前に服飾専門学校や芸術大学において，デザイン技能の教育を受けています。デザイン理論やデザイン実践，型紙作りや縫製，卒業制作としての自身のブランドをイメージした作品作りが含まれるようです。その上で，入社試験を合格して参入しますから，新規参入時点で既に高いデザイン技能を持っていると言えます。しかし，それでもアパレル企業において，即戦力になることは少ないようです。

企業デザイナーとして職場に参加し熟達化をたどる過程で体験する実践の中でも重要なものは，①ブランド・コンセプトの理解，②製品への個性の主張，③他部門との協働です（松本，2003）。

①ブランド・コンセプトの理解

新人が入社して，あるブランド組織に配属されると，当該ブランドのコンセプトを示す表現フレーズを与えられます。例えば，1930年代の女性らしいシルエットを新しいテイストで見せていく「ネオ・クラッシック」，中年女性に向けた品位のある商品イメージとして「エレガント・スポーティ」，あまり年齢の境界なく若い女性に向けた「ノンエイジ」などです。表現フレーズは各ブランド組織内で共有され，その共有イメージに基づく製品を世に出すという明確な組織意図があります。デザイナーは所属する組織のブランド・コンセプトを理解して，デザイン画を描くことが求められます。

制作プロセスの各段階で行われる検討や修正は，共有イメージに基づいて複数の観点から実施されます。MDはターゲット層である消費者の立場から，パタンナーはデザインを3次元化したときの観点から判断します。デザイナーはこれらの役割を持つ人々の見方や判断基準を，理解しなければなりません。

②製品への個性の主張

ブランド・コンセプトはデザインに方向性と枠組を与えると同時に，制約条件にもなります。その枠内に納まるデザインばかりでは，おもしろみがなくなります。そこで，ブランド・コンセプトに沿ってはいるが，デザイナー本人の自分らしさ（「本人のもっている「におい」っていう」松本，2003, p. 190）が商品に感じられるような主張ができるようになることが，企業デザイナーとして通用する一つの技能です。

③他部門との協働

デザイン画を3次元化するトワル・チェック，そしてサンプルの作成による検討，さらに工場における生産という過程を経て商品になるので，デザイナーはパタンナーや縫製工場の人々とも協働できなければなりません。デザイン画をパタンナーが形にするとき，両者の協働がうまくいって，デザイン画で想像したよりもシルエットが美しくなったり，お互いにアイデアを出し合って製品としてより価値が出る形ができあがったりすると，担当デザイナーに力がついてきた状況と判断できます。また，市場トレンドを肌で感じているMDとのコミュニケーションにおいて，デザイナーとして譲れないところを主張し，譲れるところを見出すことが，企業デザイナーとしての熟達の指標の一つになります。さらに縫製工場の工場長にデザイナーのイメージ通りに縫製してくれるように，例えば面倒な縫製でもこのデザイナーのためならやってやろうという気にさせる技能と実績も求められます。

「ブランド・コンセプトの理解」「製品への個性の主張」「他部門との協働」において実践する技能は，デザイン技術のみを高めるタイプの「垂直的熟達」に関わるものではありません。同じ目的の下に，他領域の人々と協働して成果を上げるタイプの熟達に関わるものです。エンゲストローム（Engeström, 1996）は，このタイプの熟達を「水平的熟達」と呼び重視しています。仕事場は，自身の専門性を高める参加実践だけではなく，多様な役割を持つ人々との協働を推進する参加実践を経験する場でもあります。

3-3　周辺参加としての雑用に仕組まれた学び

新参者は，通常，雑用と呼ばれる作業をさせられます。企業デザイナーの世界でも，初期には先輩のサポートとしてさまざまな雑用的仕事を任されます。サンプル製品を作成するための生地の発注，生地に関するデータ（例，洗濯にどう強いか弱いか）収集，生地の色サンプルを集める，生地サンプルの作成，荷づくりや宛名書き，デザイン画のカラーコピー，営業用の絵を描く，など多種多様な雑用があります。これらはデザイナーとしての本来の仕事ではありません。しかし，松本（2003）はインタビューを通して，雑用や手伝いに埋め込まれた学びの機会を発見しました。それは大きく３点あります。

①企業デザイナーとしての知識や技能

雑用を学びの機会として捉える新人は，次のように報告しています。文具や生地などの荷物を扱うと取引先のメーカーがわかり，発注するときは先輩が使うペンや素材を知ることができます。電話をつなぐと取引先の人物がわかり，品質のデータを見ると品質の具体的な側面がわかります。このように，実践にとって欠かせない材料や仕事ネットワークを知ることができます。雑用を通して，自分なりの“仕事地図”が描けるようになります。コピー作業を通して，ブランド・コンセプトの具体例や気になる先輩のデザイン画を見ることができます。一見無意味に見える雑用でも，将来自分が一人前になったときには“知っていて当然”の知識や技能が内在しており，それを意識して作業する場合と，単に作業としてこなす場合では，将来的に大きな差が出るでしょう。

②雑用を通じた組織への参加

松本（2003）の調査では，一般的な雑用として朝の掃除が報告されました。新人は，朝の掃除まですることに驚いたようです。しかし，その作業は，先輩たちが出勤する前に掃除をする役割として正統的参加を示しています。ただし，新人が仕事を覚え忙しくなると，先輩たちの方から皆で帰るときに片づけて，ゴミを捨てるようになったようです。力をつけた新人が，より十全な参加を果たせるように，先輩たちも周辺作業を分担し始めたことになります。

NHKの「おんな城主　直虎」というドラマの第40回では，井伊万千代（直政）が徳川家に召し抱えられ，周辺参加をする姿が放映されました。井伊万千代は侍ですから，早く戦《いくさ》に出たいのです。しかし，最初は草履番を言いつけられました。一度は落胆したものの，天下一の草履番になろうと決心します。草履番をすると，人を覚えますし，誰と誰が一緒に来るか来ないかもわかります。重大事に呼ばれる人物もわかります。徳川家のトップ層と彼らの関係性を覚えると同時に，自分を知ってもらう機会を得る周辺参加であると理解できます。

③技能伝達への見計らい

雑用は先輩たちにとっても，新人の参加特性を知る機会です。雑用が学びの機会であることに気づく新人は，雑用を通して発見する業務知識をどんどん吸収するでしょう。しかし，デザイナーとして入社したにもかかわらず，余計な作業ばかりやらされると捉える場合は，業務に関わる知識が身につきません。松本（2003）によれば，現場では「雑用は技能が多く内在する場である」と教えることの是非が問題になります。教えると探求心が弱くなる危険性があり，教えないと気づかずに技能が身につかない危険性があります。

職場のチーフは，新人のタイプによって，すぐ教えるか気づくまで待つかを使い分けていました。デザイナーといっても，サラリーマン的でアシスタントがやりたい姿勢の新人には，作業の中で着目すべき点を先に教えるようです。しかし，デザイナーとして生きる的な新人には先に言わず，あとから「ここを見たか。それはこんなふうにおもしろい」と気づきを与えると，そこに気づかなかったときはドキッとして心に残り，その指導の意味を確認したり探索したりして，その新人なりの意味の発見につながり，学習効果が高まるようです。

先輩にとっても，雑用という参加から「この子はデザイナーとしてやっていくな」とか「この子はサラリーマンタイプだ」という区別ができ，技能の伝達や仕事の与え方を変化させることができます。その意味で，組織にとっても新人の参加の仕方を通して，適切な人材配置を学ぶ機会を得ることになります。

4. 文化－歴史的活動理論

行動主義心理学や認知心理学とは異なるもう一つの学習理論として，文化－歴史的活動理論があります。環境内の刺激に対する反応を条件づけられる受動的存在として人や動物を捉える行動主義心理学や，人の行為を内部情報処理の結果として捉える認知心理学を批判する立場です。人間の行為は文化的人工物（道具や言語など）に媒介され，人は文化的人工物を利用して対象に働きかける主体として捉えられています。活動理論には，3つの世代があります。

第一世代はヴィゴツキー（Vygotsky, 1978）が中心であり，媒介（mediation）の概念が生み出されました。1章の図 1-2a が示すように，主体と対象の間を文化・歴史的人工物が媒介し，人は人工物を使用して対象に働きかけ，また働きかけるために人工物を作り出すこともします。媒介物を使用して対象に働きかける過程を通して，自らにも働きかける過程が生じ，学習が生じるとされます。

第二世代のレオンチェフ（Leont'ev, 1981）は，ヴィゴツキーの媒介された活動の理論を，集団の単位へと展開しました。レオンチェフは集団で狩猟を行う例を用いて，集団内では分業が発展し，個人の行為と集団的活動の間に分化が生じることを指摘しました。集団の各成員は，狩猟という集団目標に位置づけられて役割を果たす行為を行います。したがって，各成員の行為は，集団内の位置づけや役割の面から捉えて初めて理解されると主張しました。文化歴史的文脈に据えられた個人を扱う第一世代の理論から，第二世代では目的的活動を共有する集団の中に位置づけられた主体を扱う理論へと発展しました。

第三世代のエンゲストローム（Engeström, 1987）は，集団的活動システムの枠組を提供しました（1章図1-2b）。共同体に位置づけられた成員は，対象に対して働きかけるときに，共同体のルール，分業体制，慣習に従い，利用可能な道具を使用します。各成員の行動結果の集合が共同体の成果になります。人の行動は文化歴史的文脈に埋め込まれており，そこでは複数の学習が現れます。

エンゲストローム（1987）は，人の学習に関し，ベイトソン（Bateson, 1972）が提唱した「学習Ⅱ」と「学習Ⅲ」を重視しています。「学習Ⅰ」は，例えば，訓練された行為の正確な遂行や，教科書内容の“勉強”を指します。「学習Ⅱ」は，歴史的文化への適応であり，自分が生徒であることを理解し，講義をきちんと聞き，試験を受けて良い成績を示すことが重要な価値だと理解する学びです。「学習Ⅲ」は，アージリスとショーン（Argyris & Schön, 1978）の「ダブル・ループ学習」に相当します。「学習Ⅱ」の矛盾に気づき，現行領域を超える活動を展開させ，共同体の文脈それ自体を変革させ拡張させる学びです。

エンゲストロームは，所与の文脈で専門性を高める垂直方向の学習ではなく，所与の文脈を超えて拡張する学習Ⅲの活動を重視し，「発達的学習」として捉えています。発達的学習は，共同体と別の共同体が出会い協働するときにも生じます。図5-3のように，二つの共同体が対象1に働きかけ，その成果に関する対話を通して対象2が生まれ，その重なり合う部分から新たな対象3が立ち

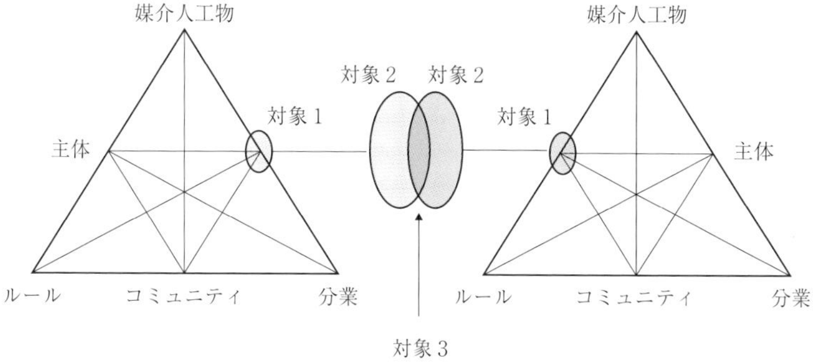

図 5-3　第三世代活動理論のための「最小限二つの相互作用する活動システムのモデル」（Engeström, 2001, p. 136）

現れます。この新たな「変革の種子」が現行の共同体にフィードバックされることにより，変革の原動力が生まれるようになります。（山住，2008, p. 20）

第三世代活動理論は，従来の発達理論（熟達論を含む）への挑戦でもあります。第一に，文脈内で穏当に評価される達成や上達といった価値への疑問です。ぶつかり合いを通して新たな価値を見出し，革新へと向かう過程を重視します。第二に，個人の変容に対する集合知の変容です。第三に，文脈内の階層を上る垂直的発達に対して，境界を横断する水平的発達への着目です。

エンゲストローム（Engeström, 2001）は拡張的学習のサイクルを図 5-3 のように示しています。山住・エンゲストローム（2008）による説明があります。

> 拡張的学習は最初，ある集合的活動に参加する諸個人が，自らが日常的に経験している既存の実践……（中略）……に対して，疑問を投げかけていくことから始まる。このことは，実践の現在の状態に関して，諸個人ならびにコミュニティを「ダブルバインド[2)]」（ベイトソン，2000）と呼べるような矛盾に直面させるだろう。しかし，逸脱ともいえるこうした疑問こそが，高次のレベルでの集合的・協働的な議論や矛盾を乗り越えていくための学習の行為，すなわち活動の新しい形態や発達のモデル化が，コミュニティのプロジェクトとして生み出されるのだ。次のステップでは，新しいモデルが検証され，実践の中で漸進的に実行されるだろう。こうして新しい実践は合併と増殖の

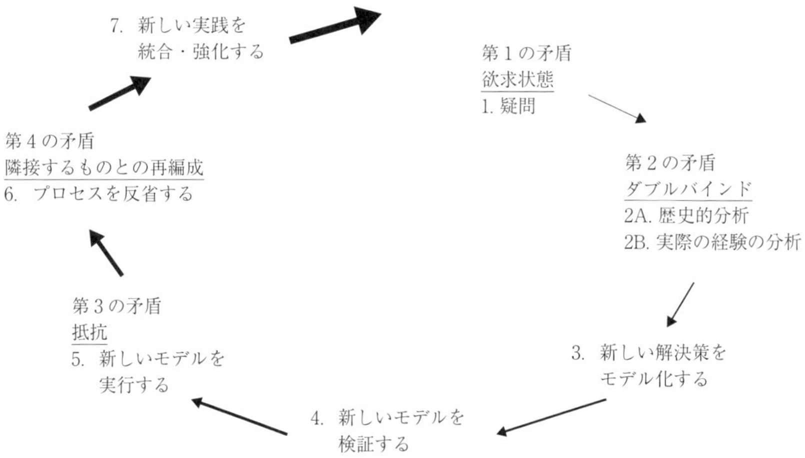

図 5-4　拡張的学習のサイクルにおける矛盾とそれに対する戦略的な学習活動
（Engeström, 2001, p. 152；山住・エンゲストローム，2008, p. 31）

過程をたどるとともに，反省的に評価される。このように，拡張的学習は螺旋的に進行する。(p. 31-32)

拡張的学習が展開される過程では，多くの成員が現行の実践を転換するための持続的挑戦に参加し続けなければなりません。エンゲストロームは活動理論を強力な科学的ツールとして仕事・技術・組織を分析し転換させる「発達的ワークリサーチ（developmental work research: DWR）」を，1994年以来，国際的に推進してきました。研究パートナーとなる組織（企業や団体）に長期介入して，批評とデータの分析を行います。ただし，具体的な解決策を示すコンサルティングではなく，研究のための公的資金を得て，独自の批評的分析を実施する義務と権利を持ち，その成果を出版物にする立場をとります。彼らは「実践者の拡張的学習の促進・支援を通した人間活動デザインの介入研究（p. 33）」を行い，組織の創造的活動において，批評的かつ協働的な学習と対話を生み出し，互酬的パートナーシップを築くDWRを展開しているようです。

5. 今後の課題

状況論は，従来は教授者と教材が中心であった学習研究に，実践共同体への参加やその変化に着目することにより，実践共同体に埋め込まれた学習を捉える理論的枠組みを提供しました。その共同体の学びにとって重要な要件の一つは，新参者にとって共同体に位置する多様な先輩の役目，地位，技術的高み，影響力などを見通せるかどうかであり，先輩たちからも新参者の参加の変化を観察できるかどうかです。この要件は，学習カリキュラムのデザインには不可欠だと思われますが，現代の大企業では難しい要件です。

状況論では共同体の変革は扱えませんが，活動理論における拡張的学習論では共同体の変革すなわちベイトソンの学習Ⅲを扱うことができます。しかし，共同体の成員の多くが，現行の共同体への十全的参加を深めるとき，それは学習Ⅱの延長であることが多いでしょう。学習Ⅲへの活動への不参加を選択する方が，現行の共同体への十全的参加を実現できるのではないでしょうか。また，図5-4の第4ステップの新しいモデルと妥当性を誰がどう検証するのでしょう。第5ステップの抵抗をどう解消して組織に組み込むのでしょう。第6ステップをどのように実現させるのでしょうか。誰が主役になり，どのような組織的支援が必要なのでしょう。外部の研究者が介入して分析するのみで，学習Ⅲあるいは組織の拡張的学習は達成できるのでしょうか。できるとしても限界はどこにあるのでしょう。学習Ⅲは非常に葛藤の多いプロセスです。鳥瞰的なプロセスモデルは理解できますが，職場の成員の軋轢と負担をどう解決するか，その設計論が示されないことは残念です。

個人の行為の変化，情報や知識の処理過程，そして共同体の学習や変革を扱う学習理論が存在することは，職場学習を理解する強力な科学的ツールを得る意味で，望ましい状況です。ただし，共同体の学習や変革を対象とした研究は，個人の学習過程を詳細に捉える心理学的視点を批判し，研究の焦点は個人ではなく，社会化されたプロセスにあります。現代のように分業が制度化された組織で働く人々は，市場変化や技術革新の影響を受け，その分業を問い直すような仕事に従事する確率が高くなっています。その変革を職場で遂行する任務を与えられるのは，職場の成員である個人です。そのときは個人の学習と，職場同僚の集合的学習と，職場間の関係という越境的学習の接面で，多種多様なコンフリクトや心理的負荷や組織ルーティンの問題などが出現します（4章の4節を参照）。職場学習を捉えるためには，学習の接面上に現れる問題をより丁寧に分析して，問題の解消の糸口を示すことが求められるでしょう。

注

1）Lave and Wenger（1991）は邦訳79頁において，学校において学ぶべき内容と方法を指示的に教える教育のカリキュラムと，実践の状況や文脈に埋め込まれた学習の機会や仕組みとしての学習のカリキュラムを区別せざるを得ないと主張しています。

2）二重拘束。あちらを立てればこちらが立たずの状態に陥り，決定も行為も進められない不安定な状態に陥ることです。ベイトソン（2000）は，Bateson（1972）の邦訳書である『精神の生態学』の改訂第2版（新思索社）です。

引用文献

Argyris, C. & Schön, D. A.（1978）. *Organizational learning: A theory of action perspective.* Reading, Mass.: Addison-Wesley.

Bateson, G.（1972）. *Steps to an ecology of mind.* New York: Ballantine Books.（佐藤良明（訳）（1990）.『精神の生態学』思索社）

Engeström, Y.（1987）. *Learning by expanding: An activity-theoretical approach to developmental research.* Helsinki: Orienta-Konsultit.（山住勝広・松下佳代・百合草禎二・保坂裕子・庄井良信・手取義宏・高橋登（訳）（1999）.『拡張による学習：活動理論からのアプローチ』新曜社）

Engeström, Y.（1996）. Development as breaking away and opening up: A challenge to Vygotsky and Piaget. *Swiss Journal of Psychology,* Vol. 55, 126-132.

Engeström. Y.（2001）. Expansive learning at work: Toward an activity theoretical reconceptualization. *Journal of Education and Work,* Vol. 14(1), 133-156.

Leont'ev, A. N.（1981）. *Problems of the development of the mind.* Moscow: Progress.（松野豊・西牟田久雄（訳）（1967）.『子どもの精神発達』明治図書）

Lave, J. & Wenger, E.（1991）. *Situated cognition: Legitimate peripheral participation. Cambridge University Press.*（佐伯胖（訳）（1993）.『状況に埋め込まれた認知――正統的周辺参加』産業図書）

松本雄一（2003）.『組織と技能：技能伝承の組織論』白桃書房

Vygotsky, L. S.（1978）. *Mind in society: The development of higher psychological processes.* Cambridge: Harvard University Press.（柴田義松（訳）（1970）.『精神発達の理論』明治図書）

Wenger, E.（1998）. *Community of practice: Learning, meaning, and identity.* Cambridge:

Cambridge University Press.
Wenger, E., McDermott, R., & Snyder, W. M. (2002). *Cultivating communities of practice.* Boston: Harvard Business School Press.（野村恭彦（監修），櫻井祐子（訳）(2002).『コミュニティ・オブ・プラクティス－ナレッジ社会の新たな知識形態の実践』翔泳社）
山住勝広（2008).「ネットワークからノットワーキングへ：活動理論の新しい世代」山住勝広・ユーリアエンゲストローム（編）『ノットワーキング：結び合う人間活動の創造へ』新曜社. pp. 1–57.

6章　集団とチーム——マネジメントとリーダーシップの違い

リーダーシップだけでは人を動かせない

1. 集団の心理行動特性

マネジメント研究とリーダーシップ研究は，心理学，社会心理学，グループダイナミクス，組織論など，心理学と社会学の諸研究が交差する領域です。既に多くの研究成果の蓄積がありますが，本章では心理学，職場，熟達の三者に関連する話題を取り上げます。学校や職場では，集団による共同作業が多くありますので，そういう活動において生じがちな心埋特性から解説しましょう。集団で作業を実施するときは，「プロセス・ロス」「社会的手抜き」「コンフリクト」「集団極性化現象」が生じることが知られています。

1-1　プロセス・ロス（process loss）

スタイナー（Steiner, 1972）が示した現象です。複数人で作業を行うときは，作業手順に行き違いがないように，目的がずれないように，進行が遅れないように，連絡，共有，確認，調整，相談などに時間と労力がかかります。これらに費やす労力の分だけ，集団の遂行実績は，各成員の潜在的遂行能力の総和より下がります。これをプロセス・ロスといいます。集団サイズが大きくなるほどプロセス・ロスも大きくなります。プロセスを進行させる相互調整がうまくいかないときは，分断が起こったり，作業の停滞を招いたりする事態に陥ります。集団で作業を行う場合は，連絡方法や情報共有のルールを決めるなどして，プロセス・ロスへの対策が必要です。

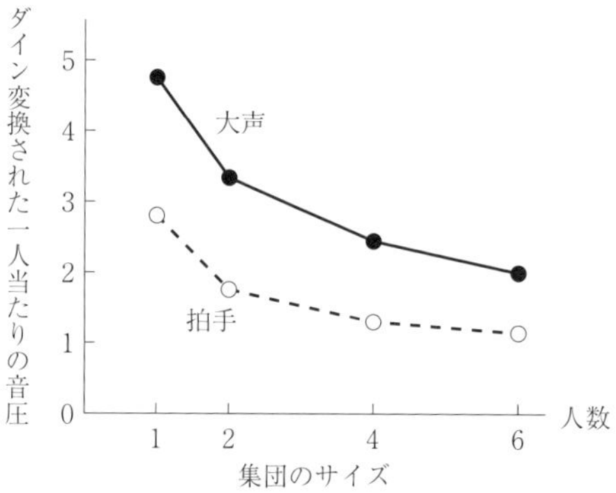

図 6-1　集団のサイズと反応のモードの関数としての音量
(Latané, Williams, & Harkins, 1979)

1-2　社会的手抜き（social loafing）[1]

ラタネ，ウィリアムズとハーキンズ（Latané, Williams, & Harkins, 1979）は，実験参加者に歓声の大きさの実験と説明して，大きな声「**ラ！**」の発声と，強く拍手することを依頼しました。この発声と拍手を単独で行う場合，2名，4名，6名で行う場合の4条件を設け，各条件の音量を測定しました。測定した音圧をダイン変換した数値が図6-1です。単独よりも集団で実施した方が，また集団サイズが大きくなるほど，一人当たりのパフォーマンスが下がっています。

このような社会的手抜きの原因としては，一般的な依存心の他に，責任の分散や役割の不明確さなどがあげられています（Robbins & Judge, 2011）。

1-3　集団成員間のコンフリクト

主張や優先順序がぶつかりあってコンフリクト（葛藤）が生じます。担当する役割，例えば，支出を抑えたい会計担当と良い材料で作りたい技術担当はぶつかる場合があります。役割の違いは価値や責任の違いであり，このような役割の違いによる利害関係の対立が「形式的コンフリクト」です。一方で，仕事の進め方や目的の置き方など，考え方や意見が対立する場合は「認知的コンフリクト」とされます。異なる役割を担い，考え方も動機づけも異なる人々が目

図 6-2　コンフリクトの対処方略の 5 類型（Thomas, 1976）

標に向って作業を進めますので，コンフリクトの発生は自然なことです（山口, 2009）。しかしコンフリクトを放置すると，対立が深まって集団が分裂するなど，協働体制が崩れます。コンフリクトを適切に解消すると，目標や方法に関する理解と共有が進み，結束が高まって作業の分散と統合が促進されます。

トマス（Thomas, 1976）はコンフリクトの対処方略に関し，図 6-2 に示す 5 類型を示しました。自己主張と協調性の 2 軸で方略の違いを示しています。自己主張も協調性も高い協働は，コンフリクトの問題を直視して，それを解消する方法を模索し見出す方略です。自己主張を競う競争や，主張せずに作業のみを行う妥協，回避，譲歩の方略では，動機づけが低下すると考えられます。

1-4　集団極性化現象

集団で課題を遂行するときは，話し合いや議論が欠かせません。集団で議論すると，多角的に検討できて良い決定が行われると期待されがちです。しかし，心理学実験は，自身の意見を持つ個人が皆で議論をすると，集団の結論は個人の意見より極性化する（極端になる）ことを示しました。

ウォラック，コガンとベム（Wallach, Kogan, & Bem, 1962）は，転職，手術，投資など複数の判断状況について，まず実験参加者一人で意思決定をさせ，その後に，自分の決定を持ち寄って複数人で議論させました。実験終了後，個人の決定と議論後の決定を比較した結果，集団で議論した後の決定はよりリスクを冒す方へ変化（リスキー・シフト）しました。一方，モスコビッチとザヴァロニ（Moscovici & Zavalloni, 1969）の実験では，好ましくない文脈が判断状況として用いられ，その場合はより消極的で安全な方へ変化（コーシャス・シフト）しました。このように，個人の判断を持ち寄って集団で議論をすると，集団の決定は，よりリスクを冒す方向あるいはより慎重な方向へとシフトする現象が認められます。この現象は「集団極性化現象」と呼ばれます。集団の成員が類似した意見や態度を持っているときに，起こりやすい現象です。

1-5　集団思考に認められるリスク

集団が一旦意思決定を行い，後にその決定が間違っていたことが判明した場合は，どのような現象が起きるのでしょうか。集団思考（groupthink: 集団浅慮とも訳されます）に関するリスクについては，ジャニス（Janis, 1972, 1982）の研究が知られています。凝集性の高い集団では，決定時に全員一致を求める傾向が強いため，一致した意見に対する反対や疑問を示すことが抑制されます。さらに自身の集団（の価値や判断）を過大視して，他集団（の判断等）には偏見を持つ兆候が認められます。

亀田・杉森（Kameda & Sugimori, 1993）は，大学生を参加者として，ある事態に対する意思決定に際しa）多数決，b）全員一致のルールを採用させました。そして後にその決定が不適切であるとわかったときに，彼らがその決定に固執するか否かを調べました。その結果，全員一致を課された方が合議過程を正当化して，最初の決定に執着することが示されました。

単独で判断するよりも集団で議論して判断した方がよいと期待されがちですが，そうとは限りません。むしろ様々なリスクや負荷がかかります。集団活動に認められる心理特性を理解して，動機づけの低下を防ぎ，スムーズに進行させ，コンフリクトを克服するためには，適切なマネジメントが必要であることがわかります。

2. チームと集団（グループ）

私たちは日常的に，ときにはAチームと言い，ときにはAグループといいます。使い分けている場合もあれば，そうでない場合もあります。例えば，サッカーやラグビーなどの集団スポーツの場合は，チームを使うでしょう。グループを使うと違和感があります。チームを使うのは，どのような場合でしょう。

2-1　チームと集団（グループ）の違い

ロビンス（Robbins, 1984）によれば，集団（グループ）とは，「特定の目的を達成するために集まった，互いに影響を与え合い依存しあう複数の人々（邦訳，p. 143）」です。集団には，公式集団と非公式集団があります。「公式集団とは，組織構造によって規定され，何らかの任務を割り当てられて，タスクグループやワークグループを確立しているものをいいます。公式集団においては，個人が取るべき行動は組織目標によって規定され，また組織目標に向かって方向づけられます。これとは対照的に，非公式集団とは，構造化も組織的規定もされていない連帯です。職場では，社交的な付き合いの必要性に応じて，自然にこうした非公式集団が形成されています（邦訳，p. 143）」。

ロビンスは，集団（グループ）とチームを区別しています。グループは「各自の責任範囲内で業務を遂行するのを助け合うことを目的に，主として情報を共有し意思決定を行うために互いに交流する集団（邦訳，p. 172）」と定義されます。グループでは「能力と努力の重ね合わせを必要とするような集団作業の必要も機会もない。したがって，その業績は個々のメンバーの総和にすぎない。全体的な業績水準を投入量の総和よりも高くするようなプラスの相乗効果はない（邦訳，p. 172）」とされます。

一方，チームは「協調を通じてプラスの相乗効果（シナジー効果）を生む。個々人の努力は，個々の投入量の総和よりも高い業績水準をもたらす（邦訳，p. 172）」と定義されます。例えば，大学の演習授業やプロジェクト科目では，少人数集団に課題が与えられます。初期はグループに過ぎない場合でも，彼／彼女らが相乗効果を生むチームになるように導く指導があると，そのプロセスも成果も良いものになります。

2-2　チームメンバーに求められるスキル

目的的な活動を行うチームが機能するためには，3つの異なるタイプのスキルが必要とされています。以下の3つのスキルのうち，現在のチームメンバーに足りないスキルがある場合には，応援を要請することがあります。

①技術的専門スキル。専門領域の知識と技術に関するスキルです。
②問題解決および意思決定スキル。問題を特定化し，選択肢を考案して評価し，適切な選択を行い実施するスキルです。ただし，複雑な問題解決場面では，問題を適切に理解することが重要です。職場では，眼前の問題が，どこに影響し，どの権限に関係し，誰に相談すべきかなど，問題を組織に位置づけて捉えるスキルが求められます。
③対人的スキル。コンフリクトの解消や人の意見の傾聴，説明や適切なフィードバックなど，マネジメント的スキルでもあります。

2-3　チームが機能するために求められる役割群

マーガリソンとマッカン（Margerison & McCann, 1990）は，一連の調査により，チームメンバーが希望する9個の潜在的役割を発見しました（表6-1）。人は希望する得意な役割があるので，チームメンバーの行動特性や思考特性あるいは能力特性に適した役割の付与が，スムーズな協働を可能にします。役割に偏りがあり，疎かになっている役割があると失敗する可能性が高くなります。例えば，プロジェクト形式の演習科目において，学生グループの議論や意思決定の過程で，発言力の強い「創造・革新者」がリーダーになり，「プロモーター」がリーダーのアイデアを吟味しないまま推進・擁護すると，他のメンバーは発言せず作業だけの参加に陥りがちです。集団活動はこれほどに難しいプロセスを含みますので，教員による質の良いマネジメントが求められます。

2-4　チームワークの3レベルとマネジメントの難しさ

チームワークと言えば，リーダーシップが重視されがちですが，古川（2004）

表 6-1　チーム内の役割とその多様性（Margerison & McCann, 1990 に基づき，筆者が作成）

チーム内での役割	解　説
創造・革新者	想像力に富み，アイデアや概念を生み出すのが得意。独立心が非常に強く，自分のペースとやり方で働くことを好む。
探究・プロモーター	新しいアイデアを取り入れ，その主旨を擁護して，それらを振興するための資源を見出すのが得意。弱点としては，アイデアを細部にわたり最後まで実行するための忍耐力とコントロールのスキルに必ずしも恵まれていない。
評価・開発者	分析的スキルに長けている。決定を下す前にいくつかの選択肢を与えられ，それらを評価・分析するときに，高い能力を発揮する。
推進・組織者	アイデアを現実化し，実行するための実施要領を設定することを好む。期限を守るよう目標を設定し，計画を策定し，人員を組織化し，体制を確立する。
完結・生産者	成果に関心を持つ。期限を守り，すべてのコミットメントが果たされるよう目を配ることに重点を置く。標準を満たす製品の生産を維持することに誇りを感じる。
管理・検査者	ルールや規則の設定ならびに執行に強い関心を持つ。細部を精査し，誤りのないよう確かめることを得意とする。あらゆる事実や数値を確認し，細部にわたって正確さを求めようとする。
擁護・維持者	業務遂行方法について強い信念を持っており，チームと外部が対立したときは，チームを守って闘い，同時にチーム内部でもメンバーを強力に支援する。チームに安定性を与える上で重要である。
報告・助言者	よい聞き役であり，自分の視点を他人に押しつけない。意思決定を行う前にできるだけ多くの情報を入手しようとする傾向にある。そのため，チームに対しても，決定を下す前にできるだけ多くの情報を集めるように促し，性急な判断を思いとどまらせるなど，重要な役割を果たす。
連結者	この役割は，他のいずれの役割とでも，同時に果たすことが可能である。連結者はあらゆる意見を理解しようとし，調整をしたりまとめたりする。極端を嫌い，メンバーの間に協力を築こうとし，他のメンバーの貢献を認め，人々やその行為に相違点があっても乗り越えて一つにまとめようとする。

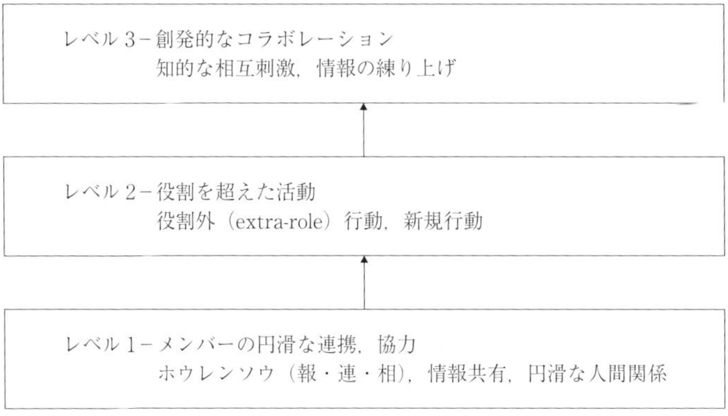

図 6-3　チームワークの 3 つのレベル（古川，2004, p. 22）

によれば，求められるチームワークの質が高くなっているので，強いリーダーが強力に率いるよりも，メンバーたちの能力を引き出すマネジメントが求められています。古川はチームワークのレベルを，図6-3に示しています。

レベル1は，メンバーが適切な報告，連絡，相談を通して密にコミュニケーションをとり，円滑な人間関係の中で各自の職務を円滑に推進する状態です。古川はこのレベル1は，チームワークの基礎と言います。レベル1未満の状態は未だグループの状態です。

レベル2は，自己の役割を果たし，相互に緊密な連携をとることに加えて，チーム全体の観点からメンバーが相互に補い合う，すなわち自分の役割を超えて柔軟に建設的に行動を組み立てて実施できる状態です。良い意味で互いにモニターし合い，突発的な出来事にも対応できます。

レベル3は，メンバー相互の知的刺激や交流があり，それを通して新規の発想，創造的な試みが触発され，独創的な成果が達成されるチームワークです。専門領域を超えたアイデアのぶつかり合いと練り上げです。

現代の職場ではレベル1で満足せずに，目標が明確であるときはレベル2を，革新を目指すときはレベル3が求められます。どのレベルにおいてもリーダー機能とマネジメント機能の両方が必要になります。それでは，ここでリーダーシップとマネジメントの違いを説明しましょう。

3. リーダーシップとマネジメントの違い

コッター（Kotter, 1990a, b）は，リーダーシップとマネジメントの区別を次のように説明しています。リーダーシップの役割は，変化の創出です。組織外部では競争と変化が激化しています。技術革新，国際競争，規制緩和，労働人口の変化など，‘少しばかりの改善’では成功を得られません。このような状況の中で，リーダーは目指すべきビジョンを示し，皆がその方向へ進むよう動機づけ，戦略を示し，価値づけを行い，成功の形を示す役割を果たします。リーダーシップは変革を起こし，変革の方向性を決めます。一方，マネジメントの役割は，複雑な状況にうまく対処することです。マネジメントは組織が立案した計画の達成に必要な組織構造と業務を創設し，適切な人材を配置し，彼／

表 6-2　リーダーシップとマネジメントの比較（Lunenburg, 2011 より）

カテゴリー	リーダーシップ	マネジメント
思考プロセス	人々に焦点をあてる	事物に焦点をあてる
	外部を見る	内部を見る
目標設定	ビジョンを描いて示す	計画を立案し実行する
	未来を創造する	現状を改善する
	森を見る	木々を見る
従業員との関係	鼓舞する	統制する
	同僚・同志	部下・配下
	信頼と発達	指示監督と協調
実施する職務	正しいことをする	正しく物事を行う
	変化を創り出す	変化に対処する
	部下等のために力を尽くす	上司等のために力を尽くす
ガバナンス	影響力を行使する	権威を使う
	コンフリクトを利用する	コンフリクトを避ける
	決定的に行為する	応答的に行為する

彼女に計画の内容を伝え，実行の責任を負わせ，実行状況をモニターする仕組みを作り動かす役割を果たします。

心理学の実験的研究に喩えるならば，先行研究をレビューして新たな研究課題を発見し価値づけることがリーダーシップ的過程です。一方，関連する理論に則って的確な実験計画を練り，実験を行ない，データ処理をして成果を上げることがマネジメント的過程です。両者の適切なバランスが，研究価値が高く実現性があり成果が期待できる研究実践になります。

ラネンバーグ（Lunenburg, 2011）は，リーダーシップとマネジメントの違いに関するザレズニック（Zaleznik, 1997）とコッター（Kotter, 1990a, b）の説明を，表 6-2 のようにまとめました。製品開発，建築，医療などほとんどの組織において，両方の能力が求められます。変化の激しい時代にリーダーシップの育成こそ重要と言われがちですが，計画を推進し，複雑さに対応し，人を育て，組織の成果を紡ぎ出す優れたマネジメント力の育成が極めて重要です。

それでは組織への新規参入者が周辺的業務プレイヤーとして経験を積み，一人前の実務担当者になり，やがてマネジャーになったときに，どのような多重的役割に直面するかを，次節で見ていきましょう。

4. プレイヤーからマネジャーへ――職場マネジャーの役割

一人前の実務担当者（プレイヤー）として業績をあげていると，役職（マネジャー）を命じられる時期がきます。プレイヤーとして成果を上げてきた人にとって，チームや組織を動かすマネジャーの役割を担うことは，未知の挑戦です。とまどうことも多く，熟達への一つの節目です。中原（2014）は，新任マネジャーが取り組むべき課題を７つあげています。それらは，①部下の育成，②目標咀嚼，③政治交渉，④多様な人材活用，⑤意思決定，⑥マネジメントマインドの維持（マネジャーとしての自覚の維持），⑦プレマネバランス（プレイヤーとマネジャーのバランス）です。⑤⑥⑦は①から④の課題に含まれるので，①から④を詳しく見ていきましょう。

4-1　①部下の育成

職場マネジャーが新規参入者の立場に立って指導することは難しいと言われています。自分が若い頃の厳しい上司のやり方を部下に適用して追い詰める場合，ぎゃくに指導すべきことが言えず仕事を抱え込み疲弊する場合もあります。部下育成の原理は，リスクを引き受けて部下に仕事を任せ，適切なタイミングでフィードバックを与えることです。例えば，なぜこの方法を採用したのか，この場合はどうか，のように対話をして部下に考えさせ気づかせることが大事です。部下の育成のキーポイントは，a. 誰をどう育成し，b. 振り返りによって学びを促進し，c. 育成環境を作る，です。

a. 誰をどう育成するか

有能で成長意欲も高い部下には，挑戦性のある仕事を与えます。伸びる能力があるけれども意欲的ではない部下には，上司としての期待を伝え，仕事を開拓するように促します。仕事意識は高いものの，意識とスキルのギャップに気づかない部下には，できることを確実に進めるように諭します。動機づけも成長意欲も低い部下には，声がけをして仕事に向かう姿勢を維持させます。そして，どの部下にも現状で対応できるレベル（快適ゾーン）[2]ではなく，挑戦性のある仕事を与えて成長を促すことが重要です。ただし，混乱していないか，不安定になっていないかを見守る必要があります。

b. 振り返りによる学びの促進

経験から学ぶためには，コルブ（Kolb, 1984）も述べるように，省察が必要です。部下の仕事の進捗状況に関し報告を求め，仕事の要件や対応を語ってもらいます。基本的には「出来事」−「解釈や気づき」−「選択肢や今後」という順で語ってもらい，それに対して意見を述べることが重要です。注意すべき点は，結果（失敗，成功，行き違い，など）ではなく，そこに至った過程に対する認識を語らせることです。

c. 育成環境づくり

上司と部下の一対一の育成体制ではなく，複数の先輩たちに周辺参加を提供するように依頼して，新人が仕事を覚える機会を与え，他部門の同僚にも他部門の仕事を知る機会を与えてもらうなど，異なる役割を持つ先輩たちによる協調的育成環境を整えることが重要です。

4-2　②目標咀嚼

企業組織では事業目標が毎年掲げられます。「売上目標 10% アップ」「ナレッジマネジメントの推進」などです。そのまま部下に伝達しても，部下はどう動けばよいかが分かりません。マネジャーは職場で実施する戦略に翻訳して部下に伝え，仕事の割り振りをします。さらに，短期的，中期的，長期的な狙いを共有します。例えば，「短期的には，エリアの拡大を狙おう。現在，誰がどのようなエリアを担当しているかをもう一度“棚卸し”して，効率的にエリアをカバーする方法を考えよう。……中略……半年先の中期的には，新しいエリア担当を軌道にのせよう。1 年後の長期には，エリアの重複を取り除いた分を，新規エリア開発に割り当てて顧客拡大をめざし，目標を達成しよう（中原, 2014, p. 147)」というように具体的に翻訳します。

4-3 ③政治交渉

こういう例があります。顧客から受注できそうなとき，受注は企業全体の事業目標に貢献する事ですから，他部門の人々は率先して協力してくれると思いがちです。しかし，例えば，直ちに動くための予算が必要なときに，会計課は2週間前に手続きしないと出せないと言う，契約を急ぎたくても契約部門は混んでいるので再来週になると言う，などで仕事が滞ることがあります。他部門は別組織であり，交渉して協力関係を築く相手なのです。そのためには，相手の都合を理解したり，こちらの仕事状況が動く可能性を早めに知らせたりして，他部門が動きやすいように配慮して依頼を行う必要があります。折を見て顔出しをすると，相手の状況がわかるので相談しやすくなります。

交渉相手が，自分の上司（ボス）の場合でも，相手を知り，事前に連絡し，例えばリスクの兆候が見えた時にすぐに説明しておき，適切なタイミングで判断を仰ぐことが重要です。注意すべきは，事実連絡だけではなく，自分の理解と判断の選択肢を伝えておくことが大切です。

4-4 ④多様な人材活用

小売業，流通業ではパートやアルバイト，IT 企業では外国人技術者や中途採用者，再雇用された高齢者など，多様な人材がいます。年長者の部下と話す時は，相手の経験を尊重しつつもマネジャーとしての立場を理解してもらわなければいけません。慣れない職場のマネジャーになった場合は，職場のパワーバランスを分析して対処法を練ることも必要です。

パートや派遣社員には，職場全体の仕事における彼／彼女らの作業の位置づけを説明し，職場の一員という意識を持ってもらいます。さらに声がけを行い，彼／彼女らの声を聞くなど，職場の一員として配慮することが動機づけと安心を高めます。中途採用者と外国人の場合は，よく観察をし，何ができて何ができないか，何を知っていて何を知らないかを見極めることが重要です。その上で短期的な研修を行い，安心してスキルを発揮できる環境を与えます。現状に合わない彼／彼女らのやり方に関しては，対話による学びほぐしを促し，他のメンバーにも協力を依頼して交流を図ることが有効です。

①から④を常に意識してマネジャーの役割を果たせるようになると，より上

位の組織を動かすマネジャーへの熟達が進むでしょう。心理学では，マネジメントの研究に触れる機会はあまりありません。しかし，職場学習では，熟達化を進める過程で，マネジャーの役割遂行が学びの中心になる時期があります。また，何よりもマネジャーは職場成員の育成の要です。職場学習を進展させるためにも，マネジャーの役割を理解することが大切です。

5. 交流型リーダーシップと変革型リーダーシップ

リーダーシップに関する研究は数多くあります。山口（2009）によれば，その多くはリーダーがメンバーとの交流を通して影響を与える「交流型リーダーシップ」の研究です。例えば，課題志向で目的的に統率する軸と人間関係への配慮を重視する軸でタイプ分けをする研究（例，PM 理論（三隅，1984）やマネジリアル・グリッド理論（Blake & Mouton, 1964）など）や，集団が置かれた状況や集団特性を考慮するコンティンジェンシー・アプローチ（例，LPC モデル（Fiedler, 1967）やパス－ゴール理論（House & Mitchell, 1974））をあげることができます。主に従来型の組織運営，言い換えれば組織から与えられた目標への到達を導き指導する場合に有効とされるリーダーシップです。

一方で，組織周辺の環境変化が速い現代では，リーダーがメンバーに影響を与え続ける構図よりも，メンバーに時代を見据えた変革を創出するように働き

表 6-3　変革型リーダーシップの特性（Bass, 1998）

a）カリスマ性（charismatic leadership） 「あの人のようになろう」「あの人を見習おう」という気にさせる特性。メンバーからの崇拝，尊敬を集めるような言動・態度をとり続ける必要がある。
b）士気を鼓舞する動機づけ（inspirational motivation） 魅力的な将来像を示し，それに接近するために達成すべき目標を明示して革新に取り組む勇気と元気を与える働きかけ。
c）知的刺激（intellectual stimulation） メンバーの能力を引き出し，充実させるために，メンバーの視野を広げたり，転換させたりするような刺激を与える働きかけ
d）個別的配慮性（individualized consideration） 一人一人のメンバーの目標達成や成長のニーズに注意を払い，個性を尊重しながら，適切な助言やサポートを与えたり，親身になって面倒を見る働きかけ。

かけ，自らも変革を実践する「変革型リーダーシップ」の重要性が指摘されています（Bass, 1998; 古川，1998）。変革型リーダーシップには，表6-3に示す特性が求められます（Bass, 1998）。現行の職場で適応的に働き成果を示してきたメンバーは，変革には抵抗を示すものです（古川，1990）。自身と同僚と組織のアンラーンという課題もあります。変革型リーダーシップは，自らが皆を率いるよりも，メンバーの信頼を基盤として，彼らを動機づけ，元気を与え，能力を引き出し，異なる視点を与え，成長を支えるコンピテンシーが必要とされます。

6. 職場マネジメントと熟達の関係

マネジメントとリーダーシップを理解すると，熟達化には2つの方向があることがわかります。一つは，専門技能を磨き組織外部でも通用する一流の技能者になる熟達化です。名人といわれる旋盤工，宮大工，陶芸家，天才的プログラマーなどが思い浮かびます。もう一つは，プレイヤーからマネジャーとして組織の経営や運営を担う方向です。ミドル・マネジャーからシニア・マネジャー，そしてエグゼクティヴ・マネジャーへの発達的熟達が想定されます。後者の方を進む人がより多いでしょう。

2章において30代後半から成長感が低下し，キャリア・プラトーが認められることを説明しました。この時期は，プレイヤーからマネジャーに移行して，人と職場を動かす役割への挑戦が始まります。さらに現代では，変革型リーダーシップの発揮も期待されるでしょう。ミドル・マネジャーの役割がシングル・ループ学習の促進であり，シニア・マネジャーの役割がダブル・ループ学習の推進であるならば，個人の熟達化は職場を含め組織の学習開発でもあります。マネジャーとしての課題を受け止め，有能性の罠に陥ることなく，周囲の人々の支援も得て，自身と組織の学習と変革を創り出すことこそ，職場学習と学習する職場を推進する熟達者と言えましょう。

注

1）リンゲルマン効果とも呼ばれます。リンゲルマンではない他の研究者の論文に紹介されていたものを，ラタネらは厳密な実験で検証しました。

2）ブラウン（Brown, 2008）は，快適ゾーン（comfort zone：現状の技能で対応可能），学びと成長ゾーン（stretch zone：複雑で高度な仕事に挑戦し意識的に学びを構築する），パニックゾーン（panic zone：仕事が複雑かつ高度すぎて混乱する）という3つのゾーンを紹介しています。

引用文献

Bass, B. M.（1998）. *Transformational leadership: Industry, military, and educational impact.* NJ: Lawrence Erlbaum Associates.

Blake, R. R. & Mouton, J. S. 1964. *The managerial grid.* Houston: Gulf.（上野一郎（訳）（1964）.『期待される管理者像』産業能率短期大学出版部）

Brown, M.（2008）. Comfort zone: Model or metaphor? *Australian Journal of Outdoor Education,* Vol. 12(1), 2-12.

Fiedler, F. E.（1967）. *A theory of leadership effectiveness.* New York: McGraw-Hill.（山田雄一（訳）（1970）.『新しい管理者像の探求』産業能率短期大学出版部）

古川久敬（1990）.『構造こわし――組織変革の心理学』誠信書房

古川久敬（1998）.『基軸づくり：創造と変革のリーダーシップ』富士通ブックス

古川久敬（2004）.『チームマネジメント』日本経済新聞社

House, R. J. & Mitchell, T.（1974）. Path-goal theory of leadership. *Contemporary Business,* Vol. 9（4）, 81-98.

Janis, I. L.（1972）. *Victims of groupthink.* Boston: Houghton Mifflin.

Janis, I. L.（1982）. *Groupthink: Psychological studies of policy decisions and fiascos.* Boston: Houghton Mifflin.

Kameda T. & Sugimori, S.（1993）. Psychological entrapment in group decision making: An assigned decision rule and a groupthink phenomenon. *Journal of Personality and Social Psychology,* Vol. 65(2), 282-292.

Kolb, D. A.（1984）. *Experiential learning: Experience as the source of learning and development.* Prentice Hall.

Kotter, J. P.（1990a）. What leaders really do. *Harvard Business Review,* Vol. 68, 103-111.（編集部（訳）（2011）.「[新訳] リーダーシップとマネジメントの違い――両社は補完関係にある」Diamond Harvard Business Review, 2011年9月号，50-64.）

Kotter, J. P.（1990b）. *A force for change: How leadership differs from management.* New York, NY: Free Press.

Margerison, C. & McCann, D.（1990）. *Team management: Practical new approaches.* London: Mercury Books.

三隅二不二（1984）.『リーダーシップ行動の科学（改訂版）』有斐閣

Moscovici, S. & Zavalloni, M.（1969）. The group as a polarizer of attitudes. *Journal of Personality and Social Psychology,* Vol. 12(2), 125-135.

Latané, B., Willians, K., & Harkins, S.（1979）. Many hands make light the work: The causes and consequences of social loafing. *Journal of Personality and Social Psychology*, Vol. 37(6), 822-832.

Lunenburg, F. C. (2011). Leadership versus management: A key distinction-At least in theory. *International Journal of Management, Business, and Administration*, Vol. 14(1), 1-4.

中原淳 (2014).『駆け出しマネジャーの成長論』中公新書ラクレ 493

Robbins, S. P. (1984). *Essentials of organizational behavior*. Pearson.（髙木晴夫（監訳）(1997).『組織行動のマネジメント―入門から実践へ―』ダイヤモンド社）

Robbins, S. P. & Judge, T. A. (2011). *Essentials of organizational Behavior*. New York: McGraw Hill.

Steiner, I. D. (1972). *Group process and productivity*. New York: Academic Press.

Thomas, K. (1976). Conflict and conflict management. In M.D. Dunnette (Ed.), *Handbook of industrial and organizational psychology*. Chicago, II: Rand McNally, pp. 889-935.

Wallach, M. A., Kogan, N., & Bem, D. J. (1962). Group influence on individual risk taking. *Journal of Abnormal and Social Psychology*, Vol. 65 (2), 75-86.

山口裕幸 (2009).「チーム・マネジメント：機能的コラボレーションを創出する」小口孝司・楠見孝・今井芳昭（編著）『仕事のスキル－自分を活かし，職場を変える－』北大路書房．pp. 56-69.

Zaleznik, A. (1997). Managers and leaders: Are they different? *Harvard Business Review*, Vol. 55, 67-78.（編集部（訳）(2008).「マネジャーとリーダー：その似て非なる役割」Diamond Harvard Business Review, 2008 年 2 月号，68-82）

コラム 4　プロジェクト科目の経験と経験からの学びの違い

プロジェクトベース学習は，21 世紀スキルの中のコミュニケーションと協同，自己方向づけ，生産性と説明責任，リーダーシップなどを養う実践的学習科目として注目されてきました。数ヶ月に及ぶ目的的活動を集団で進行させるとき，社会的手抜き，プロセス・ロス，葛藤，計画錯誤など，計画通りの進捗を妨げる心理学的問題が生じがちです．このため，期待されるスキルをメンバーの多くが獲得するためには，プロジェクトの進行プロセスを共有しながら共に柔軟に制御する必要があります。事実，学習者は積極的に参加するが，生産的な協力，適切な情報共有，分担作業の統合を自律的にはできないとの報告があります（中部大学グループ・東海 A チーム，2014; Hmelo, Guzdial, & Tum, 1998)。

プロジェクトベース学習の成果として，従来は，学習テーマに関する活動経験や内容に重点があり，集団活動にまつわる問題への対処やプロジェクト進行プロセスの調整など，プロセスマネージを学習する機会としての注目は，ほとんどありませんでした。しかし，有限のプロジェクトを集団で遂行する活動のマネジメントは，参加者の心理面，人間関係面，パフォーマンス面に影響を与える重要な要因です。そこで，伊東（2018）はプロジェクトベース学習を経験した学生が，プロセスマネージを学んだ意識があるかどうかを，指導法が異なる3クラスの学生への質問紙調査によって調べました。

対象科目と人数　心理学科，学部1年生基礎ゼミナール科目で，クラス1が32名，クラス2が30名，クラス3が32名でした。
演習内容とスケジュール　15回の中で4回までは3クラス合同で心理学の講義を受け，5回に興味をもった領域に関するショートレポートを書き，6回に各クラスに分かれ，さらに興味分野により4から5グループに分かれます。7回から12回まで自主的文献研究活動，13回にクラス内グループ発表とクラス代表の決定，14回に合同発表会，15回はそれまでの経験を踏まえ，卒業論文発表会に参加します。このスケジュール概要は皆に配布されます。
教員の指導法　クラス1は，学生の自主活動にまかせる方法でした。クラス2はエクセルを用いて縦軸に作業課題，横軸に各週ごと4ヶ月間のコラムを設け，各作業課題に要する期間を両矢印で予測的に表す鳥瞰図としての「ガントチャート」を共同作成し，それを用いた毎週の進捗調整を行うように指導しました。クラス3は，毎週の作業課題を教員が学生に指示する方法でした。

表 C-2　ガントチャートの例

期間（月）			11月			12月				1月	
		担当	11日と次回まで	18日と次回まで	25日と次回まで	2日と次回まで	9日と次回まで	16日と年内授業日	年末年始	6日と次回まで	13日
調査対象の決定，調査・理解・整理	調べるテーマの協議・設定		◀	▶							
	情報収集の方法を検討		◀	▶							
	資料探索			◀	—	▶					
	資料理解			◀	—	▶					
	学習内容の整理										
発表スライドの作成	発表用スライド作成					◀	▶				
	グループ内発表練習・スライド修正						◀▶				
クラス内発表練習	スライドによるクラス内発表練習							◎			
	発表への批評・改善，調べ直し等							◀▶			
クラス内発表代表選出	グループごとに発表									◎	
	代表グループ選出									◎	
合同発表会	合同発表会										◎

学生の意識調査は，14回目の合同発表会の後，「限られた期間内で計画した活動を進めるための進め方や授業90分の使い方に関して学んだこと」を書くよう

に求めました。回答を整理した結果，「スケジューリングと進捗調整」「チームビルディング」「調査方法・調査内容」「口頭発表」のカテゴリに分類でき，報告全体に占める各カテゴリの報告率は図C-2のようになりました。

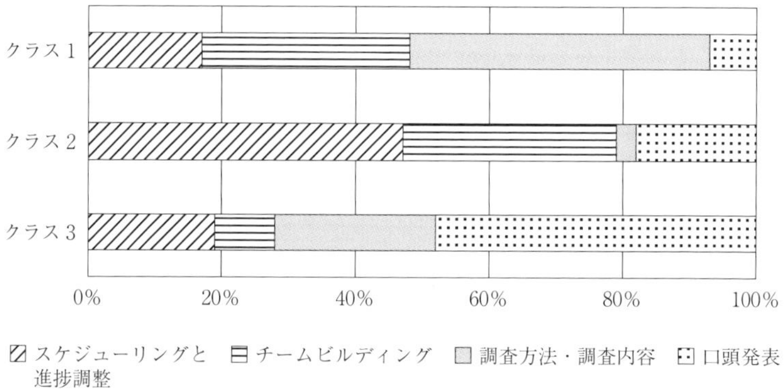

図C-2　回答カテゴリと各クラスの全報告数に占める割合

進め方に関する学びの問いに対し，スケジューリングやタスクや進捗の柔軟な調整といったプロセスマネージを多く報告したのは，クラス2のみでした。他クラスは20%に届かない結果でした。グループ作業を任されたクラス1では，調査内容と作業分担が多く報告されました。毎週指示を受けたクラス3では，調査内容と口頭発表に学びの意識が集中していました。ただし，どのクラスでも期限内に調査を行い，発表スライドを作成し，発表を行いました。

このように，プロジェクト科目を経験することと，経験から学ぶことは異なります。グループプロセスやプロジェクトのプロセスをどうマネージするかによって，経験から学ぶことが異なります。それでは，プロジェクト活動のタスク構造とタスク間の時間的関係性を示すガントチャートの共同作成と，教師が毎週の作業を指示することの違い，あるいは「期限があるので進め方に注意しなさい」と教師が注意喚起してあとはまかせることとは何が違うのでしょう。

ガントチャートの共同作成は，プロジェクト活動がどういうタスクから構成され，その遂行順序や並行させる作業，遅れた場合の影響などに関する“メンタルモデルの共有”を可能にします。皆が同じ鳥瞰図的認知表象を持つため，一人ひとりがプロジェクトの進行を考慮して予測的作業の開始やモニタリングが可能になります。このため，連絡や調整がスムーズに適切に進みます。山口（2012）は“共有メンタルモデル”を協調の基盤として重視しています。

プロジェクト科目では学生が主体的に学ぶことの経験とやり遂げることが重

視されがちであり，経験のプロセスマネージが問題にされることは稀です。しかし，実社会ではプロセスマネージを抜きにして，協働の質や成果の品質に責任を持つことはできません。今後は，心理学の観点からプロセスマネージを学ぶ効果や介入方法の研究が進むことが期待されます。

引用文献

中部地域大学グループ・東海Aチーム（2014）．『アクティヴラーニング失敗事例ハンドブック』一粒書房

Hmelo, C. E., Guzdial, M., & Tums, J. (1998). Computer support for collaborative learning: Learning to support student engagement. *Journal of Interactive Learning Research*, 9, 107-129.

伊東昌子（2018）．学生はプロジェクト型科目におけるプロセスマネージを意識するか　日本応用心理学会第85会大会，於）大阪大学，p. 20.

山口裕幸（2012）．「組織コミュニケーションの将来と待ち受ける課題」古川久敬・山口裕幸（編）『〈先取り志向〉の組織心理学――プロアクティブ行動と組織』有斐閣．pp. 155-192.

7章　個性と仕事の関係――適性，自己理解，仕事

適性で決まるのか，適応力を開発するのか

1. 適性とは何か

近年，大学では学生サービスが濃密になってきていますから，就職を支援する部署は，適性など学生が自分を知る手段を提供し，就職に備えるように促します。しかし，そもそも適性とは何でしょう。適性で仕事の成功・不成功が決まるのでしょうか。適性とは，就職等の進路を決めるときに考慮されるべき個人の適応可能性であり，個人特性の体系と職務の関連性を示す概念です。個人の体格，体力，知能，性格，技能，興味などにより判定されます。ただし，熟達化が進むにつれて求められる役割が異なりますし，技術革新により職務内容が変化しますから，一定の職業に一定の適性があるというわけではありません。

「適性 aptitude」の概念は，ワァレン（Warren, 1938）によって最初に定義づけられました。適性とは，「ある知識・技能，言葉を話す，音楽を創作するなど，一組の反応を練習することによって獲得しうる個人の能力の兆候とみなされる特質の組み合わせ」と定義されます。具体的な内容について，二村（2000）は適性の概念は日米で少し違うと言います。1965 年に米国の労働省に採用された定義では，「仕事または職務の学習，あるいは遂行するために，個人に要求される特殊な受容能力（capacities）または能力（abilities）である」とされ，能力重視の考え方です。一方，日本の産業・組織心理学者である正田（1981）は『心理学事典』のなかで，「個人の全体像を幅広く，潜在面，顕在面のすべてにわたってとらえようとする（p. 604）」概念であるとし，①可能性，②協調性，③感情的安定性，④履歴の適合の 4 点が含まれると説明しています。

スーパーとボーン（Super & Bohn, 1970）は，職務遂行能力全体と関連する

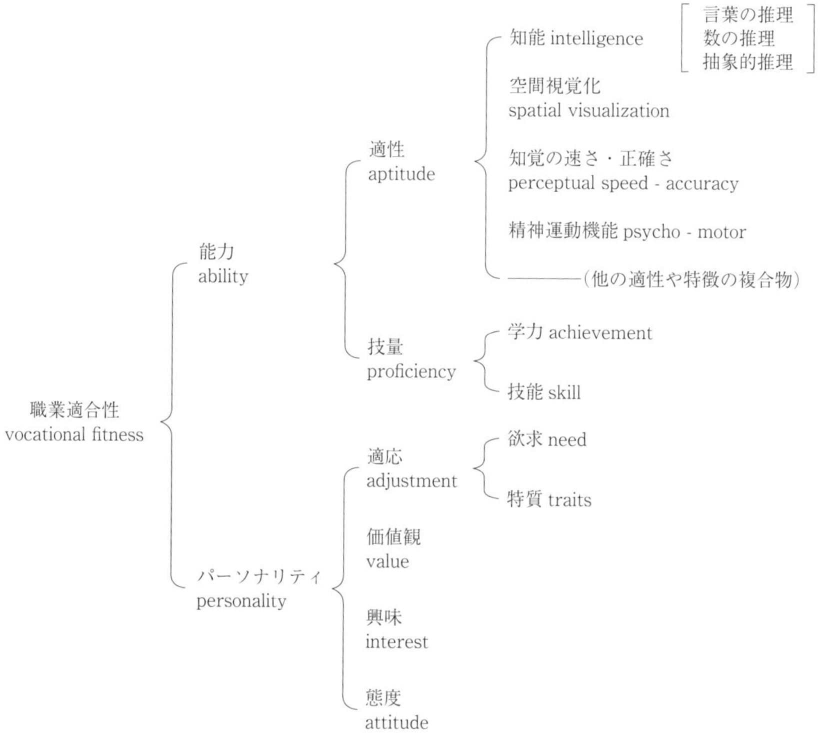

図 7-1　スーパーの職業適合性モデル（Super & Bohn, 1970, 邦訳 pp. 12-52；二村（2000）が図式化したもの（p. 29））

人物特徴を「職業適合性（vocational fitness）」モデルとして図 7-1 のように表しました。能力特性だけではなく，パーソナリティ特性が含まれています。この職業適合性が日本における「適性」の内容に近いと考えられます。

2. 適性の 3 側面

米国では，従来から企業人能力を「知識（knowledge）」「スキル（skill）」「能力（ability）」の KSA で説明していましたが，近年では「他の人物特徴（others）」として性格・指向・興味的な側面と資格要件などを加えて，KSAO

表 7-1　適性の 3 側面モデル（大沢，1989, p. 26）

適応次元	適性概念	諸　機　能
職務適応－不適応	能力的適性	知能　知識　技能　感覚機能　運動機能
職場適応－不適応	性格的適性	気質　性格　興味
自己適応－不適応	態度的適性	意志　意欲　興味　価値観　自己概念

で説明するようになっています（Schuler & Huber, 1993）。この変化を受けて，大沢（1989）は適性を組織や職務への適応と捉え，何に適応するかに関し「職務適応」「職場適応」「自己適応」の 3 側面を分けて考えるモデルを示しています（表 7-1）。

「職務適応」は，職務遂行の成果や能率に関係する概念であり，課題形成や課題遂行能力を指し，習得の速さも含めて能力的適性です。「職場適応」は，社会的な適応水準に関係する概念です。組織では，人と人の協働によって課題が遂行されますから，社会的な関係構築が求められます。職場風土との適合性であり，人間的，情緒的側面が関係する性格的適性です。「自己適応」は，興味，指向，意志に関わる概念で，自身の価値基準との適合性と，組織の経営理念や事業内容そしてマネジメント方針との適合性があります。個人の価値観や意欲との適合性であり，態度的適性です。

能力的には問題がなくとも，チーム作業が苦手な人や，役割との不適合など，性格的不適合や態度的不適合があると成果が上がらず，個人としても職場としても困ります。このため，能力以外の側面も重視されるようになりました。

3. コンピテンシーとは

1990 年代頃から「コンピテンシー（competency）」が経営領域において広く注目されるようになりました。英文表記は competence（複数形は competencies）で，日本語表記ではコンピテンシー，コンピテンス，コンピタンシー，コンピタンスがよく用いられます。コンピテンシーの定義は，「特定の業務状況で高い成果や適切な行為を実現させるための思考特性や行動特性」です。ハーバード大学のマクレランド教授が，学歴や知能のレベルが同等の外交官に業績差が

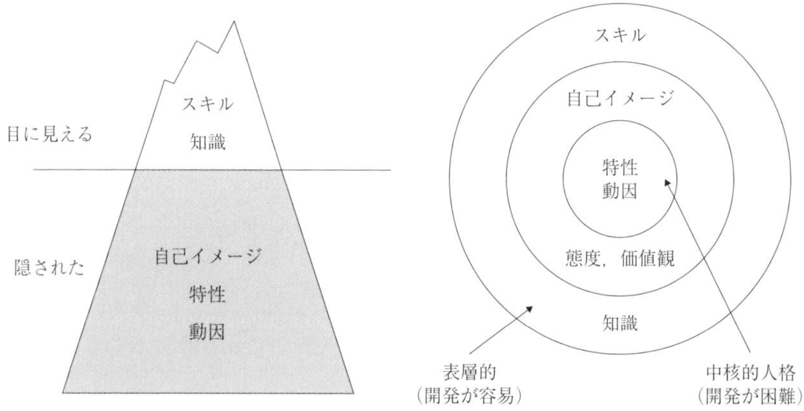

図7-2　Spencer & Spencer（1993）の氷山モデルと中核・表層のコンピテンシー（邦訳 p. 14）

あることに興味を抱き，1970年代から実施した研究結果に基づき，知能よりもコンピテンシーを重視すべきと発表しました．マクランド（McClelland, 1973）の論文 “Testing for competence rather than for “intelligence”” です。

マクレランドの問題意識は，就職時の選別に使用される知能検査や適性検査が，職業人生上の成果や社会活動の成果を必ずしも予測しないことでした。そこで彼は知能検査や適性検査に代わる測定方法として，6つの原則を提案し，その測定対象である能力に「competence」の用語を使用しました。それらは，①職務を遂行している人の行動を分析する，②職務での成功を通して得た経験，知識，能力（の変化）も測定できること，③測定された人がどう改善すれば良いかが示されること，④多くのクラスタ　からより一般的に使用するものを評価する，⑤突発的状況に対する行動も測定できること，⑥行動だけではなく，その背後にある思考パターンも抽出して一般化できるようにする，の6つです。研究の過程で，コンピテンスはコンピテンシーと呼ばれることが多くなりました[1)]。これらの経緯を踏まえ，コンピテンシーは特定文脈で成果を出せる能力に加えて，態度や性格的側面や思考パターンも含む特性の概念とされます。

コンピテンシーのモデル化と人事制度での運用を進めたスペンサーとスペンサー（Spencer & Spencer, 1993）は “Competence at work” を発表し，「氷山モ

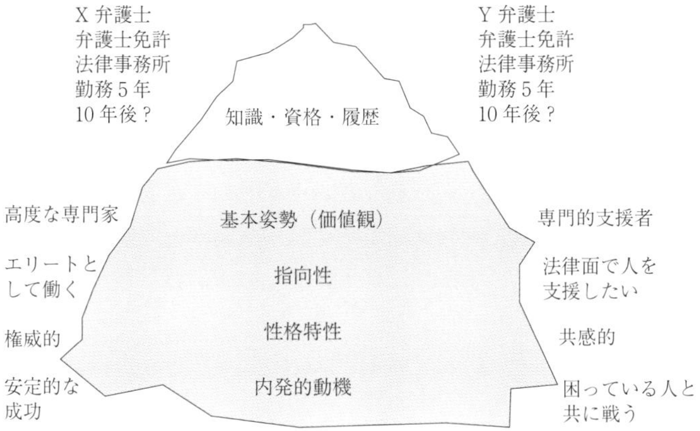

図 7-3　目に見える部分は同じだがコンピテンシーが異なる例

デル」を用いて説明しました。図 7-2 に示すように，外部から観察しやすい部分には知識やスキルを位置づけ，水面下の大きな部分に人物特性を位置づけています。中核的人格ほど開発や変革が困難です。隠れた部分は外発的・反応的な行動特性と内発的・動機的な欲求特性に区別されます。行動特性にも欲求特性にも含まれる構成要素は，モチベーション（価値観や指向と個人の欲求），基本姿勢（知的好奇心や人間関係のあり方），知的能力（一般的知的能力や概念的思考力），自己コントロール（自己効力感と優越心や自制心）です。

二村（2000）は，コンピテンシー研究をレビューした上で，コンピテンシーの捉え方について３つの特徴を指摘しています。第一に，職務遂行能力に関わる特性だけではなく，動機や態度，性格も含む力動的かつ総合的な能力を意味することです。第二に，職務上の実践性や具体的効果性に焦点があることです。第三に，平均以上の成果を上げる高い能力や効果性に焦点があることです。

コンピテンシーの働き方がわかるように，図 7-3 に例をあげてみました。観察できる知識や資格や経歴が同等で変わらなくても，それぞれの人において職場上で熟達化が進むと，自分が抱く指向性や価値観に改めて気づくことがあります。その気づきがその後の方向性を変化させ，その人のコンピテンシーをより発揮できる場で成果を上げる事例です。若いときに同じような経歴の X 弁護士とY弁護士の10年後はどうなっているでしょう。水面下に隠れたコンピテンシーから予測してみてください。例えば，X弁護士は法律事務所から一流企業の企業内弁護士に転職して，企業利益の立場から交渉や契約書のチェックを行う敏腕弁護士になって成功し，Y弁護士は自分の事務所を開き市民の多種多様な相談に応じて信頼されている，というイメージはどうでしょう。隠れた特性に基づくならば，二人ともコンピテンシーを活かして成功し，本人としてもやりがいを感じていると推察されます。彼らの場合は，職場経験を通して自己理解が進んだとも言えるでしょう。

4. 自己理解と職業選択

職業選択時の適性検査は，職場における成功を必ずしも予測させるものではありません。しかし，職場への組織社会化において，適応がスムーズに進むかどうかは，適性に影響されるでしょう。その意味では，適性に関する自己理解は大切です。パーソンズ（Parsons, 1909）は，賢明な職業選択には3つの要因が関わると主張しました。第一に，自分の適性，能力，興味，望み，機知，限界とその原因を理解することです。第二に，成功の必要十分条件，さまざまな職業の長所と短所，報酬，機会，見通しを知ることです。第三に，上記2つの現実的な関係を正しく理解することです。

1909年は明治42年ですから，就職や職種や市場が現代とは異なるので，3つの要因が現代でも妥当であるかどうかは疑問です。しかし，現代でもパーソナリティ特性を測定する検査が複数開発され，就職時に採用されることも事実ですから，適性の理解は一定の効用があると考えられます。次節では，自己理解や他者理解のための理論的枠組や検査を紹介します。

5. 自己理解の方法と種類

職場学習にとって，自己理解や他者理解は組織適応を促進し，組織の一員として認められ，役割を果たすことを支援します。ここでは自己理解と他者理解に有用な手法と種類を紹介します。

5-1　知識・スキル・能力

職務遂行に必要な知識（Knowledge）・スキル（Skill）・能力（Ability）はKSAと称される能力特性です。その評価項目については，二村（2000）がアセスメントセンター（assessment center）で採用されている企業人能力構造を整理しています。アセスメントセンターとは，職務場面で発揮される資質や能力を，多面的かつ客観的に測定して把握する人事アセスメント手法です。アセスメントセンター方式とも呼ばれ，測定結果は採用，昇進，昇格，能力開発などに活用されます。表7-2に4種のアセスメントセンター標準コースのディメンション（測定基準）を示しました。

「R&C」は，観察による評定や得点化の標準化が進んでおり，具体的な職務行動をイメージしやすいように作成されています。「ヒューマンアセスメント」は，ディメンション（測定基準）が広く用意されており，行動だけではなく内部特性にも踏み込んだ内容です。訓練されたアセッサー（評価者）が得点化します。「産能アセスメントマップ」は，創造開発 vs. 課題遂行の軸と，リーダーシップ vs. スペシャリティの軸を設けて，個人の管理特性タイプを視覚化して表します。行動特性に関しては，表7-2に示した3項目を軸としてレーダーチャートによって視覚化します。「JMAN」はスキルにのみ焦点をあてています。

管理職に関するアセスメントもあります。AT&T（アメリカの情報通信会社）での研究（Bray, 1973）によれば，表7-3に示すように7因子で説明されることが判明しました。最も重要度の高い因子は，「管理的スキル」と「対人関係スキル」です。あまり高くない因子は，「他者への依存性」で，他の4因子は同程度の重要度とされます。

ブレイとホワード（Bray & Howard, 1983）は，AT&Tで初回アセスメント結果と8年後の再アセスメント結果，そして20年後に到達したマネジメントの職位の関係を分析しました。その結果，アセスメント結果がその後の職位の到達レベルを高い確率で予測していることが明らかになりました。

アセスメントセンターはKSAよりも踏み込んだ内容が含まれますが，一般に重視されるのはスキル的側面です。知識やスキル的側面は中核的人格よりも開発が容易です。結果にとらわれず，開発可能であることを念頭に，職場学習を進めることがより良い熟達化に結びつきます。

表7-2　アセスメントセンターのディメンション（測定基準）における能力構造

	R&C （レヴュー＆チャレンジ） （リクルートマネージメントソリューションズ）	ヒューマン アセスメント （マネージメント サービスセンター）	産能アセスメント マップ （産能大）	JMAN版 アセスメント研修 （JMAN）
課題解決スキル関連の内容	課題展開能力 課題形成 1. 情報収集力 2. 分析力 3. 構想力 課題処理 4. 手順化力 5. 発想力 6. 意思決定力	業務処理能力 1. 計画・組織力 2. マネジメントコントロール 3. 権限委譲 4. 問題分析力 5. 創造力 6. 判断力 7. 決断力	創造開発 1. ビジョン構築力 2. 独創性 課題執行 3. 計画力 4. 統制力	課題解決スキル 1. 要点把握力 2. 情報収集力 3. 情報分析力 4. 課題設定力 5. 対策立案力
対人スキル関連の内容	課題遂行能力 集団への働きかけ 7. 統率力 8. 調整力 個人への働きかけ 9. 説得力 10. 他者理解力	対人関係能力 8. リーダーシップ 9. 説得力 10. 柔軟性 11. 感受性 意思疎通力 12. 要点把握力 13. 口頭表現力 14. 口頭発表力 15. 文章表現力	リーダーシップ 5. 説得力 6. 調整力	対人関係スキル 6. 主導性 7. 説得力 8. コーディネート力 9. 口頭発表力
人物特性的内容	自律性 11. 積極性 12. 強靭性	個人的能力 16. 対面影響力 17. イニシアティブ 18. バイタリティ 19. リスクテーキング 20. ストレス耐性 21. 自主独立性 22. 執着性 23. 関心の度合 24. 自己動機づけ 25. 職務遂行意欲 26. 昇進意欲	スペシャリティ 7. 本質洞察力 8. 自律性 行動特性 9. バイタリティ 10. リスクテーク 11. 持続力	

JMANは日本能率協会マネジメントセンター。産能アセスメントマップは産業能率大学総合研究所（1988）より。他は，各パンフレットより。内容の分類は，二村（2000）による。表は二村（2000），p. 38より引用。

表 7-3　アセスメントセンターで測定される 7 つの能力と測定時の課題
（Cascio, 1991, p. 329 より。日本語訳は塩崎，2000, p. 304 より）

課　題＼能　力	インバスケット演習	リーダーを指定しない討議	マネジメントゲーム	能力検査	投影法検査	面　接	性格検査
管理的スキル（administrative skills）	○						
対人関係スキル（interpersonal skills）		○	○				
知的能力（intellectual skills）				○			
成果の安定性（stability of performance）	○	○	○				
仕事に対する動機（work-oriented motivation）			○		○	○	
キャリア指向（career orientation）					○	○	○
他者への依存性（dependency on others）					○		

（インバスケット：未決箱の中にある緊急性や重要度が異なる書類内容に関し，制限時間内に必要な行為を計画し部下への指示を決める。マネジメントゲーム：小グループ対抗で製品の製造，販売演習を行う。投影法検査：葛藤場面の理解と対処を測定するもの。ロールシャッハ，TAT，文章完成法テストなど）

5-2　内部特性

内部特性を知る性格検査は，臨床的診断の目的で使用されてきましたが，一方で学校や企業などで採用試験や選抜試験として活用されてきました。人事アセスメントのための性格測定に使用される検査として代表的な，総合検査 SPI と東大式エゴグラムの尺度を紹介します。

総合検査 SPI（Synthetic Personality Inventory）は，企業人適性の観点から，総合的人物理解，すなわち能力だけではなく多面的な理解をめざして，人事測定研究所が 1974 年に開発し，広く提供されている検査です（表 7-4）。

東大式エゴグラム（TEG）は，交流分析の理論に基づいて性格や行動特徴をとらえるために開発されました。P は親としての自分で，批判的な親（CP）と養育的な親（NP）に分けます。A は大人としての自分で，理性の側面です。C は子どもとしての自分で，自由な子ども（FC）と順応的ないい子（AC）に分

表 7-4　SPI 性格的側面の尺度構成（濱田，2000, p. 253 より）

行動的側面	SO　社会的内向性	対人接触面での積極性，社交性
	RE　内省性	ものごとを深く考えることを好む傾向
	AC　身体活動性	体を動かし，気軽に行動することを好む傾向
	PE　持続性	粘り強く，コツコツと頑張り抜く傾向
	CA　慎重性	先行きの見通しをつけながら，慎重にものごとを進めようとする傾向
意欲的側面	AM　達成意欲	大きな目標を持ち，第一人者になることに価値を置く傾向
	VI　活動意欲	行動や判断が機敏で意欲的な傾向
情緒的側面	NE　敏感性	神経質で，周囲に敏感な傾向
	DE　自責性	不安を感じたり，悲観的になりやすい傾向
	EW　気分性	気分に左右されやすく，感情が表にあらわれやすい傾向
	IN　独自性	独自のものの見方・考え方を大切にする傾向
	OA　自信性	自尊心の強さや強気な傾向
	HM　高揚性	調子の良さや楽天的な傾向
性格類型	IE　内向－外交	興味関心の方向（自分の内面の世界への関心が高いか，人やできごとなど外の世界への関心が高いか）
	NS　直感－感覚	ものの見方（可能性を大切にした直感的なものの見方を好むか，事実に基づく現実的なものの見方を好むか）
	FT　感情－思考	判断のしかた（人の気持ちや感情を大切にして判断するか，ものごとを論理的・分析的に判断するか）
	PJ　知覚－判断	環境への接し方（環境に対して柔軟・自由に対応していくか，計画的・堅実に対応しようとするか）

けます。得点の高い場合と低い場合のプラス面とマイナス面が，表 7-5 に記述されています。解釈に関しては，背景理論に精通したインストラクターが必要であり，利用目的に即したスキルも必要とされます。

表 7-5　東大式エゴグラム　TEG5 特徴のあらわれ方（東京大学医学部心療内科，1995）

得点が高い場合	マイナス面	• タテマエにこだわる • 中途半端を許さない • 批判的である • 自分の価値観を絶対と思う	• 過度に保護，干渉する • 相手の自主性を損なう • 相手を甘やかす	• 機械的である • 打算的である • 冷徹である	• 自己中心的である • 動物的である • 感情的である • 言いたい放題である	• 遠慮がちである • 依存心が強い • 我慢してしまう • おどおどしている • うらみがましい
↑	プラス面	• 理想を追求する • 良心に従う • ルールを守る • スジをとおす • 義務感，責任感が強い努力家	• 相手に共感，同情する • 世話好き • 相手を受け入れる • 奉仕精神が豊か • 弱い者をかばう	• 理性的である • 合理性を尊ぶ • 沈着冷静である • 事実に従う • 客観的に判断する	• 天真爛漫である • 好奇心が強い • 直観力がある • 活発である • 創造性に富む	• 協調性に富む • 妥協性が強い • イイ子である • 従順である • 慎重である
平均		CP	NP	A	FC	AC
↓	プラス面	• おっとりしている • 融通性がある • ワクにとらわれない • 柔軟さがある • のんびりしている	• さっぱりしている • 淡泊である • 周囲に干渉しない	• 人間味がある • お人好し • 純朴である	• おとなしい • 感情に溺れない	• 自分のペースを守る • 自主性に富む • 積極的である
得点が低い場合	マイナス面	• いいかげんである • けじめに欠ける • 批判力に欠ける • 規律を守らない	• 相手に共感，同情しない • 人のことに気を配らない • 温かみがない	• 現実無視 • 計画性がない • 考えがまとまらない • 論理性に欠ける • 判断力に欠ける	• 面白味がない • 暗い印象を与える • 無表情 • 喜怒哀楽を素直に出さない	• 相手の言うことを聞かない • 一方的である • 近寄りがたい印象を与える

5-3　興味・志向性

職業興味に関する理論的な研究を行い，その後の研究に影響を与えたのはギルフォード（Guilford）です。ギルフォードら（Guilford, Christensen, Bond, & Sutton, 1954）は，空軍の男性士官を対象にした調査データを用いて因子分析を行い，「機械」「科学」「社会福祉」「審美的表出」「書記」「事業」「戸外」の職業興味を導き出しました。

ギルフォードの影響を受けて，ホランド（Holland）は職業選択における興味の役割に関する理論化を行いました。ホランド（Holland, 1985）は，人と環境の双方に6つの型（現実型，研究型，芸術型，社会型，企業型，慣習型）を仮定しています（表7-6）。また，6つの型相互の関連も指摘しており，図7-4に示すホランドの6角形（RIASECシステム）上の距離は，近いほど似ている型とされます。

5-4　スタイルとは

中核的特質である性格特性よりも，ある文脈における思考傾向，判断傾向，対応傾向，行動傾向の方が実用的とされ，それらの個人差はスタイルとして研究されています。近年，比較的広く注目され使用されているスタイル構造の枠組を2つ紹介します。

一つは，ハーマンモデル（Herrmann, 1988, 1996）です。ハーマンは神経心理

表7-6　Holland（1985）の6つの型

型	要　約
現実型（Realistic）	物や機械など具体的な対象を扱う仕事や活動
研究型（Investigative）	研究や調査などの探索的な仕事や活動
芸術型（Artistic）	音楽・美術・文芸など芸術的領域での仕事や活動
社会型（Social）	教育や奉仕など人と接する仕事や活動
企業型（Enterprise）	企画や経営などの仕事や活動
慣習型（Conventional）	一定の規則に則って行う仕事や活動

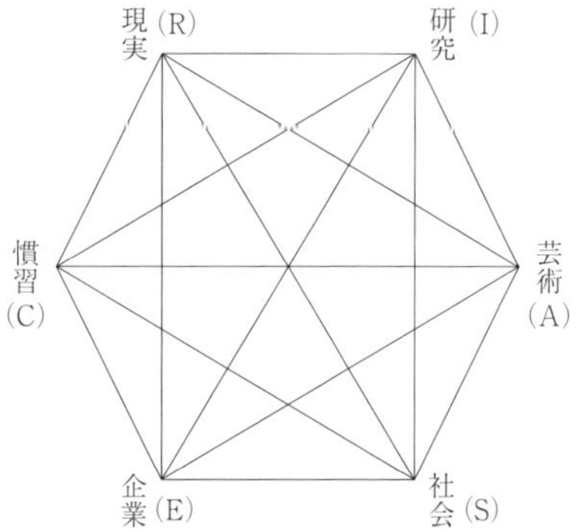

図7-4　Holland（1985）の6角形

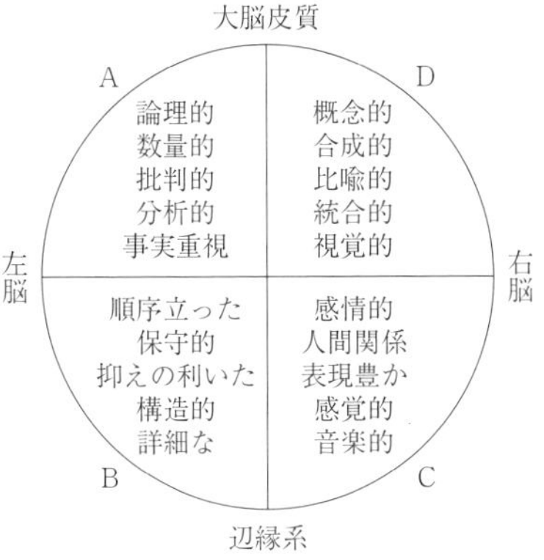

図 7-5　ハーマンモデル

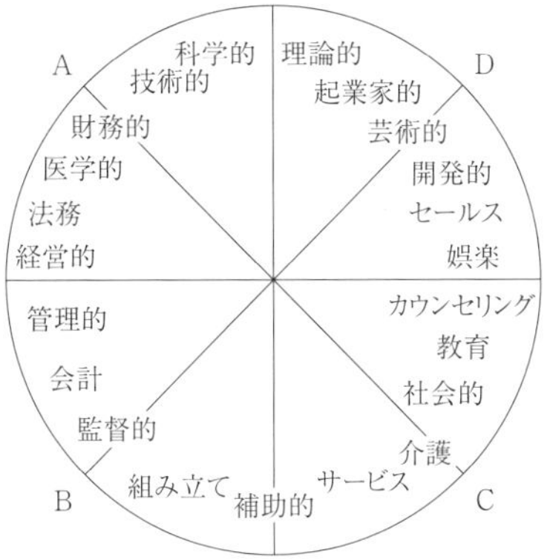

図 7-6　ハーマンモデルに基づく代表的職業分野

学者スペリ（Sperry, 1977）と脳進化学者マクレーン（MacLean, 1990）の研究成果[2]に基づき，“利き脳”の個人差を理解するモデルを示しました。人にはよく使用する脳領域があり，それによって思考や行動に一種の癖が現れるというものです。大脳皮質と辺縁系，左脳と右脳の機能を組み合わせ，図 7-5 に示す 4 つの思考スタイルを区別しています。

マクレーンの成果に関しては，その後否定されている部分もありますが，ハーマンモデルは実用性があるとして，仕事を誰に任せるかの判断，ある個人が発揮するリーダーシップのあり方の予測，特定スタイルを持つ個人の顧客へのアピールの仕方の予測，等に利用されています（図 7-6）。

他の一つは，メリル（Merrill）とレイド（Reid）によるものです。1970 年代に社会学者のメリルとレイドは，社会的場面における人の行動様式や態度を観察して，「パーソナルスタイル」および「ソーシャルスタイル」の基礎理論を発表しました（Merrill & Reid, 1981）。ボルトン（Bolton）もその理論を展開して「ソーシャルスタイル」を総括的に提唱しました（Bolton, 1984）。

ソーシャルスタイルでは，当該人物の自己主張の強弱と感情表出の強弱（応答的行為の強弱）の 2 軸を設け，各軸が交差することによって生じる 4 スタイルを区別しました。

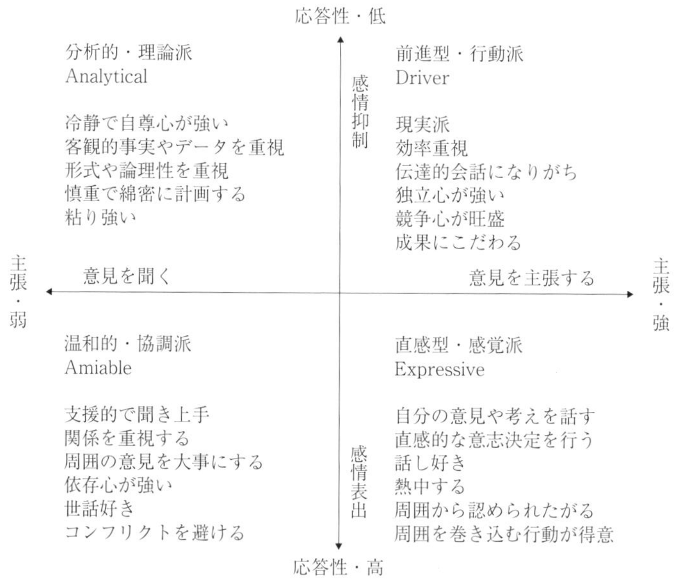

図 7-7　Merrill & Roger（1999）のソーシャルスタイル（p. 53, p. 60 を参考に作成）

1）　意見を主張－感情を抑制：Driver

現実派で，挑戦的で，指示されることを嫌います。自分の道は自分で決め，意見もはっきりと表明します。上昇志向が強く，意見の違いを厭いません。仕事は仕事と割り切り，感情が関わる話題を好みません。他者をコントロールする言動をとります。

2）　意見を主張－感情を表出：Expressive

話し好きで盛り上げることを好みます。感覚的で楽観的で直感的に行動します。前もって計画を練るよりも行動しながら考える傾向にあります。楽しむことが好きです。周囲を巻き込んで動きをつくることが得意です。未来志向でひらめきがあります。

3）　意見を聞く－感情を抑制：Analytical

事前に調査や準備を周到に行う理論派です。自身の専門性を大切にして，確立されたプロセスを淡々と着実に進めます。他の人と協調しながら進める仕事よりも，一人で黙々と進める仕事を好む傾向があります。自分をあまり出さず物事を処理していきます。職人気質でもあります。従来の成功事例を活用しようとする傾向にあります。

4) 意見を聞く－感情を表出：Amiable

協調的で支援的で相手を尊重し穏やかです。共感的で聞き上手です。ただし，優柔不断な面があるため，周囲からの依頼を断れなかったり，抱え込んだり，感情的なトラブルに巻き込まれやすい面があります。

スタイルに関しては，長所短所という観点よりも，仕事の選び方，仕事の与え方，チームメンバーの選び方（同じスタイルばかりでは成果が上がらない），相手とのコミュニケーションの取り方，相手への情報の出し方など，共に仕事をするときの思考や行動の傾向や価値の置き方などを理解して，より良いシナジー効果を出すように活用されています。なお，6章で示した表6-1のチーム内の役割との対応を考えてみると，より実践的な活用ができるでしょう。

6. 適性の有無から開発へ

本章では適性と自己理解と仕事の関係について述べてきましたが，注意すべき点があります。下記の事項に留意して，職場における学習開発を進めることが大切です。

1）個人特性の構成要素に関する理論や検査手法は，1970年代から1980年代に開発され，当時は個人特性と職の適合が重視されました。大学における就職支援サービスも，適性を知った上で職を選ぶ方向で導きます。適性は職業選択の手がかりを得る意味では良いでしょう。しかし，適合率が低い結果であっても，個人の意欲と行動を妨げるものではありません。また，特定領域の職には，多様な仕事があります。例えば芸術領域であっても，スタッフとしての仕事があります。適性の有無はその仕事領域で組織社会化を進める手がかりとし，その仕事領域での成功とは別であることを留意する必要があります。

2)　心理学においては，1900年代に知能検査や性格検査など，個人差を調べる信頼性ある検査を開発してきました。そこで測定される対象は，中核的人格に相当する特性であり，開発（変化）が困難な部分です。しかし，2000年代以降，職業領域の関心は開発可能な部分へと移行しています。背景には，技術革新や市場動向の変化が激しい状況において，領域を超えた挑戦，複雑な問題への対応，チームでのプロジェクト遂行など，自身の領域を拡張し協働して未来を創り出すナレッジワーカーへの期待が大きいからです。コラム2で紹介した新興プロフェッショナルもその一例です。

また，パーソナリティ特性的な個人特性よりも，研修におけるワークショップや業務遂行上で表出される“ふるまい”から，協働的仕事に取り組むスタイルの発見に注力するようになってきています。適性を過度に信じて自分探しをせず，職場の仕事を通して組織適応し，参加の形態を変化させ，自身の変化する役割を果たして，適性を開発し発見するような職場学習を持続させることが重要です。

3)　公開され提供されている様々な“適性検査”や“〜スタイル検査”には，表面上は似通ったものがあります。しかし，その検査が準拠する理論や科学的根拠や立場は異なります。例えば，ある実用目的のためにX検査を採用することは不適切という場合があります。またウェブ上には元の検査に変更を加えたものや，異なる検査を合成したものなど，信頼性が低いものが多々あります。検査を使用する前に，その理論的立場や根拠を理解することが大切です。

注

1) コンピテンシー研究の拡がりによる定義の変化や違いは，加藤（2011）に詳しく説明されています。

2) ハーマン（Herrmann）はスペリ（Sperry）が提唱した大脳の「左右半球機能差」と，マクリーン（MacLean）が提唱した「脳の三位一体論」に基づいて自らのモデルを展開しています。

引用文献

Bolton, R. (1984). *Social style/management style*. Amacom Books.

Bray, D. W. (1973). New data from the management progress study. *Assessment and*

Development, Vol. 1, 3.
Bray, D. W. & Howard, A. (1983). *Longitudinal studies of adult psychological development.* Guilford.
Cascio, W. F. (1991). *Applied psychology in personnel management.* 4th ed. Prentice-Hall, Inc.
Guilford, J. P., Christensen, P. R., Bond, N. A., & Sutton, M. A. (1954). A factor analysis study of human interests. *Psychological Monographs: General and Applied*, Vol. 68(4), 1-38.
濱田直美 (2000).「性格の測定」大沢武志・芝祐順・二村英幸(編)『人事アセスメントハンドブック』金子書房. pp. 251-275.
Herrmann, N. (1988). *The creative brain.* The Ned Herrmann Group.
Herrmann, N. (1996). *The whole brain business book.* McGraw-Hill. (高梨智弘(監訳)(2000).『ハーマンモデル——個人と組織の価値創造力開発』東洋経済新報社)
Holland, J. L. (1985). *Making vocational choice: A theory of vocational personalities and work environments,* 2nd ed. Prentice-Hall.
人事測定研究所 (1995).『HRR テスト分析研究 1955』人事測定研究所
加藤恭子 (2011). 日米におけるコンピテンシー概念の生成と混乱(公開月例研究会講演記録(第 257 回)2008 ~ 2009 年度産業経営プロジェクト一般研修成果報告　組織流動化時代の人的資源開発に関する研究——組織観協力と組織観人材移転を踏まえた人材開発・育成・活用の問題を中心として). 日本大学経済学部産業経営研究所所報, 68, 46-50.
Maclean, P. D. (1990). *The triune brain in evolution: Role in paleocerebral function.* Plenum Press.
正田亘 (1981).「適性」梅津八三ほか(監修)『心理学事典』平凡社. p. 604.
McClelland, D. C. (1973). Testing for competence rather than for "intelligence". *American Psychologist*, Vol. 28(1), 1-14.
Merrill, D. W. & Reid, R. H. (1981). *Personal styles and effective performance: Make your style work for you.* Boca Raton: CRC Press.
二村英幸 (2000).「企業人能力構造モデルと人事アセスメント」大沢武志・芝祐順・二村英幸(編)『人事アセスメントハンドブック』金子書房. pp. 23-45.
大沢武志 (1989).『採用と人事測定』朝日出版社
Persons, F. (1909). *Choosing a vocation.* Houghton Mifflin.
産能大学経営開発研究所(編著)(1988).『ビジョン・マネジメントのすすめ』産能大学出版部
Shuler, R. S. & Huber, V. L. (1993). *Personnel and human resource management.* West Publishing Company.
塩崎通康 (2000).「管理者適性の測定」大沢武志・芝祐順・二村英幸(編)『人事アセスメントハンドブック』金子書房. pp. 294-312.
Spencer, L. M. & Spencer, S. M. (1993). *Competence at work.* Willey. (梅津祐良・成田攻・横山哲夫(訳)(2001).『コンピテンシー・マネジメントの展開』生産性出版)
Sperry, R. W. (1977). Bridging science and values-A unifying view of mind and brain. *American Psychologist*, Vol. 32(4), 237-245.

Super, D. E. & Bohn, M. J. (1970). *Occupational psychology*. Belmont, CA: Wadsworth Publishing Company. (藤本喜八・大沢武志（訳）(1973).『職業の心理（企業の行動科学6)』ダイヤモンド社)

東京大学医学部心療内科（編）(1995).『新版エゴグラム・パターン』金子書房

Warren, C. H. (1938). *Dictionary of psychology*. Boston: Houghton Mifflin.

コラム5　ソーシャルスタイルへの動物や歴史的人物の当てはめに注意

性格と職務上の行為や判断の関係を媒介するスタイル（行動スタイル，学習スタイル，社会スタイル，など）は，特定の文脈で個人が示す特徴的ふるまいです。性格特性だけでは対処の仕方がわからず，職務上の強み弱みを予測できない場合でも，特定の文脈状況におけるふるまい特性を知ると，個人の強み弱みと仕事との関係性が予測しやすくなるので，実用的には“～スタイル”を活用することが多くなっています。

近年，ビジネス書，ウェブ，研修などでよく見かける枠組は，メリルとレイド（Merrill & Reid, 1981）のソーシャルスタイルを基盤としたものです。その中には，4つのスタイルに，科学的根拠や関連するデータを示すことなく，種の異なる動物や歴史上の人物を当てはめて，解説したものがあります。それらは世間的に興味を引き，表面的分かりやすさがあるかも知れません。しかし，安易な当てはめにより，その動物や人物のイメージが独り歩きします。実際，それらの動物や人物を用いて各スタイルの“扱い方”を断定的に説く例も存在します。そのような解説には，妥当性も信頼性もありません。しかも，基盤となる理論の説明も文献の紹介すらない場合が少なくありません。

心理学に興味を持って学ぶ場合，性格検査やスタイル評定に興味を抱き，その結果を受け入れるだけではなく，関連する研修を受けたときには，ぜひ3点を講師に聞いてみましょう。質問1：元になっている理論は，誰のどういう理論ですか。質問2：その理論は，現在でも通用する理論ですか（元の理論が既に科学的に否定されているかも知れません）。質問3：個々のスタイルの扱い方の妥当性はどう評価しますか。これらの質問に丁寧に答えることができる場合は，元の理論を理解した上で，適切な情報や研修を提供しているでしょう。答えられない場合は，信頼性や妥当性に疑問を持った方が無難でしょう。

引用文献

Merrill, D. W. & Reid, R. H. (1981). 書誌情報は7章本文の引用文献に掲載。

8章 ワークモチベーション

やる気を出してもらい持続してもらうには…

1. 職務遂行への動機づけ

私たちは時々“やる気がでない”とか“どうも○○さんはやる気をみせない”という表現を使います。この“やる気”は人の行動を生じさせるエネルギーのようなものと理解できます。心理学においては「動機（動機づけ）(motivation)」の名称で研究が行なわれてきました。仕事をバリバリとこなし，関連する資格の勉強にも励む場合は，仕事への動機づけが強い状態です。動機づけとは行動を生じさせて特定の方向に向かわせる心理プロセスであり，動機づけには「方向性（direction)」と「強度（intensity)」がありますが，職場学習の観点からは「持続性（persistence)」が加わります（Mitchell, 1997)。

動機づけの研究に関しては，欲求などの人を行動に駆り立てるエネルギー，外的内的目標によって定まる行動の選択や方向，行動を続ける過程で経験される困難度や結果としての満足などの観点があります。代表的な動機づけ理論を紹介すると共に，動機づけに関する心理学的理論と職場におけるマネジメントの関係を解説します。

2. 欲求理論

欲求理論は，動機づけのエネルギー源を検討するものです。著名なモデルには，マズロー（Maslow, 1954）の「欲求階層理論（hierarchy of needs)」があります。図 8-1 に示すように，「生理的欲求（physiological needs)」「安全の欲求（safety needs)」「所属と愛情の欲求（belongingingness and love needs)」「自尊の欲

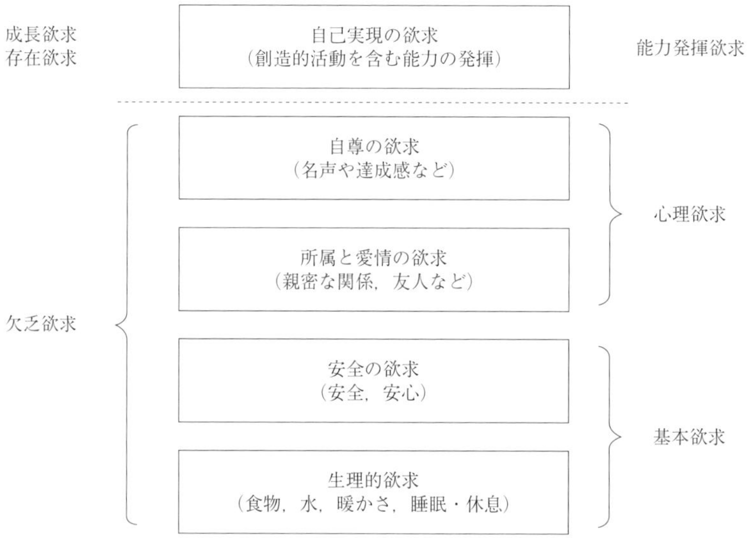

図 8-1　マズローの欲求階層理論（Maslow, 1954）

求（esteem needs）」「自己実現の欲求（self-actualization needs）」を区別して階層化しました。低次の欲求が満たされてはじめて，それよりも高次の欲求が機能するメカニズムが想定されています。生理的欲求と安全の欲求は，基本的欲求です。所属と愛の欲求と自尊の欲求は，心理的欲求です。自己実現の欲求は，能力発揮に関わる欲求です。また，自己実現欲求は成長への動機づけとして成長欲求あるいは存在欲求と呼ばれ，他の欲求は剥奪状態による不満足が行動を生じさせる欠乏欲求として区別されました（Maslow, 1955）。

欲求階層説に修正を加えたのがアルダーファ（Alderfer, 1969）のERG理論です。「生存（existence）」「関係（relatedness）」「成長（growth）」の観点から欲求階層説を整理しました。「生存欲求」とは物理的，生理的な欲求であり，マズローの生理的欲求と安全の欲求が含まれます。「関係欲求」とは家族，友人，同僚などとの交流や関係性によって充足される欲求であり，マズローの所属と愛情の欲求と自尊の欲求のうち，他者の反応に関係する側面が含まれます。「成長欲求」とは自分や環境に創造的あるいは生産的な効果をもたらすことによって充足される欲求です。「自尊の欲求」の自律的な側面と「自己実現の欲求」が含まれます。ERG 理論は，複数の欲求階層が並行して作動することを認め，階層性には個人差や文化差があるとします。高次の欲求が満たされないときに，低次の欲求を満たそうとする傾向が強まる「フラストレーション－退行メカニズム（frustration-regression mechanism）」を提唱しました。

欲求に着目した理論には，デシとライアン（Ryan & Deci, 2002）の「自己決定理論」があります。彼らは心理的欲求を重視し，「有能さへの欲求（need for competence）」「関係性への欲求（need for relatedness）」「自律性への欲求（need for autonomy）」を，人が生得的に持つ心理的欲求として注目しました。彼らの主張の特徴は，これらの心理的欲求がすべて成長に向けた生得的傾向性であるとした点です。これらの欲求が満足される条件では，人は意欲的になりパーソナリティが統合的に発達すると主張しています（Ryan & Deci, 2000）。

スキナーとエッジ（Skinner & Edge, 2002）は，３つの欲求を満たす環境文脈について述べています。有能さへの欲求に影響する文脈として，情報の量や質が構造化され整理されている場合に，有能さへの欲求が満たされます。自律性への欲求に影響する文脈として，選択の機会があり，強制ではなく当人の意志が尊重される環境である場合に，自律性が満足されます。関係性への欲求に影響する文脈として，当人への知識，関心，情緒的な支援があり，思いやりをもって受容される環境である場合に，関係性への欲求が満たされます。３つの欲求が同時に満たされる社会的文脈では，課題に積極的に従事したり問題に対処したりする行為が生じ，社会的にも認知的にも人格的にも発達が促されます。

職場学習に関連の深い欲求論としては，マクレランド（McClelland, 1961）の「達成動機理論」があります。マクレランドは，仕事への動機づけを高める欲求として，高い成果を達成しようとする「達成欲求（need for achievement）」，職場において指導的立場になりたいという「支配欲求（need for power）」，職場で同僚などとよい関係を求める「親和欲求（need for affiliation）」を区別しました。

達成欲求は，高い目標に挑戦して自身の力を発揮して成果をあげたい欲求です。達成欲求の高い人は，結果が自分のものであり相応の評価を求めるので，自ら責任を持ち自分で判断しようとします。このためチームで成果を出すことや，チームが力を発揮する場づくりには熱心ではない傾向があります。支配欲求は，影響力をふるいたい欲求です。協働して仕事をするチームを率い，援助し，指導することへと向かわせる欲求です。親和欲求は，支え合うことや受容や援助へと向かわせます。

欲求論は，行為へ向かわせるエネルギーの種類を示します。しかし，行為へのエネルギーがどのように行為につながるのか，また，欲求が満たされれば行為は生じなくなるのか，自己実現には長期間の挑戦が必要だがその間の失敗を超えて行為を持続させることにどう関係するか，などが適切に説明できません。また，欲求のみによって行動が制御されるとの主張は，人間の認知（理解，判断，意味づけ）の影響を捉えていません。そこで，人の判断や状況的要因が含まれる理論を紹介します。

3. 期待理論

私たちは，衣食住という観点では，生理的欲求と安全の欲求がある程度満たされています。しかし，テレビやウェブで美味しそうな食べ物や飲み物が紹介されると，“食べたい”“飲みたい”と思い行動を起こします。期待理論は，行動を向わせる「誘因」に着目します。「誘因」が魅力的であると動機づけが高まります。ある時点で欲求がなくても，魅力的な目標（誘因）が与えられると，その目標への行動が動機づけられます。ただし，行為を生起させるまでに，目標に到達する実現可能性に関する主観的期待値の影響を受けます。美味しそうではあっても女子が入りにくい雰囲気では，女子が店に入る行為の動機づけは低くなります。

ヴルーム（Vroom, 1964）の理論では，ある目標への動機づけは，“その目標や結果の誘意性（魅力度，価値）”と“実現性への期待（目標に到達する主観的確率）”の掛け算で表されます。結果の誘意性が大きくても，到達に無理や困難があるならば，期待確率は極めて低く動機づけは高まりません。

期待理論における目標や結果の誘意性は，個人の認知や時代背景の影響を受けます。高度成長時代では，給料の上昇や昇進の誘意性は極めて高く，人々は動機づけられ，残業など当たり前で猛然と働いたと推察されます。“企業戦士”という言葉もありました。しかし現代では，ナレッジワークを支える人々が中心的存在になりつつあり，彼らは高い給料それ自体よりも，自らの知的好奇心が高揚し専門性が高まるかどうかを，仕事の魅力や価値とする傾向があります。また知識労働者は自律性を好み官僚的マネジメントを嫌うため，組織階層における昇進を望まない傾向があります（Davenport, 2005）。

期待理論では説明できないこともあります。目標の誘意性が下がり期待値が下がると動機づけが低下します。しかし，人々はそこで仕事を投げ出したりしないでしょう。このような事態を考えると，期待理論は行動の選択や開始を説明しますが，持続性については必ずしも説明力が高くはありません。

4. 目標設定理論

ロックとラサム（Locke & Latham, 1990a）の「目標設定理論（goal-setting theory）」は，人は明確な目標を与えられると努力してがんばり成果をあげることを説明しました。目標設定理論では，実験やフィールド研究が多く実施され，一連の研究結果は，高成績を導くためには①曖昧な目標よりも具体的で明確な目標，例えば数値目標，②容易な目標よりも困難な目標，③与えられた目標でも自分がやると決めてコミットすること，の重要性を示しました。

人は“快適ゾーン”を越える具体的な目標が与えられると，挑戦への努力や工夫をしなくてはならず，そこに自らを動機づける過程が生じます。自ら目標を立てて喚起される動機づけは「自己動機づけ」と言われ，その遂行には内発的な自己調整（self-regulation）を持続的に働かせる必要があります。この過程を実現させることにより，たとえ目的とする報酬や結果が得られなかったとしても，挑戦し続けたことやその過程で得た知識や技能が，内的な報酬となります。この過程が自己の成長を促すことにもつながります。

目標設定理論は，図8-2により，課せられた目標がどのように業績や報酬に結びつき，次の職務を受け入れ経験を重ねるかを説明しています。職場に高い目標が設定されると，上司の翻訳や個々人の提案などにより具体的仕事を定め，方略を工夫し，不足分は学習したり外部応援を頼んだりして，自らのコミットメントを高めなければなりません。その過程を通して交渉を成功させたり，人脈を築いたり，課題が解決したりと自己効力を認識することができます。

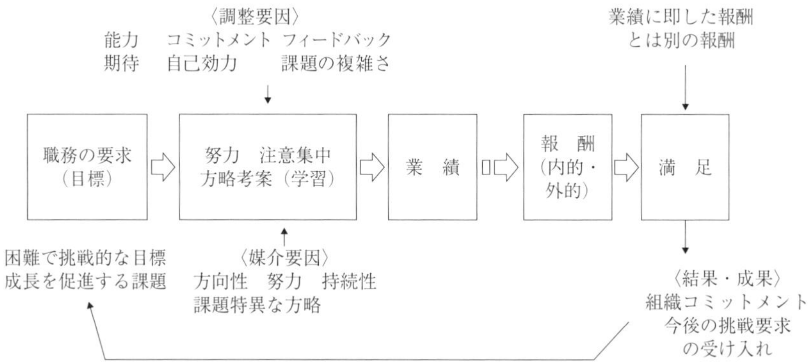

図 8-2　目標設定理論による高業績サイクル（Locke & Latham, 1990b p. 304 に基づき作成）

調整要因としては，マネジャーが目標を職場の仕事に変換して示せば，課題の複雑さが低減し実現可能性が高まります。実行過程では適宜フィードバックやアドバイスを与えたり，適切な人物を紹介したりして，持続への動機づけを高めることができます。また外的報酬とは別に，内的報酬としての満足が得られ，組織コミットメントが高まり，次の職務要求を受け入れるようになります。このような仕事を実施するプロセスにおける成長感が，次に挑戦する動機づけを高めることにもなります。

目標設定理論に関し，仕事への持続的挑戦に効果を発揮するためには，目標の与え方や支援環境に留意する必要があります。井出（2009）は，目標管理制度を導入している製造業 A 社において，労働組合員を対象に，目標設定の効果と効果に影響を与える要因を調査しました。分析対象は欠損値を含まない 2454 件（男性 1639 名，女性 815 名，平均年齢 32.9 歳）でした。結果は，目標設定が仕事へのやる気を高めると回答した人は 49.6% であり，ほぼ半数が効果を認めました。高い成果に関連する要因を解析した結果，表 8-1 に示すように，具体的かつ挑戦的な目標であり，アドバイスを得ることや情報交換ができ，協力的で支援的環境であることが有効でした。目標が与えられるだけではなく，個人の能力に応じた課題設定，対話によるフィードバックやアドバイス，評価的な指導があることが，高い業績への動機づけと行動の維持につながります。

表 8-1 高い成果に影響を与える目標の明確さ，困難さ，支援（標準回帰係数）（井出，2009）

	やる気への効果	成果への効果
目標は具体的で何をどこまで，いつまでにするか明確である	.100	.124
目標は挑戦的で高いレベルの目標である	.125	.149
面談で上司から能力やスキル向上の具体的アドバイスがあった	.072	.062
職場では日頃から仕事に役立つ情報をよく交換している	.066	.064
職場では目標達成に協力する雰囲気が強い	.207	.278
職場の上司や同僚からの励ましがある	.140	.101
調整済み決定係数	.222	.273

注）$N = 2454$ 回帰係数はすべて 1% 水準で有意

5. 動機づけに基づく経営手法――XY 理論と Z 理論

心理学における動機づけ理論は，経営学領域で経営手法として応用される場合があります。よく参照されるものとして，XY 理論と Z 理論を紹介します。マクレガー（McGregor, 1960）は，マズロー（Maslow, 1954）の欲求階層理論に基づいて XY 理論を発表しました。X 理論は，権限行使による命令統制的経営手法です。低次元の欲求を持つ人々を対象とし，労働者はなまけがちであり，責任をとらず，低次元の欲求が満たされれば仕事をしないと仮定されています。それらの労働者には命令や強制で管理し，働かなければ懲罰という経営手法が採用されます。Y 理論は，自己実現欲求を持つ労働者を対象とし，働く自主性を尊重する経営手法です。人は本来働くことを目指し，自己実現のために自ら行動し問題を解決する生き物であると仮定されています。

マクレガーは，1960 年代は多くの労働者が低次元の欲求は既に満たされているとして，Y 理論に基づく経営手法が望ましいと主張しました。しかし貧困や政治的混迷など，低次元の欲求に支配された社会においては，Y 理論的な経営では高い業績を得ることはできないとして，Y 理論の弱点が指摘されました。後に，XY 理論を越える経営手法を探索していたパスカル（Pascale, R. T.）とオオウチ（Ouchi, W. G.）は，1970 年代に日本企業の海外投資が本格化したなかで，日本企業と米国企業を比較して，新たな経営理論 Z の発見に努めました。

Z 理論の発見的研究に携わる過程で，オオウチは日本型経営モデル J と米国型経営モデル A を区別しました。次に，1980 年代に米国において躍進し独自

表 8-2　タイプ J とタイプ A の比較（Ouchi, 1981, 邦訳 p. 88）

日本の組織（タイプ J）	米国の組織（タイプ A）
終身雇用	短期雇用
遅い人事考課と昇進	速い人事考課と昇進
非専門的な昇進コース	専門化された昇進コース
非明示的な管理機構	明示的な管理機構
集団による意思決定	個人による意思決定
集団責任	個人責任
人に対する全面的な関わり	人に対する部分的関わり

（人に対する全面的な関りとは，例えば職場以外の人間関係の形成など）

の発展を示す企業（例，IBM，ヒューレット・パッカード，P&G）の経営手法をZとして，その特徴をJとAとの比較も含めて分析し整理しました。タイプZは，表 8-2 に示すタイプJとタイプAの中間的な特徴を持つことがわかり，オオウチは『セオリーZ（Theory Z）』（Ouchi, 1981）を出版しました。ただし，この種の研究は心理学的な動機づけとの関連が薄れてしまいましたので，動機づけ理論としては発展していません。

職場学習の心理学としては，マクレガーのように心理学的知見を経営手法の設計開発に活用する提案があったことは歓迎すべきです。従来の心理学は人の理解にとどまる傾向が主流でした．しかし，現代では学習，組織，チーム，プロセス，空間，情報の設計に，心理学が独自の貢献を求められますから，心理学の専門家が社会を設計する仕事により多く乗り出すことが期待されます。

6. 知識労働者（ナレッジワーカー）の特性

21 世紀はナレッジワーカーが活躍する時代であるとの認識は，広く共有されています。しかし従業員に対する経営手法（マネジメントモデル）は，未だに前世期のものが採用されていると言われます。それは，マネジャーは管理し，マネジャー以外の労働者はマニュアルに従って作業労働を行うマニュアルワーカーであるとのモデルです。20 世紀の生産性はマニュアルワーカーが支えてきました。しかし，現代では，画一的な作業は人工知能を搭載した機器の担当になりつつあります。そのような 21 世紀社会では，知識や経験を創造的に利用して付加価値を生み出し続けるナレッジワーカーが，あらゆる分野で必要とされてきています。“ナレッジワーカー Knowledge worker” は経営学者であるドラッカー（Drucker, P. F.）が生み出した用語であり，マニュアルワーカーとは異なり，新たな仕事や価値を生み出す仕事を持続的に行う人々です。

ナレッジワーカーは，欲求理論的には自己実現欲求が高い人々ですし，期待理論的には彼／彼女らの知的欲求にかなう挑戦意欲が刺激される仕事（目標）が必要でしょう。目標設定理論的には，明確な目標と同時に将来ビジョンを示すことが有効です。大事なことは，マニュアルワーカーを対象としたマネジメントモデルを棄却・革新させねばならないことです。心理学では“ヒト”一般を対象にした理論構築の歴史がありますが，少なくとも成人職業人の発達的学びを扱う場合は，対象とする人々の特性クラスを理解する調査と，マネジメントの設計方針を提供する役割が求められる時代になっています。

ドラッカー（Drucker, 1999）は，知識労働者の生産性を決める6つの要因を仮説的にあげ，マニュアルワーカーとは正反対の特性であるとしています。

①“課題は何か”を問うような仕事であること。その仕事はどう解決されるべきか，どう達成されるべきかについて考え工夫することが求められること。
②ナレッジワーカーは自身をマネージして自律的に働く。自身の知識ワークに責任を持たせるような仕事であること。
③ナレッジワーカーの仕事や責任の一部が持続的な改善や改革を求められるような仕事であること。
④ナレッジワーカーは持続的な学習と教授をその仕事の一部として要求する。
⑤ナレッジワーカーの主たる生産性は，アウトプットの量ではなく質である。
⑥ナレッジワーカーの生産性は，知識労働者やその活動をコストとして見なすのではなく，資産としてみなすことを要求する。そのことが知識労働者のコミットメントを高めることになる。

6番目を詳しく説明するならば，ナレッジワーカーは，知的生産の技術や手段を自ら持つということです。マニュアルワーカーが産業を支えた時代は，資

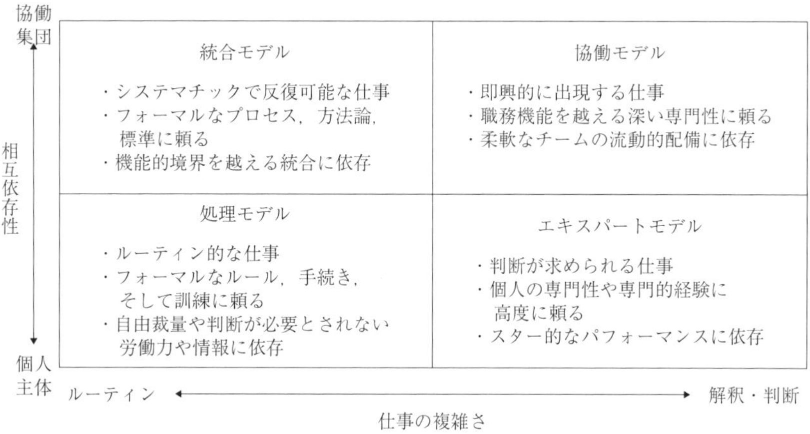

図 8-3　多様な知識集約プロセスのための分類構造（Davenport, 2005, p. 27）

本家や企業が（知的）生産技術を所有していました。労働者は手続化された作業を請け負うのみでした。一方，ナレッジワーカーは知識を改善し生産し拡張する手段も自ら持ち，管理することも可能です。一旦あるナレッジワーカーがいなくなれば，所属企業から彼／彼女の専門領域がなくなります。この意味で，文字通り，ナレッジワーカーは主要な資産（capital assset）とされ[1]，マニュアルワーカーとは明確に区別されます。

多様なナレッジワーカーを適切に区別し，資源を投じて育成するナレッジワーカー群を見極める必要があります。この問題に一定の手がかりを与える図を，ダベンポート（Davenport, 2005）が提供しています。図 8-3 では，相互依存性の軸と仕事の複雑さの軸が設けられています。2 軸によって知識集約プロセスについては，「統合モデル（integration model）」「処理モデル（transaction model）」「エキスパートモデル（expert model）」「協働モデル（collaboration model）」が区別されます。

「統合モデル」の例は，情報システムを開発する技術者の仕事とされます。「処理モデル」の例は，コールセンターでの仕事とされます。いずれも効率的な業務の実施が求められ，業績の高い人はスキルの高い人として認められるでしょう。「エキスパートモデル」の例は，一次医療の医師とされます。業績の高い人は名医（名人）として認められるでしょう。「協働モデル」の例は，投資銀行やコンサルタントの仕事です。複雑で大規模なプロジェクトを担当するプロジェクトマネジャーも例としてあげることができるでしょう。協働モデルの仕事には，自身の専門領域を超えて関連領域を学び実践に取り入れる文脈横断的活動が求められます。新しいタイプのプロフェッショナル・ナレッジワーカーでしょう。

このような分類や区別は，それらの人々が何を自らの仕事とし，何にコミットし，何に関心を持つかを理解することや，彼／彼女らにとってどのような介入やマネジメントが意味があり，動機づけを高めるかを判断する際に役立つでしょう。

7. 満足感を再考する

動機づけの体内メカニズムに関しては，生体の行動を生じさせる生理的・心理的不均衡が着目されてきました。生理的・心理的不均衡は，要求や欲求という緊張状態を作り出します。そのとき「恒常性維持機構（ホメオスタシス）が働いて緊張状態を解消させようとし，私たちに行動を起こさせます。その結果として成功すれば，欲求は低減し満足状態になります。成功しないときは，欲求不満状態（フラストレーション）になり，さまざまな防衛機構や不適応行動が生じます。こうした内的システムが動機づけの背後にあります。

職場学習におけるワークモチベーションはどうでしょうか。職務遂行や複雑な問題への持続的挑戦は，生理的・心理的欲求でしょうか。図8-2では，業績に即した報酬とは別の報酬として「満足」があり，それが組織コミットメントを引き起こし，次の挑戦要求の受容につながるとされています。果たして「満足」なのでしょうか。理論として「満足」と書かれていると，人や組織や研究は“満足”を目指すべきと思い込むことはないでしょうか。

職場においては，図8-4に示すように，“満足”よりも“持続的挑戦性”と翻訳した方が良いと考えます。「経験のない仕事に挑戦してかなり失敗したが，学んだ事も大きかった。今度はもっとうまくやろう」「お客様に迷惑をかけてしまったが，何とか最終的に間に合った。ほっとした」「今回はうまくいき問

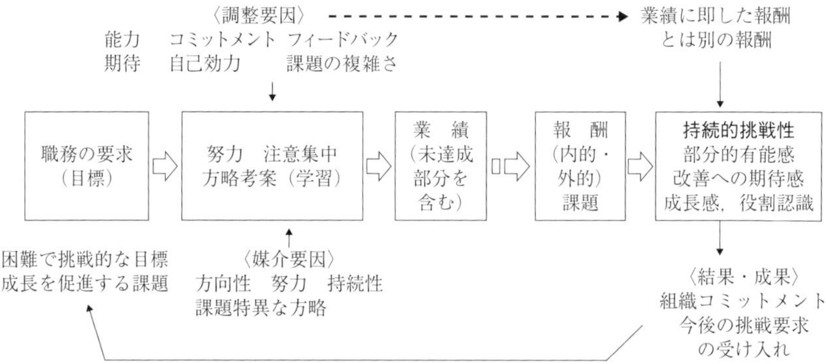

図 8-4　目標設定理論による持続的挑戦性と高業績サイクル

題はなかった。しかしもっと良い方法があるのではないか」。このように非満足の部分が大きいと思われます。それでもやりがいがあったり，仕事に挑戦できる自分を発見して次のステップが見えたり，先輩のすごさがわかったりなど，その先の仕事が見えてくることによる部分的有能感や改善への期待感，そして将来への成長感が感じられ，役割主体としての責任感も醸成されると考えます。

それらの手ごたえとも言える認識は，“満足”とは異なると考えます。“満足”ではなく，むしろ，この場でさらに挑戦を続けるとより高い目標に到達できる，あるいはその目標への道筋が開かれるという“持続的挑戦性”を得ると推察されます。図 8-4 は目標設定理論による持続的挑戦性と高業績サイクルのプロセスでもあります。

ワークモチベーションは，要求された仕事が完了した時に満足感というよりも持続的挑戦性が実感でき，その内容として徐々の有能感と改善や成長への期待感が持てるように自己が動機づけられるのでしょう。上司には創造的で育成的な動機づけを高めるような仕事の与え方や，業務遂行プロセスでの支援の仕方が益々求められるでしょう。

注

1）資産（アセット asset），資本（キャピタル capital），資源（リソース resource）は経営領域でよく使われる用語です。ごく簡単に説明します。資本は，事業活動を行う元手となる資金，建物や設備，そして一定の技能や知識を持った労働者です。それらの人々はヒューマンキャピタルと呼ばれます。資源は，何らかの価値を生むために利用可能な原材料です。水，石油，鉱物，木材，情報，労働力などです。ヒューマンリソースは，“どこに資源としての労働力がまだ眠っているかを考える”のように表現します。資産は経済的価値を生み出すものです。

例えば，現場は一定の技能をもったキャピタルとしての人が不足しているのに，経営側がリソースとしての人を送り込み，数は足りていると判断する場合は，現場を無視した行為です。今後はヒューマンキャピタルを，さらにヒューマンアセットを育てる経営手法が必要になります。あるいはヘッドハンティングによる調達が増えるでしょう。

引用文献

Alderfer, C. P. (1969). An empirical test of a new theory of human needs. *Organizational Behavior and Human Performance*, Vol. 4, 142-175.

Davenport, T. H. (2005). *Thinking for living: How to get better performance and results from knowledge workers*. Harvard Business School Press.

Drucker, P. F. (1999). *Management challenges for the 21st century*. Elsevier.

井出亘（2009）. モチベーション　小口孝司・楠見孝・今井芳昭（編著）『仕事のスキル：自分を活かし，職場を変える』北大路書房．pp. 70-79.

Locke, E. A. & Latham, G. P. (1990a). *A theory of goal setting and task performance*. Englewood Cliffs, NJ: Prentice-Hall.

Locke, E. A. & Latham, G. P. (1990b). Work motivation: The high performance cycle. In U. Kleinbeck, H. Quast, H. Thierry, & H. Hacker (Des.), *Work motivation*. Hillsdale, NJ: Erlbaum. pp. 3-25.

McGregor, D. M. (1960). *The human side of enterprise*. McGraw-Hill Inc.（高橋達男（訳）（1966）.『企業の人間的側面：統合と自己統制による経営』産業能率大学出版部）

Maslow, A. H. (1954). M*otivation and personality*. New York: Harper.

Maslow, A. H. (1955). Deficiency motivation and growth motivation. *Nebraska Symposium on Motivation*, Vol. 3, 1-30.

McClelland, D. C. (1961). *The achieving society*. Princeton, NJ: Van Nostrand.

Mitchell, T. R. (1997). Matching motivational strategies with organizational contexts. *Research in Organizational Behavior*, Vol. 19, 57-149.

Ouchi, W. G. (1981). *Theory Z: How American business can meet the Japanese challenge*. Addison-Wesley.（徳山二郎（監訳）（1981）.『セオリーZ：日本に学び，日本を超える』CBSソニー出版）

Ryan, R. M. & Deci, E. L. (2000). Self-determination theory and the facilitation of intrinsic motivation, social development, and well-being. *America Psychologist*, Vol. 55, 68-78.

Ryan, R. M. & Deci, E. L. (2002). An overview of self-determination theory: An organismic-dialectical perspective. In E.L. Deci & R.M. Ryan (Eds.), *Handbook of self-determination research*. Rochester, NY: The University of Rochester Press. pp. 3-33.

Skinner, E. & Edge, K. (2002). Self-determination, coping, and development. In E. L. Deci & R. M. Ryan (Eds.), *Handbook of self-determination research*. Rochester, NY: The University of Rochester Press, pp. 297-337.

Vroom, V. H. (1964). *Work and motivation*. New York: John Wiley & Sons.（坂下昭宣・榊原清則・小松陽一・城戸康彰（共訳）(1982).『仕事とモチベーション』千倉書房）

コラム6　ワークモチベーションと仕事の意味づけ

武田・藤田（2011）は動機づけに関し次のような例を紹介しています。

> ある男が道を歩いていると，レンガを積んでいる人がいた。彼はその人に声をかけた。「あなたは何をしているのですか？」
> すると，その人は答えた。「私はレンガを積んでいるんだよ」
> 男はそこから少し離れたところで，やはりレンガを積んでいる人を見つけ，その人にも声をかけた。
> 「あなたは何をしているのですか？」
> 二番目の人は「私は，ここに壁を作っているんだよ」と答えた。
> 男はさらに，そばにいたレンガを積んでいるもう一人の人に同じ質問をした。「あなたは何をしているのですか？」
> 三番目の人は答えた。「私は教会を作っているんだよ」
> 男は，少し離れた場所で，同じ作業をしている人を，もう一人発見し，彼の所に行き，また同じ質問をした。
> 「あなたは何をしているのですか？」
> 四番目の人は答えた。「私は，世の中の人が平和に穏やかな暮らしができるように，ここに人々の心の安らぎの場を作っているんです」　(p. 199)

一番目の人は仕事を命令された作業と捉え，二番目の人は壁という目的に対し担当する仕事と捉えているのでしょう。三番目の人は文化的・宗教的な建物物を建築するという事業を担っている視点があり，四番目の人はより広い社会的思想的ビジョンを持って仕事に向き合っているのでしょう。上司が仕事を与えるときも自分が仕事を受けるときも，抽象度が高いけれども具体的なビジョンや意味を与えられた方が動機づけも高まり，品質意識も工夫する意識もわくでしょう。不用意な間違いも防げるでしょう。5章で述べたように，雑用もその意味づけ次第で，仕事の仕方，学び方，工夫の仕方が変わってきます。そこから得られるものも異なるでしょう。

しかし，職場に参入した当時は作業の意味がわかりません。現実として，つまらないと思うこと，意味のない雑用と思うことも多くあるでしょう。そのときは，意味やビジョンを見つけようとすることも（結果的に見つからないとしても）職場の学びの一つです。いずれにしても，まずはやってみることです。

新人の時期ではないですが，筆者も意味が見つからない作業を何度か経験しました。一例を紹介します。筆者はかつて企業の事業部で管理職をしており，後に大学に転職しました。大学教員に関しては，研究と教育の仕事以外にどのような仕事があるか見当がつきませんでした。大学教員になり，教員はいくつかの委員会（教務や入試や予算ほか）の委員を順に担当することがわかりました。その中である委員会委員の作業として，当時は禁煙ではなかった学内のポイ捨てタバコを，昼休みにヒバサミで一個ずつ拾い，拾った本数を数えて事務方に報告する作業がありました。企業においては，職階と給料に見合う（それだけのコストや投資に見合う）仕事（新規事業の開拓や事業戦略の策定など）が厳しく要求されますので，転職当時の筆者にとっては，耳を疑う驚愕の作業でした。しかし，当時は‘何か意味があるのかな’と考えながら作業に従事し，結局，答えが見つからないまま終わりました（この作業は，学内禁煙になった現在はありません）。意味がよくわからない作業でも，わからないながら役割を果たすと，本来の仕事へと近づく経験をしました。

職場に参入すると，その組織における組織社会化という学びが始まります。1章の図1-2で示したように，役割主体の日々が始まります。その役割の内容は，組織共同体に依存します。まずは新規参入者としての役割を果たし，一方で本来の職務への持続的挑戦の過程を進みましょう。

引用文献

武田正樹・藤田依久子（2011）．『個と集団のアンソロジー：生活の中で捉える社会心理学』ナカニシヤ出版

9章　キャリアと女性の活躍

キャリアは，偶然も含め，自分で設計する時代

1. キャリアの定義

キャリアの定義に関し，代表的でよく参照されるものを紹介します。

スーパー（Super, 1976）の定義は，広く知られています。「生涯にわたって自己関与することの表現として職業およびその他の様々な役割の連続であり，個人がそれを追求することによってのみ存在するものである」と述べています。さらに，キャリアの概念を「自己発達の過程の全体の中で，労働への個人の関与として表現される職業と，人生の他の役割との連鎖」であるとしています。キャリア発達は「前進する一つの過程」であり，生涯にわたって繰り返される「選択と適応の連鎖の過程」であることが強調されています。

ホール（Hall, 1976）は，キャリアの意味を①昇進，②専門職，③生涯を通じた職務の連続，④生涯を通じた役割に関する経験の連続に分類した上で，キャリアに関しては「ある人の生涯にわたる期間において仕事関連の諸経験や諸活動と結びついた態度や行動の知覚された連続」としています。

金井（1999）は，「就労以降，生活ないし人生全般を基盤として繰り広げられる長期的な仕事生活における具体的な職務・職種・職能での諸経験の連続と節目での選択が生み出していく懐古的な意味づけと将来構想・展望のパターン」と述べています。

渡辺（2007）は，キャリアの定義に関する国内外の研究をレビューし，共通する４つの概念を示しました。①人と環境（組織や時代など）との相互作用の結果である。②時間的流れ（飛躍への転機あるいは別の役割への移行など）を含む。③空間的拡がり（仕事の範囲や役割に応じた関係性の範囲など）がある。④個別性（就労や将来にわたるキャリアを自ら設計し主体的に展開する）がある。自分はどういう仕事環境で，どういう時間的スパンや時期に何をして経験を積み，活動の幅をどう広げていきたいかを考え設計するときに，これら4つの観点が参考になります。

2. キャリアについての考え方

キャリアをどのように考えるかについては，大別して2つのアプローチがあります。一つは，個人の志向性，能力，行動特性，価値観などに適した職業を選択するのが良いとする立場です。個人間および個人内での差異に焦点をあてる差異心理学の立場から，個人に適した職業とは何か，それをどう選択できるかの問いに答えようとします。この立場はマッチングアプローチと呼ばれます。職業適性検査の理論的基盤となっています。別の一つは，個人行動の発達的側面に着目し，個人の主体性，選択と適応の繰り返しを通した学びの可能性や発展性を重視する立場です。発達論的アプローチと呼ばれ，キャリア発達の解明に焦点をあてています。それぞれのアプローチを整理した岡田（2013）にならって，研究者とその理論を説明します。

2-1　ホランド（J. L. Holland）

ホランド（Holland, 1985）は，第2次世界大戦中の従軍機関において兵士を適材適所に配置させる仕事に従事した経験を契機に，人々の経歴の中に規則性があることに気づき，その研究に取り組みました。また彼は職業カウンセラーの経歴があり，その経験から人々の職業への興味とパーソナリティの関係を解明する研究を行いました。彼の研究や主張にはカウンセラーの経歴が影響しており，実践において使いやすい検査の開発を目指しました。

ホランドは，類型的なキャリアがパーソナリティ特性と仕事（環境）との相互作用を通して発達的に構築されると主張し，個人－環境適合（Person-Environment Fit）理論に基づいて，職業選択やキャリア行動を説明しています。7章で紹介したホランドの6角形モデル（RIASEC：現実型，研究型，芸術型，社会型，企業型，慣習型）は，VPI職業興味検査の基盤となっています。ホランドの個人－環境適合理論の背景となる理念は以下の6つです。

1) 職業選択は，パーソナリティ表現の一つである。
2) 職業興味検査は，パーソナリティ検査である。
3) 職業的ステレオタイプは，心理学的・社会学的に確かで重要な意味を持つ。
4) 同じ職業に就いている人々は，類似のパーソナリティ特性や発達史を有する。
5) 同一の職業群に属する人々は，似たパーソナリティを持ち，様々な問題に対して類似の反応をしたり，特徴的な対人関係を構築したりする。
6) 職業満足や職業上の安定性や業績は，個人のパーソナリティとその人の働く環境との一致度に依拠する。

7章で述べたように，ホランドの6角形モデルでは，距離が近いほど類似性が高いと仮定されています。しかし，このモデルを実証的に検討した日本労働機構（2002）の調査では，支持されない部分もありました。理論としては実証研究によって有効性が確認されることが重要ですが，類似性は，時代による仕事の変化や熟達度の影響を受けて変動します。それを踏まえた臨床的支援が必要でしょう。

2-2　クルンボルツ（J. D. Krumboltz）

クルンボルツは，バンデューラ（Bandura, 1971）の社会的学習理論に基づく理論を展開しています。バンデューラは，学習の社会的側面に着目し，観察学習（モデリング）を重視しました。人がある新たな行動を生じさせるとき，その先行要因は2つあります。1つは，行動がもたらす結果についての「結果予期（outcome expectancy）」であり，もう1つは，自分の力についての「効力予期（efficacy expectancy）」です。この効力予期を自己効力（self-efficacy）と呼びます。

自己効力の知覚については，大きさ，強さ，一般性の側面があります。大きさは，解決可能な難易度レベルに関係します。強さは，確信度に関連します。

一般性は，特定の課題における自己効力感の一般化可能性に関係します。効力予期に影響する情報源は，「遂行行動の達成：できたという経験」「代理経験：他者の行動観察」「言語的説得：他者による説得」「情動喚起：自身の生理的な反応の変化を経験すること」の4つとされます。

この社会的学習理論を背景として，クルンボルツはキャリア意思決定の社会的学習理論（Social Learning Theory of Career Decision Making）を体系化しました（Krumboltz, 1979）。その理論では，キャリア意思決定に影響を与える4つの要因があります。第一に「遺伝的特性・特別な能力」であり，職業的好みやスキル獲得に影響を与えます。第二に「環境的状況・環境的出来事」であり，この要因は企業の採用状況，労働市場，技術革新など個人のコントロールを越えるものです。第三に「学習経験」です。ある才能があり，その才能に基づく行動が賞賛された場合，その行動が役立つような職業を選択しがちです。キャリア・パスにも影響を与えます。第四に「課題接近スキル」です。これは学習経験，遺伝的特性，そして環境影響力の相互作用の結果であり，課題への取り組み方，認知プロセス，情緒的反応を含みます。クルンボルツも個人特性と社会学習環境との適合性を重視しました。

クルンボルツは後に，自分でキャリアの全てを制御できるのではなく，偶発性によって学習が進みキャリアが発展する「偶発性学習理論（Happenstance Learning Theory）」を提唱しています（Mitchell, Levin, & Krumboltz, 1999）。計画線上にある仕事の連鎖ではなく，予期しない出来事や偶発的な出来事を学習の機会として積極的に取り組むことにより，計画や目標の見直しが生じ，発展的なキャリア構築が可能になるという主張です。発展的な仕事に挑むなど，「計画された偶発性（planned happenstance）」を推奨しています。偶発的出来事を自分のキャリアに取り込むためには，将来に対して開かれた態度で臨むために，①好奇心，②忍耐力，③柔軟性，④楽観主義，⑤リスクテイキング（リスク回避よりも新たな問題解決に挑む）といった態度が必要とされます。

偶発性学習理論の有効性に関しては，信頼性の高い実証研究は困難です（下村，2009）。偶発的な仕事との出会いは，突然の異動，転勤，困難なプロジェクトなど，おそらく最初は不本意でネガティヴな事象として捉えられたり，失敗も多かったりするでしょう。偶発的経験から着想を得て，提案・推進しても理解が得られず細々と続け，ある時に注目されて成果が上がることもあるでしょう。このように偶発性の直接的効果を実証することは難しい側面があります。また，安定的職場状況では，偶発性の効果は限定的かも知れません。しかし，21 世紀はナレッジワーカーが製品やサービスやビジネスプロセスに革新を起こす時代です。挑戦性をもって偶発性を活かすことが求められます。

2-3　スーパー（D. E. Super）

スーパーは，キャリア発達を「自己概念の形成，職業的用語への翻訳，そして自己実現の過程」と捉えています。キャリア発達の理論的アプローチとして，14 の命題をあげています（Super, 1990）[1]。以下に要約的に紹介します。

①人はパーソナリティ（欲求，価値，興味，特性，自己概念）および能力において違いがある。
②これらの特性からみて，人は職業に対して適合性を示す。
③職業には，必要とされる能力やパーソナリティ特性の独自のパターンがある。個人も多様な職業に就く許容性を有している。
④職業に対する好み，コンピテンシー，仕事状況は，時間や経験と共に変化し自己概念も変化する。自己概念はこれらの社会的学習の過程における選択と適応を繰り返しながら，青年期後期から晩年に欠けて安定性を増していく。
⑤自己概念の変化プロセスは，成長（15 歳まで），探索（16 歳から 25 歳），確立（26 歳から 45 歳），維持（46 歳から 65 歳），下降（60 歳以降）の連続するライフ・ステージ[2]に集約される。ステージ間の移行時あるいは社会経済的・個人的出来事のためにキャリアが不安定になるときにミニサイクルが起こる。ミニサイクル時には，新たな成長，再探索，再確立という再循環が含まれる。
⑥キャリア・パターンとは，到達した職業レベルであり，経験した職務に従事した順序，頻度，期間を意味する。キャリア・パターンの性質は，親の社会経済的レベル，本人の知的能力，教育水準，スキル，パーソナリティ特性，キャリア成熟，および与えられた機会によって決定される。

⑦どのライフ・ステージにおいても，環境と個体の要求に適切に対処できるかどうかは，個人のレディネス（キャリア成熟）による。

⑧キャリア成熟は，心理社会的構成概念であり，成長から解放までのライフ・ステージの職業的発達の程度を意味する。それぞれのステージで求められる目標や課題と現状の差によって操作的に定義できる。

⑨ライフ・ステージの発達は，能力，興味，対処行動を成熟させることや，現実の吟味ならびに自己概念の発達によって導かれる。

⑩キャリア発達とは，職業的自己概念を発達させ実現していくプロセスである。自己概念は，個人的特性と職業的機会と社会的フィードバックに対する認識の相互作用によって作られる。

⑪個人要因と社会要因の間，および自己概念と現実の間の統合と妥協は，役割を演じてフィードバックを受ける中で学習する。

⑫職業的満足や生活上の満足は，個人の能力，欲求，価値，興味，パーソナリティ特性，自己概念を適切に表現する場をどの程度見つけるかに依存する。

⑬仕事から獲得する満足の程度は，自己概念を具現化できた程度に比例する。

⑭仕事と職業は，多くの人にとってパーソナリティ構成の焦点である。しかし，仕事が周辺的な人や余暇や家庭が中心の人もいる。また社会的伝統も，労働者，学生，余暇人，家庭人，市民など，どの役割を重視するかの決定要因となる。

スーパーの命題の中では，自己概念という用語が頻出します。自己概念とは，個人が自分をどう感じているか，自分の価値，興味，能力がどのようかについて，主観的自己と客観的自己が個人の経験を統合して構築されるものです。自己概念の定義は「ある機能や関係網を遂行する際の役割・状況・立場における自己像」です。自己概念は多面的であり，キャリアに関する側面がキャリア自己概念です。キャリア自己概念は「個人が職業に関連すると考える自己の特性群」であり，自己と他者，自己と複数の環境との相互作用の中で修正，調整されていくものだとされます。

ある人が“私は大工になりたい”という「職業的語り（occutalk）」を行った

とします。その語りは職業としての希望を述べているだけではない可能性があります。語りは自己概念の表現を含むので，なぜ大工と考えるのか，その内容や背景を慎重に引き出して理解する必要があります。

スーパーの理論の特徴は，人と職業の適合（vocational fitness）に関する立場です。スーパーは個人特性と職務遂行条件との一対一の静的結びつきではなく，個人と職業との関係には上記命題①から④に示すダイナミズムがあると仮定し，7章の図7-1の職業適合性モデルを示しました。

2-4 シャイン（E. H. Shein）

シャインは，人が役割を担う領域として図8-1に示すように，「生物学的・社会的」「家族関係」「仕事・キャリア」の3つのサイクルが相互に影響し合って人が存在することを基盤としています。各サイクルにおいて個人の年齢の推移と共に問題や課題が出現して，それぞれのサイクル間の相互作用も異なります。

シャインは仕事に関連するキャリアを，外的キャリアと内的キャリアの観点から捉えています。外的キャリアは，①「組織の階層次元」職階を垂直的に上昇する成長，②「職能ないし技術次元」機能横断的（販売↔マーケティングなど）を経験する，③「部内者化」組織の核に向う組織メンバーシップの増大です。内的キャリアは，個人の人生の中で主観的に意味のある進展です。必ずしも外的キャリアを伴いません。内的キャリアを理解するための概念が「キャリア・アンカー（career anchor）」です。

キャリア・アンカーとは，職業における自己概念です。自身のイメージであり，得意性であり，やりたいことであり，やっていて充実しているという認識です。キャリア・アンカーのパターンとしては，当初は5個でしたが，現在は8個です（Schein, 1985a）。

1）専門・機能別コンピタンス（technical/functional competence）：専門性追求
2）全般管理コンピテンス（general managerial competence）：管理職をめざす

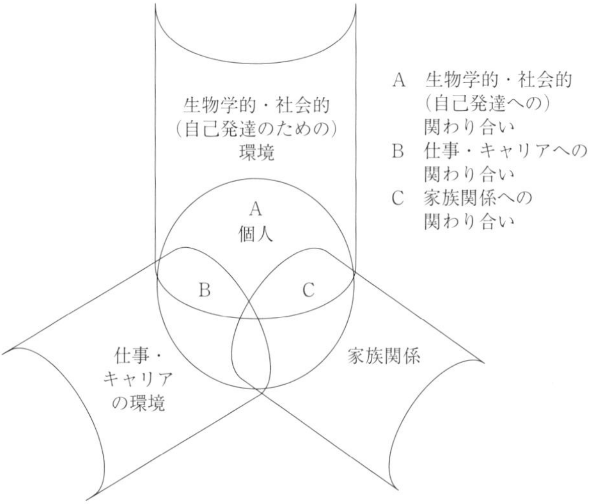

図 9-1 自己，仕事，家庭の複合体としての個人を把握するモデル (Shein, 1978, p. 56)

3) 自律・独立 (autonomy/independence)：やり方を自分で決めたい
4) 保障・安定 (security/stability)：安定を望む
5) 起業家的創造性 (entrepreneurial creativity)：起業・創業をめざす
6) 奉仕・社会貢献 (service/dedication to a cause)：社会への貢献・奉仕
7) 純粋な挑戦 (pure challenge)：挑戦を追い求める
8) 生活様式 (life style)：生活との調和を重視する

キャリア・アンカーを明確にした上で，それを仕事として実現していくことを「キャリア・サバイバル (career survival)」と言います。キャリア・アンカーが個人のニーズの明確化であるのに対し，キャリア・サバイバルは組織のニーズの分析と理解を重視します。自身のキャリア目標が，市場の動きや組織戦略と合っているかを定期的に確認して，(サバイバルのために) 職務と役割の計画を行う必要があることを主張しています (Schein, 1985b)。

2-5　サビカス（M. L. Savickas）

サビカスは個人特性と職の一致ではなく，個人がキャリアを構築する上での職業行動の意味づけを強調し，キャリア構築理論（career construction theory）を提唱しました。個人が過去から現在に至る経験に見出す意味を踏まえて，今後の職業人生に自分なりの意味を見出していく過程が，その人にとってのキャリアになると考えます。マッチング（一致）ではなく，エンプロットメント（筋書きづくり）としてキャリアを考えます。

サビカスの理論的背景には，2つの理論的アプローチが影響を与えています。1つは，スーパーの理論であり，個人が人生の時期と役割の中に仕事をどう位置づけて，個人的な価値観を反映した人生を築いていくかという個人史的な文脈的視点に立つものです。別の1つは，キャリア構築のメタ理論としての社会構成主義です。社会構成主義とは，自然や自己についての「正確」で「客観的」とされる説明は，実は社会過程の産物であり，人々の間で構成されたものであるという立場です（McName & Gergen, 1992）。例えば，特定の対象に対し特定の感情を抱くのは，その文化でそのように言語化され正当化された結果として，その文化メンバーに共有される感情であるということです。

この立場では，キャリアは客観的なものではなく，主観的な意味を持つものです。過去の職業経験や現在の経験を振り返って捉え直すことにより，それらの経験に新たな意味を付与し再構成することが可能になり，新たな展望につながる文脈を構築できます。この意味で，現在の出来事の解釈や自分が置かれている社会との関係性についての語りを重視しています。キャリアを構築するときには，職業行動における「what（何）」「how（どう）」「why（なぜ）」の3点を用いて整理します。

「What」は「職業パーソナリティ」で，自分に合った職業を考えることです。この種の検討では，ホランドのモデルを取り入れ，キャリアに関連した能力，欲求，価値観，興味によって定義します。個人が自分にあった職業を適切に探し，環境との一致を獲得しようとする営みです。

「How」は「キャリア・アダプタビリティ」で，職業への適応過程に関する社会（組織）からの要請と個人の対応です。職業上のトランジション（安定と安定の間の移行期）には，予測できる変化と予測困難な変化が含まれます。したがって，移行期に経験する心理的負荷やトラウマに対処するための準備性や資源を適応可能性として，変化との遭遇を成長への探索・確立・維持につなげる態度や能力が求められます。キャリア・アダプタビリティは「関心」「統制」「好奇心」「自信」の４つの次元から構成されます（Savickas, 2005）。それぞれの意義を，堀越（2007）は以下のように説明しています。

①職業人として，自身の未来に「関心」を持つこと。キャリア関心は計画的態度によって促進されます。計画的な態度は，現在直面している職業上の課題だけでなく，将来的に必要なさまざまな選択に気づかせ，未来へのビジョンと方法を考えさせるように働きます。
②職業上の未来に対し自らを「統制」すること。自らを統制する態度は，先延ばしや回避をせずに，職業上の発達課題に取り組み，仕事上の移行期を乗り越えることを促進します。意思決定や活動への積極性を高めます。
③自分の可能性と未来のシナリオへの探索に「好奇心」を発揮すること。挑戦と冒険への好奇心は知識を増やし，多様な職業や仕事に関する理解を深め，現実的な選択を可能にして適応や適合が促進されます。
④自らの願望の実現に「自信」を持つこと。この場合の自信とは，進路選択や職業選択を行う際に求められる一連の行動を適切に実行できるという自己効力感を意味します。

「Why」は「ライフ・テーマ」で，人がキャリアストーリーの中で語る職業行動の意味や役割，そして他の人々との関係性です。人がストーリーを語るとき，それは過去の事実のその人なりの再構成であり，繰り返し語られること（ライフ・テーマ）の中に当人の価値観や捉え方が反映されます。その矛盾や現実との対応を吟味して不適切な点を認めたり，気づきを得て語り直すことにより，これまでとは異なる未来も見えてくることになります。

サビカスの構築理論的アプローチをキャリアカウンセリングに展開している代表的な研究は，コクラン（Cochran, 1997）のナラティブアプローチです。自分のキャリアを「物語（ナラティヴ）」として考えることを重視します。人は，人生においてさまざまな出来事を経験し，それらを誕生から現在にいたる時間軸にそったストーリーとして理解しています。自分に関するストーリーは各人のキャリア物語であり，そこにはその人のキャリアに対する考え方，価値観，考慮中の選択肢，問題，将来計画などが含まれています。

キャリアとは，自分が主人公であるキャリア物語を構築することであり，そこでの支援の在り方は，良い物語を作る過程に介入し支援することです。良い物語とは，主客が一致し，時間的な統合があり，行動する全体において整合性がとれており，周囲の人からも理解可能であるものです。例えば，自分でカメラマンを目指していると言っているけれども，写真の勉強をせず，写真を撮る活動をしてもいない場合は，整合性がありません。

2-6　ホール（D. T. Hall）

既に1980年代，米国では，組織に長期に所属する帰属的契約をベースとして考えるキャリアから，個人の心理的成功や達成を目指す自己志向的なキャリアへの変化が顕著になりました。そのキャリアに関し，ホール（Hall, 1976）は「変幻自在」を意味する「プロティアン・キャリア（protean career）」の概念を提唱しました。プロティアン・キャリアとは，組織によって形成されるのではなく個人によって形成されるものであり，変化する環境に対して，自己志向的に変幻自在に対応していくキャリアです。表9-1に伝統的キャリアとの比較を示します。

プロティアン・キャリアは，自分が主体的に成長できるかが重要な価値観であり，心理的な成功や成長感をもたらす仕事において成長的にアイデンティティも変化していきます。この点は，組織階層を上昇したり組織に利益をもたらしたりする客観的成功を目指すキャリア観とは異なります。

プロティアン・キャリアを形成するにあたって，必要な2つのメタ・コンピテンシーがあります。アイデンティティとアダプタビリティです。

①アイデンティティ

アイデンティティとはエリクソン（Erikson, 1959）が提唱した概念であり自我同一性です。ホールは，アイデンティティの2つの構成要素を重視しました。第一に，自分の価値観・興味・能力・計画に気づいている程度です。第二に，

表9-1　伝統的キャリアとプロティアン・キャリアの対比（Hall, 2002）

項　目	プロティアン・キャリア	伝統的キャリア
主体者	個人	組織
核となる価値観	自由・成長	昇進・権力
移動の程度	高い	低い
重要なパフォーマンス側面	心理的成功	地位・給料
重要な態度側面	仕事満足感 専門的コミットメント 自分を尊敬できるか （＝自尊心）	組織コミットメント この組織から自分は尊敬されているか （＝他者からの尊敬）
重要なアイデンティティ側面	自分は何がしたいのか （＝自己への気づき）	私は何をすべきか （＝組織における気づき）
重要なアダプタビリティ側面	仕事関連の柔軟性 現在のコンピテンシー （測度：市場価値）	組織関連の柔軟性 （測度：組織で生き残ることができるか）

過去と現在と将来の自己概念が統合されている程度です。また，社会における個人の多様な役割期待に応える自己認知として「サブ・アイデンティティ」を想定しました。例えば，一人の人でも，大学教員，母親，認知症の親を介護する娘，地域の一員という4つのサブ・アイデンティティがあります。大学教員に関しても，研究者，教育者，学部運営の一員としてのサブ・アイデンティティを自覚しなければなりません。

②アダプタビリティ

ホールにとっては，アダプタビリティは適応それ自体ではなく，適応コンピテンスと適応モチベーションを含みます。適応コンピテンスは，a）アイデンティティの探索（自己を知る努力），b）反応学習（環境からの要請とそれに応える行為の相互作用），c）統合力（自らの行動とアイデンティティの一致を図る）から構成されます。適応モチベーションは，適応コンピテンシーを発達させようとする意志です。適応コンピテンシー（力）と適応モチベーション（意志）がそろうと，アダプタビリティが向上します。したがってキャリアにおける心理的成功とは，自分にとって挑戦しがいのある目標を得たとき，目標行動に自分なりの意味を見出せたとき，意味のある目標を達成したときに感じる成功感や成長感と言えます。

2-7 シュロスバーグ（N. K. Schlossberg）

シュロスバーグ（Schlosberg, 1989）は，成人の発達課題を理解する4つの視点を提供しました。第一に「文脈や文化（contextual, cultural）」です。仕事内容や通勤環境や家族状態などの環境文脈が，個人の人生に影響を与え制約をもたらします。第二に「発達（developmental）」です。独身時代，家族を支える時期，子どもが難しい年齢の時期，仕事人生で自分を確立する時期など，個人の人生の発達的時期や課題です。第三に「ライフ・スパン（life span）」です。生涯にわたって個人が遭遇する出来事や多様な課題への適応行動とその成果や結果です。第四に「転機（transitional）」です。卒業を控えた学生，一般社員から管理職になった時期，転勤，職場統合，退職など，安定からの旅立ちを余儀なくされる出来事とその対処です。安定期から移行期へ進む時期です。

シュロスバーグは4つの観点の中で特に転機に着目し，転機を乗り越えるための資源として，状況（Situation），自己（Self），周囲の援助（Support），戦略（Strategies）の4Sをあげ，転機を理解するための3つの構造を示しました（Schlosberg, Water, & Goodman, 1995; Schlosberg & Robinson, 1996）。

①転機を捉えるアプローチ

転機が，予測していた転機か，予測していなかった転機か，期待していたものが起こらなかった転機か，のいずれであるかを理解することです。その上で，その人が直面している時期が，転機の始まり（受け入れ期）か，最中（模索と評価の循環）か，終わり（次への問いかけ）か，を見極めることを重視しました。それぞれの時期を図9-2に示しました。

②対処のための資源活用

4Sを吟味して利用可能な資源や支援すべき資源を見極めます。状況資源とは，転機の原因，制御可能なもの，役割，経験，ストレスなどの個人的状況です。自己資源とは，社会経済的地位，姓，年齢と人生段階，健康状態，民族性，性格特性，自己効力感などです。周囲の援助資源とは，家族の状況，周囲の支援の過不足状況などです。戦略資源とは，戦略，行動，状況の捉え方や意味づけ，自分マネジメントの可能性です。

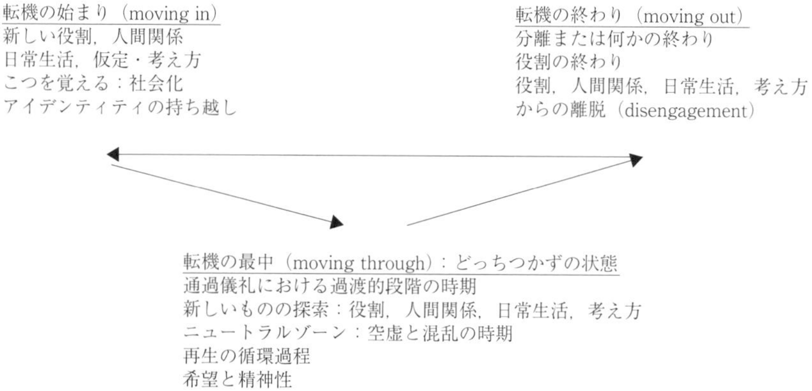

図 9-2　転機のプロセスの統合モデル（Goodman, et al., 2006, p. 50）

③転機に対処するための資源の強化

制御可能性を念頭に，資源を強化していきます。シュロスバーグは，どんな転機であっても，それを見定め，吟味し，受け止めるプロセスを通して，乗り越えられるとしています[3]。

3. キャリア地震

キャリアに関する理論は，マッチングから発達理論へと変化してきましたが，キャリア理論は，多かれ少なかれ合理的な選択や計画的キャリア構築が可能という立場を前提としています。しかし，経済のグローバル化，情報通信技術や人工知能技術の急速な発展，知識集約型経済への移行などにより，長期的に将来を見通すことが難しくなっています（下村，2009）。こうした激変環境をワッツ（Watts, 1996）は「キャリア地震（careerquake）」と表現しました。

伝統的なキャリア概念は「ある組織や専門の中で秩序だった階層を上っていくこと」（Watts, 2001, p. 210）を想定していました。しかし，その土台となる社会構造が大きく揺れ動いており，その結果，つねにスピードの速い変化が求められます。このような時代では，受け身の個人ではなく，積極的な主体としての個人が強調されます。Watts（2001）は，「決める（choose）」ではなく「つくりあげる（構築するという意味が強い）（construct）」方向に変化する必要があると説きます。

21世紀では，物語的，文脈的，構築的な理論が顕著になってきました（Niles & Harris-Bowlsbey, 2002）。個人が主体的に自身のキャリア物語を構築していく積極性が必要です。ただし，転職に関しては，職場学習をある程度進めた人が，さらに自己開発に向けた物語を開始させるためであれば構築的であり発達的ですが，単にマッチングを求める転職の場合は移行期が長引くことになり，学習と熟達の機会を逃す危険性がありますから，注意が必要です。

4. 女性の活躍

これまでのキャリア理論を踏まえて，女性の職場における熟達と活躍を取り上げます。日本では2000年頃から本格化した女性総合職（幹部候補の正社員で，非定型の仕事やマネジメントに関する実務力が必要）として就職した人たちが40歳に近い年齢になり，政府も女性の活躍推進に取り組んでいますが，活躍状況はあまり向上していません。挑戦意欲が高くコンピテンシーが充分であっても，女性はそれを発揮する機会がなかったり，適切な研修がなかったり，支援制度が不十分であったりして，活躍の道筋を見つけることが困難です．その状況を概観し，その後に将来への発達的学びの動きを紹介します。

4-1 女性のマネジメント層への挑戦を阻む環境

レイギンズとサンドストロム（Ragins & Sandstrom, 1989）は，女性が組織の中で発達的な熟達を遂げる際の阻害要因を4つあげています。

①社会システム要因

社会的な性役割，教育，家庭内の責任などの文化的背景が，女性にキャリアを志向させない方向へ働きます。

②組織的要因

女性を負担の少ない部門へ配置する，女性の教育訓練の機会を制限する，職務評価を切り下げるなど，雇用管理的通念の問題が含まれます。近年，職場での「アンコンシャス・バイアス（無意識の偏見）」が問題視されています。例えば，女性を単独で海外出張させるのは危険，女性は交渉事が苦手，X さんは担当だけど子育て中で無理だろうからと確認せずに重要な出張を Y 君に任せた，など，一見すると配慮と思えるような偏見です。

このような擁護的偏見を歓迎する女性もいるでしょう。しかしキャリア意識の高い女性たちにとっては，キャリア開発が阻害され，やりがいを阻害され，その職場で働く動機づけを低下させる一因になります[4)]。その不満は離職の引き金になる可能性があります。

③対人的要因

女性は男性よりキャリア開発に有効な資源やサポート（情報，助言，引き立てなど）を得ることが少ないです。上司が女性より男性を育てたがる，女性は組織内で力のあるメンターや助言者を得にくい，女性は職務関連情報が流れる影響力の大きい対人ネットワークをもてない，などの要因です。

④個人的要因

女性は男性に比べて，自信，キャリア志向，管理（マネジメント）動機が低いことが指摘されています。この要因は，組織における教育訓練の偏りが影響している可能性があります。しかし，マネジャーとしての活躍よりも，女性は概して専門職志向が強く，企業組織も女性を長く一つのポジションに留めて，職場内スペシャリストに育てようとする傾向があります。しかし，一つのポジションに長くいることは，大久保・石原（2014）が指摘するように，キャリア開発にとっての弊害があります。

一つのポジションへの据え置きは，「その人がいないと勝手がわからない」と言われる仕事が生まれ，そう言われることに当の女性も一種の誇りを感じるかも知れません。しかし，もし本当にその人しかわからないブラックボックス化した業務が放置されているならば，その職場はリスクマネジメントができていません。また，自分の暗黙知を形式知に変換しないことは，一種の職務怠慢とみなされるようになってきています。

別の観点では，一つの仕事に長く留め置かれた女性たちは，管理職や上級職に昇格する年代になった時に，往々にして「彼女には幅広い業務経験が足りない」「視野が狭い」などと言われ，低い評価を受けがちです。仕事を囲い込んでブラックボックス化せず，誰にでも分かるようにマニュアル化して，自分はより挑戦性のある業務へと向かう方が，自分も組織も生産性が上がります。

4-2　女性が得意とするリーダーシップ

管理職は適切なリーダーシップを発揮して，マネジメントを行う必要があります。6章で述べたマネジャーが取り組むべきさまざまな課題に取り組み，リーダーシップを発揮する姿を職場メンバーに見せて率いることになります。リーダーシップに関して，女性は男性より民主的リーダーシップ行動や変革的リーダーシップ行動を示すことが知られています（Bass & Avolio, 1994；Eagly & Johnson, 1990）。

変革型リーダーシップとは，将来の環境変化を的確に先読みし，その変化に適応できるように，メンバーに積極的に変革を創り出すように働きかけ，自らも率先して変革を実践するリーダーシップです（6章参照）。民主的リーダーシップとは，作業目標や作業の手順などに関し，メンバーが意見を出せる場を設け，意見を出し議論し共有できる参加型の仕事環境を維持するリーダーシップです。メンバーの満足度が高まることが報告されています（Foels, Driskell, Mullen & Salas, 2000；Gastil, 1994）。

変革型リーダーシップや民主的リーダーシップは，現代には適していると思われますが，6章で紹介したマネジャーの役割を果たすために，ときにはビジョンを示し，コーチになり，関係を重視して意見を聞き，ときにはマネジャーとして強制し，と柔軟な行動が求められます。そのようなマネジメント力の獲得にも経験の蓄積が重要であり，職場学習において発達的熟達を遂げるためにも，マネジャーを目指す女性が増え，育成体制が充実することが期待されます。

4-3　女性管理職の数的増大が組織に与える影響と育て方

管理職層に占める女性の比率は，管理職以外の女性の職場学習に影響を与えます。イーリィ（Ely, 1994）は，組織の上級ポジションに占める女性の比率が，初級ポジションの女性に与える影響を調べました。法律事務所の中で，上級者に占める女性の比率が 15% 以上の組織（ジェンダー統合組織）と，その比率が 5% 未満の組織（男性優位組織）を 4 ヶ所ずつ選択して，初級ポジションの女性を対象に調査を行いました。その結果，男性優位組織では，初級ポジションの女性は上級ポジションの女性を同一視せず，彼女らを自分たちの良き役割モデルとは考えていませんでした。この調査は，環境要因や初級ポジションの女性の特性要因を考慮していない弱点はありますが，女性管理職の比率が初級的ポジションにある女性のキャリア意識に影響することを示しています。

女性と管理職への動機づけに関する研究として以下があります。産業能率大学総合研究所（2016）が示したイオン株式会社の事例です。イオン(株)は「2020 年アジア No.1 グローバルリテイラー」の目標を掲げ，その実現のためには経営幹部となる人材の育成が急務でした。そこで管理職人事状況を調査しました。その結果，ダイバーシティ推進当時の 2013 年春の段階では，管理職に占める女性比率は 7~8% でした。社員全体における女性比率は 30% であり，近年の新規採用者の男女比が 50:50 であることを考慮すると，大変低い水準でした。また，初期キャリアにおける退職者の多さと昇進数の低さが判明しました。

上記の結果を受け，女性社員を対象に「どういうときに辞めたいと思ったか」を中心としたヒアリングが行われました。分析の結果，1）自分のキャリアが見えないこと，2）他の女性社員との交流がなく相談する人がいないこと，3）管理職をめざしたくない（8 ～ 9 割）こと，そして女性の主な退職理由が転職であることが明らかになりました。キャリア志向があり能力に自信を持つ女性社員が，イオンでのキャリアに不満を持っていること，一方で，結婚や出産は退職の契機ではなく，その点は充実した支援制度があるので会社に籍を置く方が安定すると判断していることもわかりました。すなわち，キャリア志向の女性ほど，イオン以外に活路を見出そうとして離職することが判明しました。

上記結果をふまえ，①キャリアに不満を持つが故の退職者を減らす，②イオンで働く女性たちに自身のキャリアの見える化をする（形式知化⇄省察⇄設計），を目的として，25 歳前後の女性（一人前へと進む時期）を対象に，キャリアデザインセミナーを実施しました。現在取り組んでいる仕事を俯瞰して考え，将来何をしたいか，その仕事へ守備範囲を広げるためには何が必要かを考えるワークショップです。さらに男性の多い店長の働き方に関し，仕事や働き方のエビデンスに基づく見直しやモデル店舗の検証などを行い，女性に“店長になるとあんな働き方をしないといけないんだ”と思わせない取り組みも始まっています。このような改革の中，女性の意識にも変化が認められるようです．

5. プロフェッショナルへの発達的欲求を実現させる支援

私的企業や公的機関などの社会組織に参入した成人が経営に参画する人材へと学習を進めるために，その組織だからこそ可能なキャリア開発環境を設計する時期に来ています。そうでなければ，魅力のない職場になり，選ばれなくなるでしょう。新規参入者は，自身のキャリアを構築する意識を持って，自ら仕事を選び個性的な熟達化を達成するストーリーを描く時代です。

上記の動きや政府方針にもかかわらず，現在はキャリア構築を動機づける学習開発よりも，制度を充実させる提言ばかりが目立ちます。例えば，待機児童の解消，休暇制度，賃金制度の改善，長時間労働の是正など，画一的な改善施策が並べ立てられています。企業がこれらの画一的な施策を推進すると，女性本人の意欲や能力を理解せず，アンコンシャス・バイアスや注 4 のパターナリズムに陥る危険性があります。結果として，キャリア開発を志向する女性が挑戦したい，貢献したい，冒険したい，組織を動かしたい等の「プロフェッショナルへの発達的欲求 developmental needs for professional」が阻害されるでしょう。自身をもっと成長させる仕事，領域横断的な知識と経験，ルーティンではなく革新的なプロジェクトへの参加といった環境の提供がより多く必要でしょう。

発達的欲求を活性化する仕事を与えることは，自己実現への動機づけになりますし，6 章で紹介した成長ゾーンへと導くことにもなります。そこで成長する姿は，他の成員の固定概念のアンラーンと挑戦意欲にも良い影響を与えるでしょう。今後は男女を問わず所属組織を利用して自己実現をめざすキャリアの構築ができるように，組織も意識して学習環境を整えることが求められます。

注

1）1953年時点では10個でしたが，その後加筆修正されて1990年時点で14個になっています。

2）ライフ・ステージである成長（15歳まで），探索（16歳から25歳），確立（26歳から45歳），維持（46歳から65歳），下降（60歳以降）の各段階では，果たすべき役割群としてのライフ・ロールとその環境としてのライフ・スペースがあります。役割は，子ども，学生，余暇人，市民，勤労者，家庭人，その他です。これらの概念は，ライフ・スパン（時間）／ライフ・スペース（役割）という包括的概念で表され，人生における時期と役割の重なりや拡がりを図式化したライフ・キャリア・レインボーが提供されています。詳しくは渡辺（2007）を参照して下さい。

3）4Sの詳細やカウンセリングとの関係性は，渡辺（2007）を参照して下さい。

4）こうした現象は社会学ではパターナリズム（伝統的父権主義）と呼ばれ，強者が弱者を守ろうとして当事者の意思を確かめず過剰に干渉することです。悪意はないものの，干渉されて当事者が成長するチャンスが奪われることを言います。子育て中の女性を配慮して，責任の軽い仕事だけ与え，当事者はそのコースを走り続けざるを得ない「マミートラック」も一例です。

引用文献

Bandura, A. (1971). *Social learning theory.* New York, General Learning Press.（原野広太郎・福島修美（訳）(1974).『人間行動の形成と自己制御』金子書房）

Bass, B. M. & Avolio, B. J. (2006). Shatter the glass ceiling: Women may make better managers. *Human Resource Management,* Vol. 33(4), 549-560.

Cochran, J. (1997). *Career counseling: A narrative approach.* Thousand Oaks: Sage.（宮城まり子・松野義夫（訳）(2016).『ナラティブ・キャリアカウンセリング』生産性出版）

Eagly, A. H. & Johnson, B. T. (1990). Gender and leadership style: A meta-analysis. *Psychological Bulletin,* Vol. 108, 233-256.

Ely, R. J. (1994). The effects of organizational demographics and social identity on relationships among professional women. *Administrative Science Quarterly,* Vol. 39, 203-238.

Erikson, E. H. (1959). *Identity and the life cycle.* New York: Norton.（西平直・中島由恵（訳）(2011).『アイデンティティとライフサイクル』誠信書房）

Foels, R., Driskell, J. E., Mullen, B., & Sakas, E. (2000). The effects of democratic leadership on group member satisfaction: An integration. *Small Group Research,* Vol. 31, 676-701.

Gastil, J. (1994). Presents a meta-analysis review of the productivity and satisfaction of democratic and autocratic leadership. *Small Group Research,* Vol. 25, 384-410.

Goodman, J., Schlossberg, N. K., & Anderson, M. L. (2006). *Counseling adults in transition: Linking practice with theory,* 3rd ed. New York: Springer.

Hall, D. T. (1976). *Careers in organizations.* Glensview. IL: Scott, Foresman.

Hall, D. T. (1996). The new protean career: Psychological successes and the path with a heart. In D. T. Hall & Associates (Eds.), *The career is dead – Long live the career: a relational approach to career*. San Francisco: Jossey-Bass. pp. 15–45.

Hall, D. T. (2002). *Careers in and out of organization*. California: Sage.

Holland, J. L. (1985). *Making vocational choices: A theory of vocational personalities and work environments*, 2nd ed. Prentice-Hall.

堀越弘（2007）. マーク・サビカス：キャリア構築理論　渡辺三枝子（編著）『新版キャリアの心理学：キャリア支援への発達的アプローチ』ナカニシヤ出版．pp. 173–197.

金井壽宏（1999）.『経営組織』日本経済新聞社

Krumboltz, J. D. (1979). A social learning theory of career decision making. Revised and reprinted in A. M. Mitchell, G. B. Jones, & J. D. Krumboltz (Eds.), *Social learning and career decision making*. Cranston, RI: Carroll Press. pp. 19–49.

Mcnamee, S. & Gergen, K. J. (1992). *Therapy as social construction*. Sage.（野口裕二・野村直樹（訳）（1997）.『ナラティブ・セラピー：社会構成主義の実践』金剛出版）

Mitchell, K. E., Levin, A. S., & Krumboltz, J. D. (1999). Planned happenstance: Constructing unexpected career opportunities. *Journal of Counselling and Development*, Vol. 77, 115–124.

日本労働研究機構（2002）.『VPI 職業興味検査（第 3 版）手引き』雇用問題研究会

Niles, S. G. & Harris-Bowlsbey, J. (2002). *Career development interventions in the 21st century*. Upper Saddle River, NJ: Merrill Prentice Hall.

岡田昌毅（2013）.『働く人の心理学』ナカニシヤ出版

大久保幸夫・石原直子（2014）.『女性が活躍する会社』日建文庫，日本経済新聞出版社

Ragins B. R. & Sandstrom, E. (1989). Gender and power in organizations: A longitudinal perspective. *Psychological Bulletine*, Vol. 105, 51–88.

Savickas, M. L. (1997). Career adaptability: An integrative construct for life-span, life-space theory. *The Career Development*, Vol. 45, 247–259.

Savickas, M. L. (2005). The theory and practice of career construction. In S. D. Brown & R. W. Lent (Eds.), *Career development and counseling: Putting theory and research to work*. Hoboken, NJ: John Wiley & Sons. pp. 42–70.

Schein, E. H. (1978). *Career dynamics: Matching individual and organizational needs*. Reading, MA: Addison-Wesley.（二村敏子・三善勝代（訳）（1991）.『キャリア・ダイナミクス——キャリアとは，生涯を通しての人間の生き方・表現である』白桃書房

Schein, E. H. (1985a). *Career anchors: Discovering your real values*. Pfeiffer & Co.（金井壽宏（訳）(2003).『キャリア・アンカー：自分のほんとうの価値を発見しよう』白桃書房）

Schein, E. H. (1985b). *Career survival: Strategic job and role planning*. Pfeiffer Co.（金井壽宏（訳）(2003).『キャリア・サバイバル：職務と役割の戦略的プラニング』白桃書房）

下村英雄（2009）.「キャリア：キャリアをいかに考えるか」小口孝司・楠見孝・今井芳昭（編著）『仕事のスキル：自分を活かし，職場を変える』北大路書房．pp. 134–144.

Schlosberg, N. K. (1989). Overwhelmed: Coping with life's ups and downs. Lexington Books.（武田圭太・立野了嗣（監訳）（2000）.『「選職社会」転機を活かせ』日本マンパワー出版）

Schlosberg, N. K., Waters, E. B., & Goodman, J. (1995). *Counseling adults in transition: Linking practice with theory*, 2nd ed. New York: Springer.

Schlosberg, N. K. & Robinson, P. S. (1996). Going to plan B. New York: Fireside.

産業能率大学総合研究所（2016). 事例紹介：次の世代のために今やらなければいけない。イオン株式会社におけるダイバーシティの取り組み. https://www.hj.sanno.ac.jp/cp/feature/201611/17-01.html（2016/11/17）

Super, D. E. (1976). *Career education and the meaning of work*. Monographs on career education. U. S. Department of Health, Education, and Welfare.

Super, D. E. (1990). A life-span, life-space approach to career development. In D. Brown, & L. Brooks (Eds.). *Careers choice and development: Applying contemporary theory to practice*. San Francisco, CA: Jossey-Bass. pp. 197-261

渡辺三枝子（2007).「キャリアの心理学に不可欠の基本」渡辺三枝子（編著）『新版キャリアの心理学：キャリア支援への発達的アプローチ』ナカニシヤ出版. pp. 1-22.

Watts, A. G. (1996). *Careerquake: Policy supports for self-managed careers*. London: Demos.

Watts, A. G. (2001). Career education for young people: Rationale and provision in the UK and other European countries. *International Journal for Educational and Vocational Guidance*, Vol. 1, 209-222.

10章　緩和ケア看護師の変容的学習と適応的熟達

ケアを創発する力を育む

1. ナレッジワーカーとしての緩和ケア看護師

私たちは，2章で熟達化の進む段階と上級者段階以上へ熟達するには従来通りの学びだけでなく，実践的革新が必要であること，それは困難なため，モティベーションが低下したり，キャリアプラトーがおきることなどを学びました。実践的経験の集積パターンは獲得する知識・スキルの特性によって異なりますから，熟達化や経験学習の研究は，特定領域に必要な知識・スキルとの対応を明らかにすることが必要です（松岡，2005）。そこで，10章では，緩和ケア看護の職場をとりあげ，領域特有の実践的学びの内容や，キャリアプラトーを突破し適応的熟達化を遂げていくプロセスを，渡辺・伊東・角・三橋（2020）の研究を基に探っていきます。

まず，この章で取り上げる緩和ケア看護師の仕事の特徴を考えてみましょう。看護師は，従来は医師の判断に従って的確な医療技術を行う職であり，8章の図8-3では，“処理モデル”に位置する職業でした。しかし医療技術全体の進歩，治療の高度化の中で，医師，看護師，薬剤師，検査技師らがチームを組んで医療にあたる「チーム医療」が一般的になり，患者に密接に関わる看護師が果たす役割は大きくなっています。この四半世紀の間で看護職の専門性は大きく変化しました。1991年度には看護系の学部・学科を設置する大学はわずか11大学，定員は558人で，専門学校卒業の看護師が大半でしたが，2016年度には246大学，定員は2万1394人となりました（朝日新聞出版医療健康編集部，2016）。2019年現在は，大学卒看護師は珍しくなく，より専門性の高い認定看護師や大学院卒の専門看護師など高度な知識・技術をもつ看護師が増え続けています。

21世紀の看護師は自律的・主体的に，医療知識や技術の運用や判断などを行い，職場メンバーの能力と仕事を把握して総合的マネジメントをしながら看護という職務機能を超えて他領域とも協働を行うことが求められるようになりました。特定領域の看護師は，8章の図8-3の“協働モデル”に位置するナレッジワーカーとして働く機会が増えています。そこでは患者のニーズに沿ったケアを臨機応変に創発していくことが求められるのです。

2. 緩和ケア看護の特性

前節で，ナレッジワーカーとしての看護師の特徴をあげました。次に本章で対象とする緩和ケア看護の特性について詳しくみていきましょう。

緩和ケア看護には特に次の5つの特性があるでしょう（恒藤・内布，2014）。第一に，高度な医療知識と技術が求められること，第二に，全人的ケアが求められること，全人的に患者と関わり，心身の痛みのみならず，生きる意味の喪失などスピリチュアルペイン[1)]をもケアすることが求められるため，看護師の主体的な活躍が期待される職場の一つです。第三には，看護師・医師のみならず社会福祉士，臨床心理士，理学療法士など他職種によるチーム医療メンバーとの密度の高いコミュニケーションや，地域のケアマネジャー，外部施設などとの連携が必須です。第四に，ケア内容の多様性と対応スピードのニーズに応えることです。なぜなら緩和ケア病棟は，病棟患者成員の変化のスピードが療養型病棟に比べて早いからです。個々の患者の病状の日内変動，病状急変などがある上，1ヶ月程度で転院などの環境変化を迫られます。そもそも個人内でも状況の変化が大きい上に，緩和ケアの適応対象が広がる中，終末期に限らない多様なニーズをもつ患者が存在するため，患者に必要なケアが多様です（佐藤，2008）。

以上のような特性を持つ緩和ケア領域に携わる看護師は，新人であっても同僚の助けを借りながらもある程度のルーチンの仕事をこなし，状況の変化に対応するスキルを早く身につけ，戦力になることが要求されています。

3. 適応的熟達化と変容学習

前節のような特徴のある緩和ケア看護領域では，仕事に埋め込まれた実践的学びと共に，患者・スタッフ同士との関わりを通して医療への考え方，死生観などの個人の価値観や行動パターンなどが変化する変容的学習が進む可能性があります（Kear, 2013）。そこで緩和ケア職場で働く看護師に，実践経験年数に伴って，変容的学習が生じているか，生じるとすれば，その変容の内容，変容の過程，期間について検討し，変容的学習と適応的熟達化の関連を考察していきましょう。はじめに研究背景となる適応的熟達化と変容的学習の概念について述べます。

熟達化には，定型的熟達と適応的熟達がある（波多野・稲垣，1983）ことは既に2章で学びました。大切なのは，適応的熟達とは，専門的知識から新しい手続きを発明することができ，手続きの遂行を通して，概念的知識を構成し，課題状況の変化に柔軟に利用できる知識を持つこと，さらにメタ知識つまり環境と自己の状況をモニターできる能力によって特徴づけられるということです（波多野，2001）。緩和ケア領域のエキスパート看護師にはこのような能力が求められています。

経験学習の中で（4章1-2を参照），学習を通じてそれまでの前提や価値観を批判的に振り返ることで，内面的な変容が起こる学習を変容学習と呼びます（Mezirow, 2012）。メジロー（Mezirow）は経験に解釈や意味づけを行う際に，習慣的に準拠している前提や価値，信念を構成している枠組み，すなわち行動や状況を意味づけする視点を重視しています。新しく獲得した技術知識，出来事といった経験は「批判的省察」によって，意味づけする視点と照らし合わされるため，一般に子供期は形成的学習が多く，成人期は変容的学習に移行すると考えられます（安川，2009）。どのような環境，条件，個人特性で変容的学習がおきるのかは，まだ明確ではありませんが（永井，1991），Kear（2013），名倉・森・竹本（2009）は，緩和ケアや末期がん医療で実習をした看護学生が経験を通して，変容的学習が起きる可能性を報告しています。

4. 経験年数と看護師の熟達段階の先行研究

経験年数に伴う熟達段階の先行研究は，Dreyfus（1983）の熟達化の5段階モデルとそれに対応した看護師の熟達段階の特徴について2章で詳しく紹介されていますので，ここでは要約して述べます。

勝原（2012）はベナー（Benner, 1984, 1999, 2005）の研究をまとめて，看護師は経験年数に応じて，初心者レベルからエキスパートまで5段階があり，各段階には次のような認知・技能的特性があることを示しました。

初心者レベルでは，患者を目の前にしても，何かを判断するための照合する過去の経験をもたないため，測定可能な患者の客観的データを原理原則に当てはめ，現象・症状を理解しようとします。

経験1年程度の新人レベルは，業務を一通りはこなせる状態で，クリニカルパスに沿った対処，手順書通りの対処がこなせます。

次は一人前レベルで，同じ病棟など類似した環境で2-3年働いた看護師の典型です。長期目標や計画を踏まえて自分の看護実践をとらえられ，患者に必要なことを前もって判断し計画できるし，計画通りいかなくてもそれを修正する力を持つようになります。

経験5-6年目の中堅レベルになると，状況に適した対処方法が臨機応変に直感的にわかるようになってリーダー業務を問題なくこなせます。リーダー業務とは，病棟内の入院患者の状態やその日の予定などを把握し，看護師達の能力に応じた差配をする仕事です。医師の指示をチェックしてタイミング良く担当看護師に伝えたり，入退院患者の受け入れ準備を確認したりといったマネジメント機能も果たすため，状況を局面の視点ではなく，全体としてとらえる必要があります。

熟達化の最上位のエキスパートレベルでは，自分の状況把握を適切な行動に結びつけるのに，もはや分析的な原則（規則，ガイドラインなど）にはたよりません。エキスパートは，暗黙知を顕在的に知っていることに結びつけて，利用し，新たな知を創発していく力のある人，ともいえます。

先行研究で示されている上記の看護師の習熟技能の5段階を仮定すると緩和

ケア看護で変容的学習が起こるとすれば，いつ頃どのような内容に生じるのかを明らかにし，それらと適応的熟達はどう関わるのかをこれから考察していきます。ただし，本研究は，単一施設の職員に対する小規模な質問紙調査をデータとして用いているため，あくまでも仮説発見的研究として位置づけられます。なお，本研究は，研究対象者への倫理的配慮を十分に考慮し，調査対象病院の倫理委員会の承認を得た上で実施されています。

5. 緩和ケア看護師への質問紙調査研究

5-1　調査方法

調査方法は無記名自記式質問紙調査でした。調査対象はA総合病院・緩和ケア病棟に勤務する看護師あるいは，かつて緩和ケア病棟に勤務したことのある看護師，緩和ケアチームに所属する看護師27名。調査対象者には，緩和ケア認定看護師，専門看護師など，高度な専門性をもつ看護師が含まれていました。調査対象が単一病院内の看護師に限られるため，性別，年齢，学歴は個人を特定できる情報となり，調査対象者の協力態度に悪影響がでることから，採取されませんでした。

5-2　調査内容（質問紙項目）

①職場チーム内の熟達度と経験年数

緩和ケア臨床経験年数，緩和ケアの仕事に対する自信と自己効力感，スタッフ間のコミュニケーションの困難度（8項目）について6件法で質問しました。

②自己変容

自己変容項目を6件法で質問しました。自己変容項目内容の構造は，次に示す5領域に分類される16項目でした。1）私生活に関連する行動（余暇の過ごし方，自然との接し方，お金の使い方），2）私生活に関連する人間関係（自分の家族との接し方，他者との接し方），3）情緒に関連すること（感情の揺れ・アップダウン，感情の内容），4）人生に関連する価値観（死生観・生命観，幸福観，自分の生き方への考え，自分の役割への考え，倫理観），5）仕事に関連する知識・態度（がん治療に対する考え方，がんに対する知識，医療全体への考え方，仕事への姿勢）。

③熟達度

先行研究で取り上げられている実践知と関わる主要な緩和ケア業務への態度，困難度を取り上げました（緩和ケア編集委員会，2008）。公開されている標準化された既存の質問紙を用いて，緩和ケア看護業務への態度，困難度に関わる質問を5件法でおこないました。質問紙項目に含まれる項目の構造は次のとおりでした。カッコ内は下位項目です。1）医療態度自己評価（疼痛，呼吸困難，せん妄，看取りケア，患者とのコミュニケーション，家族・患者中心ケア，患者家族とのコミュニケーション，計18項目）2）医療者のターミナルケア態度（死にゆく患者との関わり，7項目）3）看護師のがん看護に対する困難感（患者・家族とのコミュニケーション，知識・技術，医師の治療や対応，医師の告知・症状説明，地域連携，看取り，計49項目）。

④自由記述

質問紙の最後に，緩和ケア看護における自己の学びと変化の自由記述をお願いしました。

5-3　変容学習の内容と時期

参加者全員の質問紙の各項目の得点を集計し，項目間の関連を分析しました。結果と考察を次の①から③に記します。

①緩和ケア経験年数の分布と技能習熟度との対応

調査対象者27名の緩和ケア経験年数の分布は，0-1年8名，2年4名，3-6年12名，10-12年3名でした。ベナー（Benner, 2005）の基準を調査対象者に当てはめると，初心者・新人レベル12名，一人前・中堅レベル12名，エキスパート3名でした。

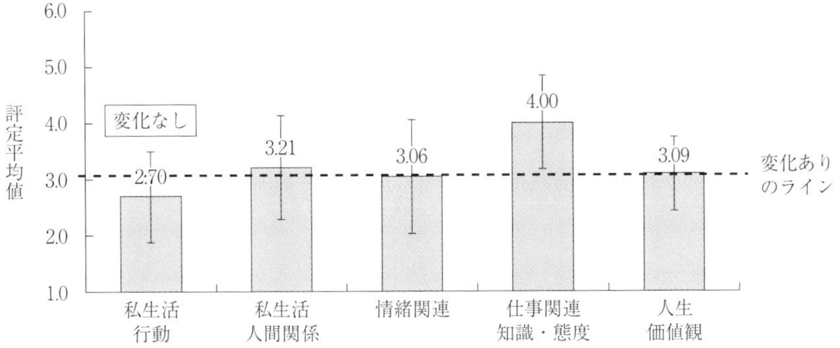

図 10-1　自己変容・下位項目ごとの評定平均値

②変容の内容——自己変容項目の分析

調査対象者に変容学習が生じているか否かを検討するため，自己変容項目の評定値を下位分類項目ごとに集計しました。括弧内は平均評定値を示します。図 10-1 に示すように，私生活に関連する行動の項目は，評定平均値が 3 以下で変容がないことがわかりました。一方，私生活の人間関係（3.21），情緒関連（3.06），仕事関連の知識・態度（4.00），人生観にかかわる価値観（3.09）の項目は変容が生じたことが明らかになりました。

特に変化が大きかった平均評定値 3.5 以上の下位項目は，死生観（4.28），医療全体への考え（4.14），がんへの知識（4.10），がん治療（4.0），自分の役割についての考え（3.90），自分の生き方への考え（3.86），倫理観（3.83），仕事への姿勢（3.76），幸福観（3.52）でした。

以上の結果は，がんへの知識やがん医療，仕事への姿勢など，職務と深い関わりのあることについてだけでなく，生き方についての考え，死生観，幸福観など個人的な価値観にかかわる側面も大きく変化しており，緩和ケア看護経験を通じて，変容学習が生じていることが示されました。

変容的学習と緩和ケア看護の熟達化との関連を探ろうとするとき，自己変容項目の中の“仕事への姿勢の変化”項目は，仕事への動機づけや態度を含む自己変容であり，その有り様によって変容的学習が促進あるいは停滞するでしょう。変容的学習によって新たな実践的経験が自らの価値観にしたがって意味づけされていくのですから，仕事への姿勢の変化は熟達化のプロセスに大きな影響を与えると考えました。そこで，“仕事への姿勢の変化”が生じているとき，その他にどのような自己変容が生じているかを検討しました。

“仕事への姿勢の変化”項目とその他の自己変容項目間でピアソンの相関分析をおこなった結果，“仕事への姿勢”との間に統計的に有意な相関がみられたのは，がん医療・知識の変化（$r = 0.436$, $p=0.023$），情緒に関連すること（$r=0.622$, $p=0.001$），人生の価値観（$r = 0.463$, $p = 0.015$）でした。がんに対する知識，価値観や感情の持ち方などの変化と共に，仕事への姿勢の変化が生じることで，職場で学ぶ実践知の内容が看護の知識・技術的スキルを超えて，多様になることが示唆されました。

③変容の時期——経験年数と仕事への姿勢の変化

仕事への姿勢の変化は，変容的学習を活性化し，適応的熟達化が促進されると思われました。ベナー（2005）は経験年数によって5段階の技能習熟レベルを区別しているため，“仕事への姿勢の変化”項目と経験年数との関連を検討しました。経験年数を横軸にとり，“仕事への姿勢の変化”項目評定値の分布を確認しました。

図10-2に示すように，経験年数0-2年の看護師では12名中11名は評定値3-5で仕事の姿勢に変化があると答えました（3以上で変化あり）。経験年数3-6年の看護師では，12名中10名が評定値3-5と答えました。経験10年以上の看護師であっても評定値3の“少し変化がある”とするものが3名中2名いました。仕事への姿勢の変化は，初心者・新人の段階から生じ，一人前・中堅レベルでも大きな変化が続き，10年以上経験のあるエキスパートレベルでも変化が継続していることが明らかになりました。

松尾（2011）は，職場の役職が変化するに伴い，垂直的な技能の熟達化（定型的熟達化）だけではなく，マネージャーとしての適応的熟達化が生じることを示しています。経験年数が3年以上になっても，病棟看護師，リーダー，専門看護師，師長など，職場の役職が変化することで，仕事への姿勢の変化が求められ，適応的熟達化が促されていくことが示唆されました。

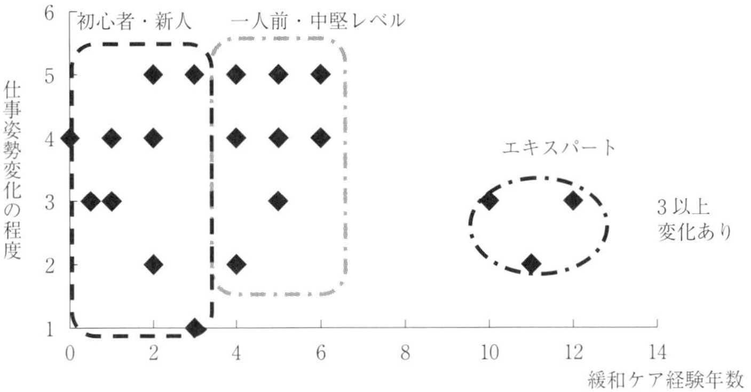

図10-2　経験年数と仕事姿勢変化の散布図

5-4　熟達化を促す要因

変容学習と適応的熟達化の関連を考察するときに，熟達化を促す要因について検討する必要があります。ベナー（2005）は経験年数と看護師の5段階の技能習熟レベルの対応を明らかにしているように，経験年数は緩和ケア看護領域においても，実践知の学習と技能の熟達化を促す主な要因でしょう。そこで，経験年数と職場での自信，自己効力感，業務の困難度などとの関連を質問紙結果から分析し，熟達化を促す要因について考察してみましょう。

①熟達化における経験年数の要因1——職場での自信，自己効力感との関連

経験年数を横軸にとり，調査対象者の自信・自己効力感の評定値の関連を分析するために，評定値の分布図を図10-3，図10-4に示します。評定値4以上が自信・自己効力感ありを示します。

経験年数0-2年の初心者・新人12名中では，自信については11名が，効力感については12名全員が評定値4-6に回答し，経験3-6年の中堅レベル看護師12名中では，11名が自信・効力感の評定値をそれぞれ4-6に回答していました。経験10年以上の看護師では自信・自己効力感ともに評定値5と高止まりし，エキスパートらしく自信をもって働いていることがわかりました。

緩和ケア看護では，配属されて1年以内に基本的な業務をこなせるようになり，初心者からエキスパートまで，それぞれのレベルで自信と自己効力感をも

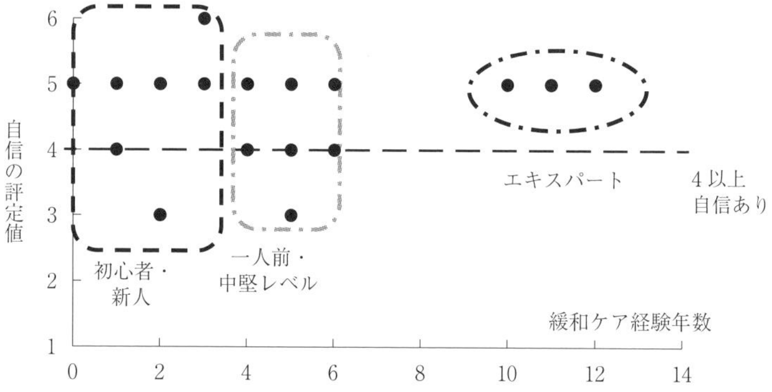

図 10-3　職場での自信と経験年数の関連（散布図）

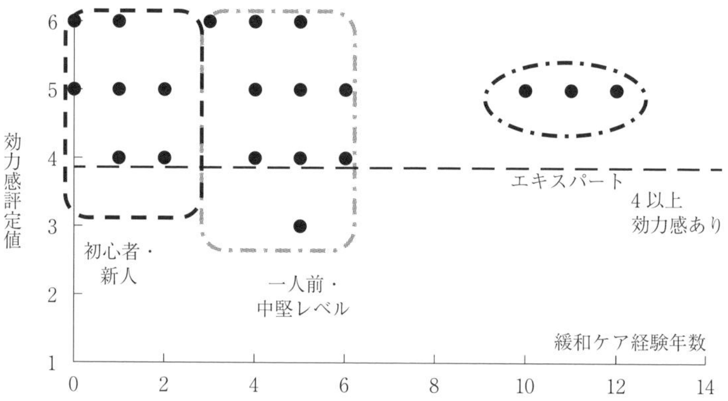

図 10-4　職場での自己効力感と経験年数の関連（散布図）

って働いていることが明らかになりました。この結果は，一人前の業務が早くこなせるようになる必要度の高い緩和ケア看護領域の特性を反映しているでしょう。次に職場での自信を支えている実践知の内容について分析しました。

②熟達化におけるコミュニケーション力の要因

職場での自信を持つには，どのような実践知が重要になるのかを明らかにするため，職場での自信と業務困難度との関連をピアソンの相関分析によって分析しました。統計的に有意な相関がみられた業務に関わる項目は，自分の知識・技術の困難（$r = -0.608$, $p = 0.001$）と患者・家族とのコミュニケーション（$r = -0.564$, $p=0.003$）の二つでした。緩和ケア職場における自信と関連が強いのは，看護師としての知識・技術だけでなく，患者や家族とのコミュニケーションであることが明らかになりました。患者・家族とのコミュニケーションの機能は，ニーズを理解し応えるため，病状理解と治療の選択肢を示すため，患者・家族からの様々な知識・体験を受け取るためなどがあります。スタッフと患者間でも様々な実践知の循環が生じるのです。

緩和ケア看護の熟達には，患者・家族とのコミュニケーション力が重要な要因であることが示されましたが，患者家族とだけでなく，チームのスタッフ間のコミュニケーションもまた重要でしょう。チーム医療の中で，実践知は個人単位でだけ習得されるのではなく，チーム内のフォーマル・インフォーマルなコミュニケーションを通して，知識の循環がおき，集団的実践知が醸成されると考えられるからです。そこで，次にスタッフ間の日常のコミュニケーションの程度と仕事の困難度の関連をピアソンの相関分析によって分析しました。統計的に有意な相関が見られたのは，緩和ケア病棟の重要な業務の一つである患者の看取りの困難度でした（$r = -0.542$, $p = 0.003$）。スタッフ同士のコミュニケーションがスムーズな人ほど，看取りの困難度が低くなることがわかったのです。スタッフ間のコミュニケーションには，看取り業務に必要な知識・技術情報，家族に配慮すべきこと，臨むときの心構えなどの形式知と暗黙知が含まれており，業務以外のインフォーマルな会話の中にも知識の循環と学習の機会を得ているため，看取りへの不安が低くなっていることが示されました。

③熟達化における経験年数の要因2——仕事の困難度との関連

経験年数とともに実践知が集積され熟達化がすすむと，業務に対する困難度が減少していくか，困難を感じる内容に変化が生じると予想されるため，経験年数による困難度の内容の変化を分析しました。さらに，自由記述の内容を経験年数による熟達度と関連づけて考察しました。

経験年数を横軸にとり，調査対象者の緩和ケア看護の知識・技術への困難度の評定値の分布図を図10-5に示します。評定値3以下は困難がないことを示しています。

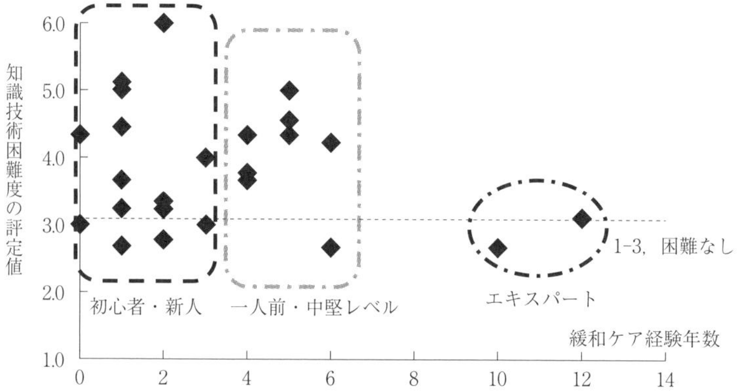

図 10-5　経験年数と知識技術困難度の散布図

図をみると，経験年数 2 年以内の初心者新人レベルの看護師 12 名中，知識や技術の困難度項目の評定平均値が 3 を超えるものは 9 名，経験年数 3-6 年の一人前・中堅レベルの 12 名中，評定平均値が 3 を超えるものは 9 名で，中堅レベルでも新人レベルと同程度に困難を抱えているものが多くみられました。経験 10 年以上の看護師は 3 名中 1 名（無回答 1 名）が知識技術の困難度は評定平均値 3.1 で，やや困難が見られ，もう 1 名は 2.7 で困難がないことがわかりました。

経験 3-6 年以上の看護師でも，仕事への困難度の平均値が初心者・新人レベルと同程度にみられるのは，困難を感じる仕事の内容に変化が生じている可能性があります。そこで経験年数と業務の困難の内容との関連を明確にするためピアソンの相関分析をおこないました。

経験年数と相関が大きいのは，医師の患者への対応や判断の問題の困難度（$r = 0.520$, $p = 0.006$）や告知の仕方の問題（$r = 0.472$, $p = 0.015$）の項目であることが明らかになりました。

以上の結果は，経験年数が長い人ほど，看護師の技能・技術の問題だけでなく，他職種との連携業務などの問題を抱えていることを示しています。そこで困難度の内容に変化が生じる経験年数の境界を明確にするため，初心者・新人レベル群（経験年数 0-2 年）と中堅・エキスパート群（経験年数 3-14 年）に分

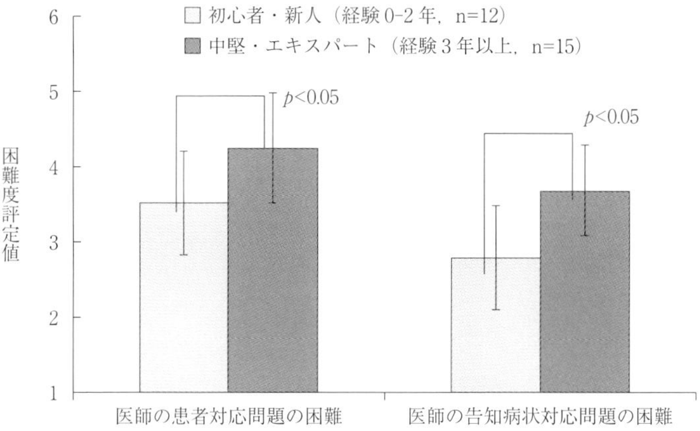

図10-6　初心者と中堅以上の看護師の困難の違い（医師対応問題）

けて，両者の困難度の平均値の差の検定をおこないました。その結果，図10-6に示すように，3年以上の緩和ケア経験者群よりも初心者・新人群は，医師の患者への対応や判断の問題への困難度（$t(25) = -2.634$，$p = 0.014$）や告知の仕方の問題への困難度（$t(25) = -3.632$，$p = 0.014$）の平均値がそれぞれ有意に低いことが明らかになりました。経験年数が増加するのに伴ってリーダーや師長になるなど，役職が変化すると，他職種との連携の仕事に責任を持つ立場となるでしょう。そこでは，マネージャーとしてケアの対象となる患者と関連するスタッフ，環境と自己の状況をモニターできるメタ知識（波多野，2001）が必要とされます。つまり適応的熟達化（松尾，2011）が求められていくのです。経験年数3年以上の中堅からエキスパート看護師は，初心者・新人とは異なる内容の困難に向き合いながら，適応的熟達化のプロセスが促進されていくと考えられます。

緩和ケア業務における自己の学びと変化についての自由記述の内容を，緩和ケア経験年数と照合して示します（表10-1）。自由記述の内容を熟達化と関連して次のように考察しました。経験年数4年の中堅レベル看護師の記述から，緩和ケア病棟でやっていく自信がついたきっかけや自己モニタリングする力がつき，適応的熟達化が進んでいることがわかります。経験年数5年の中堅レベル看護師の記述では，同じ職場の同僚達の死生観を俯瞰し，病院外施設との連

表 10-1　緩和ケア看護における自己の学びと変化の自由記述内容

緩和ケア経験年数	自由記述内容
2年	会話や食事を楽しめる時間を大事にしたいと痛切に感じる。人間の心は多種多様であり難しい。
4年	患者の元看護師であった奥様よりかけられた言葉に傷ついたことがあったが，それをきっかけに緩和ケアの勉強に励み，自信を得られた。
5年	終末期医療の中で，死生観の確立に個人差を感じた。死に関して学び話しあえる教育環境・社会への実現を望む。
14年	身寄りのない方の亡き後のことに対応してくれるNPO法人の存在を知った。患者とその家族各々の本心は訴えによく耳を傾けてこそ見えてくる。スタッフの声掛け次第で残された家族の後悔を軽減できる。最後まで希望を持つ。自身の家族に優しくいようと意識している。自分の価値観でなく，患者の価値観を尊重して看護に臨む。

携によるメンバーの教育の必要性を考えるなど，自分なりの緩和ケア看護の信念を持つことが示唆されています。経験14年の看護師の記述からは，病棟と外部機関との繋がりも含めて，患者看護の問題空間を広くとらえていることが示されています。質問紙結果では，経験年数が増加するのに伴って，他職種との連携に責任を持つマネージャーとしての適応的熟達化が進んでいることが示されていましたが，自由記述からもそれが裏付けられました。

6. 緩和ケア看護師の適応的熟達プロセス

質問紙調査結果の分析では，緩和ケア職場において生じる変容的学習の内容，時期について分析すると共に，熟達化を促進する要因を分析しました。それらの結果をまとめ，看護師が主体的に医療知識・技術を実践し，患者のニーズに沿ったケアを創発していくことが可能な緩和ケア看護の領域での実践を通して，看護師がどのような変容的学習と緩和ケア看護師の適応的熟達化を遂げていくのかを考察します。

既に述べたように，緩和ケア看護には医療的ケアのみならず，社会・福祉的ケア，スピリチュアルケアなど全人的ケアが求められるため，ケアに関わる職種，連携する施設が多様になります。このような緩和ケア領域での適応的熟達化には，経験年数だけではなく，変容的学習による実践知の獲得，患者・スタ

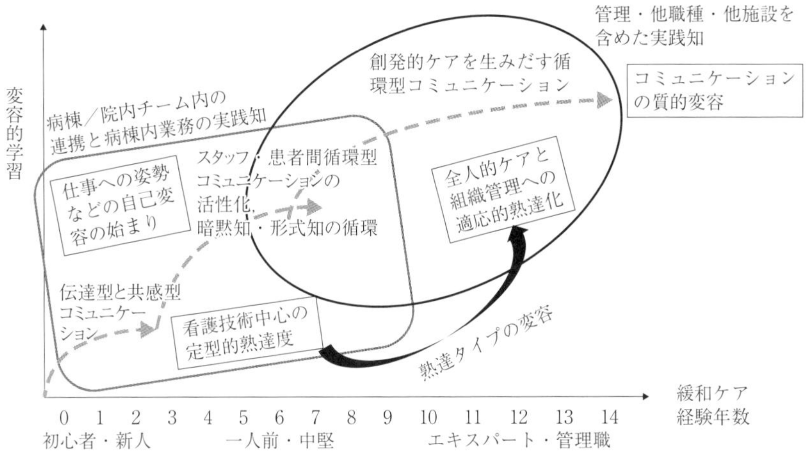

図 10-7　緩和ケア看護の適応的熟達化の促進要因（経験年数，変容的学習，コミュニケーション力）

ッフ間とのコミュニケーション力の３つの要因が交絡しながら促進されていくと考えられます。図 10-7 に適応的熟達化のプロセスを示すため，変容学習の進捗を縦軸にとり，緩和ケア経験年数を横軸にとったモデルを描きました。質問紙調査結果から明らかになったこと，すなわち，経験年数０年から仕事への姿勢の変化が生じ，経験年数 10 年以上でも継続していること，がんや医療に対する考え方だけでなく，人生の価値観にかかわる自己変容については，経験年数 0-2 年以内であっても生じ始めていることを図で示しています。

新人レベルの看護師の時から，職場に埋め込まれた学びを通じて，がん医療についての考え方や，死生観，生き方などの価値観の変容が始まり，価値観の変容が仕事への姿勢の変化を促し，緩和ケア看護のフレームワーク（知識スキーマ・スクリプト）そのものを変化させる変容的学習が生じていくのです。

図で示した四角は看護技術中心の定型的熟達，楕円は適応的熟達化を示しています。職場での変容学習は，経験年数を重ねると，まず定型的熟達が進みますが，それと共に，他職種や院内全体，地域の他施設との連携，患者の価値観の尊重などの幅広い領域の問題をモニターしながら，より患者のニーズに沿った，あるいはニーズを引き出す緩和ケアプランを創発し，計画・実行していくことができるようになっていく，適応的熟達化へと，異なる熟達化に移行していくことを示しました。適応的熟達化の途上と思われる経験年数3-6年の中堅看護師は，経験年数0-2年と仕事の困難度全体としては同じ程度であっても，困難を生じる仕事の内容が自分の知識・技能の問題から，多職種との連携の問題に変化していることが，質問紙調査の結果で示されていました。中堅看護師に生じる新たな困難は，適応的熟達化に向けての壁なのです。

さらなる変容的学習の継続によって新たな視点で実践知をつけ，さらに患者の価値観を見守る力や自己モニタリング力をつけていくことで適応的熟達化の壁が乗り越えられるでしょう。しかし，職場チームの同僚に職務，技術・知識の遂行を代替してもらう，あるいは自らケアプランを構築しない立場に留まるような，職場に周辺的に参加しているメンバーは，自律的・主体的に職務に関わっていないため，勤務年数が長くなっても，変容学習は生じにくく，勤務3年程度で緩和ケア職場を離れるなどして，適応的熟達化は停滞するでしょう。

もう一つ定型的熟達化から適応的熟達化へと変容させる要因として，コミュニケーション力があります。図10-7には，コミュニケーション力の質的変化を，破線の曲線で3段階に示しています。

一段階目として，経験年数2年までの期間に，基本的な緩和ケア業務に必要な情報伝達型のコミュニケーション力や患者・家族との会話に共感する共感的コミュニケーション力を描いています。質問紙調査の結果からは，看護師たちが経験0-2年以内には業務に必要な知識・技能などの実践知を身につけ，おおむね自信をもって仕事ができること，自信を支えている実践知は，看護の知識・技能のみでなく，患者家族とのコミュニケーション能力も含まれることが明らかになりました。新人レベルでも，職場でのある程度の自信を持ち，自己変容も生じていますから，このタイプのコミュニケーション力は経験年数2年までに急速に身につくことが示唆されます。

二段階目に，経験年数3年目以降の暗黙知・形式知の循環型コミュニケーション力を描いています。質問紙調査の結果では，スタッフ間のコミュニケーションは，看取りの仕事の困難さを低減させることも示されていました。患者・多職種スタッフ間全体のコミュニケーションによって様々な実践知が循環し，変容的学習がダイナミックに進んでいくことが示唆されます。スタッフ同士の情緒的コミュニケーションだけでなく，知識循環型のコミュニケーション力が熟達化を促すことが示されています。

三段階目に，中堅レベルからの飛躍的移行を遂げる7年目以降に，創発的ケアを生み出す循環型コミュニケーションを描いています。役職が変化すると，協働する職種，施設が広がっていき，コミュニケーションの循環範囲が広がります。その中で，ケア創発型コミュニケーションの循環が生じ，適応的熟達化を促進することを示しています。5-4③で示した中堅以上の看護師にみられる困難を突破していく力にもなるでしょう。

職場の問題に主体的・自律的に関わる仕事への姿勢を持ち続けながら，高度な知識・技術を習得しようと実践経験の中で変容的学習を続けていくと，経験年数10年を超える看護師には緩和ケアへの信念ともいえる価値観が醸成されていることがわかります。さらに日々のインフォーマルな状況も含めて積極的に患者・家族・スタッフと関わりながらコミュニケーション力を磨いていくときに，緩和ケア職場の多様なニーズと時間的に切迫した状況にあっても，使用できる資源と患者・家族の状況をモニターしながら，直感的に最適な判断を下せる高度な専門性と崇高なヒューマニズムが発揮される緩和ケア職場への適応的熟達化が進んでいくでしょう。

まえがきでは，職場における学びは，「異なる専門領域や生活領域に生きる方々との協働により新たなモノやコトを創造するプロセスを共有すること」，と述べられています。緩和ケアにおける学びは，主体的な実践経験を積み重ねる中で変容学習を続け，コミュニケーション力を進化させながら臨機応変に創発的ケアをチームで創り上げる力を身につけていくこと，といえるでしょう。

注

1）スピリチュアルペイン（霊的苦痛）とは，専門用語で，死生観の悩み，宗教的な意味での罪の意識，人生の意味などを含みます。一方，心理的苦痛とは不安，うつ症状，怒り，などを含むものとして区別されています。

引用文献

朝日新聞出版医療健康編集部（編）（2016）.『看護師になる2016』（週刊朝日ムック）
Benner, P. (1984). *From Novice to Expert: Excellence and Power in Clinical Nursing*

Practice. Addison-Wesley Publishing Company.（井部俊子・井村真澄・上泉和子・新妻浩三（訳）(2005)「ベナー看護論――初心者から達人へ」新訳版　医学書院）.
ベナー，P. (2002). 達人の技を言葉にすることの意味. *Nursing Today*, 17(12), 8-12.
Benner, P., Hooper-Kyriakidis, P. L., & Stannard, D. (1999). *Clinical Wisdom and Interventions in Critical Care:A Thinking-In-Action Approach*. Sauders Company.（井上智子（監訳）(2005)「看護ケアの臨床知――行動しつつ考えること」医学書院
Dreyfus, S. E. (1983). How expert managers tend to let the gut lead the brain. *Management Review*, September, 56-61.
波多野誼余夫・稲垣佳世子（1983).「文化と認知」坂本昂（編）『現代基礎心理学第 7 巻 思考・知能・言語』東京大学出版会，pp. 191-210
波多野誼余夫（2001). 適応的熟達化の理論をめざして　教育心理学年報，40, 45-47.
緩和ケア編集委員会（2008).『臨床と研究に役立つ緩和ケアのアセスメント・ツール』青海社
勝原裕美子（2012).「第 5 章　人を相手とする専門職：Expert 5-2: 看護師」金井壽宏・楠見孝（編）『実践知』有斐閣．pp. 194-221.
Kear, T. M. (2013). Transformative learning during nursing education: Amodel of interconnectivity. *Nurse Education Today*, 33(9), pp. 1083-1087.
Kolb, D. A. (1984). *Experiential learning: Experience as the source of learning and development*. Prentice Hall.
松尾睦（2011).『職場が生きる人が育つ経験学習入門』ダイヤモンド社，p. 41.
Mezirow, J. 金澤睦・三輪建二（監訳）(2012).『おとなの学びと変容：変容的学習とは何か』鳳書房
永井健夫（1991). 認識変容としての成人学習（Ⅱ）学習経験の社会的広がりの可能性　東京大学教育学紀要，31, 201-300.
名倉真砂美・森京子・竹本三重子（2009). 緩和ケア実習における学生の学びに関する研究　三重県立看護大学紀要，13, 47-52.
佐藤智（編）(2008).『明日の在宅医療 第 3 巻　在宅での看取りと緩和ケア』中央法規
孫大輔（2017).「第 31 章 医療従事者の変容的学習」中原淳（編）『人材開発研究大全』東京大学出版会，pp. 781-799.
恒藤暁・内布敦子（編）(2014).『系統看護学講座別巻　緩和ケア』医学書院
安川由貴子（2009). 認識の変容にかかわる学習論の考察：J・メジローの変容的学習論からG・ベイトソンを読む　京都大学生涯教育学・図書館情報学研究．No. 8, pp. 11-28.
渡辺めぐみ・伊東昌子・角智美・三橋彰一（2020). 緩和ケア臨床に携わる看護師の変容的学習と適応的熟達化　常磐大学大学院学術論究，6 号，印刷中.

コラム７　緩和ケア病棟の結婚式――全人的ケアの創発

緩和ケア病棟の患者は全人的苦痛（トータルペイン），すなわち，うつ状態，不安，怒りなどの心理的苦痛，痛みなどの身体的苦痛，仕事，経済的問題などの社会的苦痛，死生観に対する悩み，罪の意識などのスピリチュアルな苦痛，これらすべてが絡み合った苦痛を抱えています。そのため世界保健機関が2002年（平成14）に改定した「がんの痛みからの解放とパリアティブ・ケア」では，緩和ケアの目標は積極的で全人的なケアによって，患者とその家族にとってできる限り可能な良好なクオリティオブライフを実現させることであるとされています。看護師が患者におこなうケアは，ルーチンワークや指示を受けて実施するケアだけでは全人的ケアを為し得ません。個々の患者さんとスタッフとの間の個別的相互交流から生み出される，創発的ケアが求められます。ここにその創発的ケアの事例を紹介します。

緩和ケア病棟の患者であるＡさんの病状は厳しく，残された時間は日単位と言われていました。Ａさんの最後の願いはお子さんの結婚式に出席することでした。病棟の看護師達の心配は，「結婚式の日までお身体が持つだろうか？　結婚式のために外出できたとしても，ご体調はもつだろうか？」でした。Ａさんの希望をどうするか，が病棟カンファレンスで議論になりました。「最後の希望を優先すべきだ」「いや体調第一に考えるのが医療者の勤めでは？」，二つの対立した意見の結論はなかなかでない中，時間ばかりが過ぎていきます。Ａさん自身，「何があっても絶対に結婚式に出席する」という決意が次第に揺らぎ始めます。「今の体調では，かえって周りに迷惑をかけないだろうか？　急変したらどうすればいいのか？」 数秒の沈黙のあと，どこからともなく「結婚式，ここでやりましょう！」の声があがりました。みんなの顔に笑顔がうかび，頷きます。緊張と共に目標に向かう熱意が溢れだしました。もう時間がありません。ご家族のみなさんに連絡し，協力を依頼します。病棟の食堂を結婚式会場にするため，看護師も看護補助者，クラークさん，臨床心理士，手分けして紙で沢山の花を作り，絵の得意な看護師は幸せ一杯なミッキー・マウスのイラストを模造紙に描き，また別のスタッフはバージンロードに白いシーツを敷き詰めました。一晩にして素敵な結婚式場のできあがりです。ここなら，Ａさんはベッドのまま結婚式に参列できるのです。病棟スタッフみなの祝福の中，Ａさんは，お子さん達の結婚式姿をしっかり目に焼き付けておられました。この結婚式は日常のルーチンワークの範疇を超えて，患者様ご家族と病棟チーム全体で創り上げ，達成できた創発的緩和ケアでした。Ａさんとご家族だけでなく，スタッフ全員のクオリティオブライフをも高めたことでしょう。この事例のように新たな個別の問題に直面し，即興的に対応しなければならない状況で，全人的ケアの要件を満たすためには創発的ケアを生み出す必要があります。創発的緩和ケアは本文に紹介した適応的熟達があって初めてできることです。患者の病状と家族の状況を全人的に深く理解し，提供できるケアのリソースを広くモニターする力と高いスピリチュアリティ，そして決定を実行に移すチーム力，それら全てを育んでいくのが緩和ケア看護での学びなのです。

11章 インクルーシヴな職場環境をつくる学び

就労支援は認知的問題分析がポイント！

1. インクルーシヴな環境とは

日本の会社で仕事をしている人，というとみなさんはどのようなイメージの人を思い浮かべますか？　定年が55歳だった昭和40-50年代であれば，会社員といえば，圧倒的に20-40代のモーレツ社員の男性のイメージが強かったでしょう。ところが，令和元年では，雇用対象は，健常男性・女性，外国人，障がい者，高齢者，がん・神経疾患・肝炎など難病や慢性疾患をもつ方々と様々です。雇用機会は新卒だけではなく中途採用，定年後の再雇用があり，雇用形態は正社員，パートタイム，嘱託職員など多様です。会社員となる対象者は，様々な年齢層，人種，性別，特性に広がりました。この章では，特に障がいのある人の就労・職場適応の支援を中心に述べたいと思いますので，障がい者就労が増加してきた背景をまず説明しましょう。

2006年に国際連合総会で採択された「障害者の権利に関する条約」が日本でも2014年に国内法として整備されました。この条約の第3条「一般原則」を表11-1に示します。インクルージョンという概念は，この中の「社会への完全かつ効果的な参加及び包容」という原則に示されています。社会参加に，様々な特性を持つ人を包み込むことを目指すという意味で，社会の中で他の人々と共に生きることを保証するという側面を強調するのがインクルージョンという概念です。インクルーシブな職場というのは，年齢，性別，人種，疾病，障がいなどの属性によらずに，全ての人が共に働ける職場であり，障がいを持つ人も，持たない人と同様の働く機会を与えられるという意味でもあります。

障がい者の権利についての意識が高まる中，障がい者就労を促進するため

表 11-1　障害者の権利に関する条約の第 3 条「一般原則」（日本政府公定訳）

2014 年 1 月 20 日公布
この条約の原則は，次のとおりとする。
(a) 固有の尊厳，個人の自律（自ら選択する自由を含む。）及び個人の自立の尊重
(b) 無差別
(c) 社会への完全かつ効果的な参加及び包容
(d) 差異の尊重並びに人間の多様性の一部及び人類の一員としての障害者の受入れ
(e) 機会の均等
(f) 施設及びサービス等の利用の容易さ
(g) 男女の平等
(h) 障害のある児童の発達しつつある能力の尊重及び障害のある児童がその同一性を保持する権利の尊重

「障害者の雇用の促進などに関する法律」が制定され，様々な障がい者就労支援制度が実施されるようになりました。それでは，インクルーシブな職場環境を構築し，発展させていくには，事業者側，雇用される障がい者側それぞれにどのような学びが必要になるのでしょうか。本章では，2 節でまず，障がい者雇用の社会的背景，稼働している障がい者就労支援のシステムを説明します。3 節では，障がい者雇用が広がる中，生じている課題・問題点は何かを，障がい者就労支援に携わる専門家への聞き取り調査結果と事例を中心に述べます。最後に 4 節でインクルーシブな職場環境のための学びについて提案します。

2. 障がい者雇用推進の社会的背景

2-1　障がい者の定義と福祉政策

障害者基本法が 2004 年および 2011 年に改正され，福祉的政策は，障がいは，身体，知的，精神などの障がいの種類ごとに区別して対応するのではなく，障害者総合支援法によって，全ての障がいを総合的に支援する仕組みへと変わりました。さらに，発達障害者支援法によって，発達障がいも障がい者の定義に明記されました。障害者雇用促進法 2013 年改正法第 2 条第 1 号にも，雇用の対象として発達障害の文言が記されました。発達障がい者雇用への関心は，2016 年の発達障害者支援法の改正でさらに大きくなりました。

発達障害者支援法は，自閉症スペクトラム症（ASD），学習障がい（LD），注意欠陥・多動症（ADHD）などの発達障がいを持つ者に対する援助等について定めた法律で，2005年（平成17年）4月1日施行され，2016年（平成28年）に，障害者権利条約の発効や発達障がい者を取り巻く状況の変化等を受けて改正されました。改正後は，社会的障壁の定義が新設され（発達障がいがある者にとって日常生活または社会生活を営む上で壁となるような社会における事物，制度，ならわし，考え方その他一切のもののこと），「発達障害者の支援は，社会的障壁の除去に資することを旨として行われなければならない」という基本理念も新設されています（文部科学省，2016）。

2-2 障害者雇用促進法と障害者雇用率制度

1970年に制定された障害者基本法は，2004年，2011年の改正を経て，障がい者の自立および社会参加の支援に力を入れるようになりました。

この法律の背景には，全ての国民が障がいの有無に関わらず，個人として尊重されること，全ての国民が障がいの有無によって分け隔てられることなく，相互に人格と個性を尊重し合いながら共生する社会を実現しようというノーマライゼーションの理念があります。ノーマライゼーションやインクルージョンの概念に基づき制定された障害者雇用促進法は，職業生活においても，障がい者は経済活動を構成する労働者の一員として，本人の意思と能力を発揮して働くことができる機会を確保されることを目的としています。対象となる障がい者は，障害者雇用促進法の条文では，身体障がいや知的障がい，発達障がいを含む精神障がい，その他の心身の機能の障がいにより，長期にわたり職業生活に相当の制限を受ける者，あるいは職業生活を営むのが著しく困難な者と定められています。1960年に「身体障害者雇用促進法」として制定されてから改正が進められ1976年には身体障がい者，1987年には知的障がい者の雇用が事業主の義務になりました。2016年の改正で障がい者への差別の禁止と合理的配慮の概念が導入され，2018年にやっと精神障がい者の雇用も義務化されました。

障害者雇用促進法では，障害者雇用率制度が制定されています。従業員が一定数以上の規模の事業主は，従業員に占める身体障がい者・知的障がい者・精神障がい者の割合を「法定雇用率」以上にする義務があるという制度です（障害者雇用促進法43条第1項）。精神障がい者雇用が義務化された2018年4月には民間企業の法定雇用率が2.3%に改訂されています。従業員を43.5人以上雇用している企業は，障がい者を1人以上雇用しなければなりません。それを満たさない場合は，国に対して納付金を支払わなければならないのです。障害者雇用率制度の上では，身体障害者手帳，療育手帳，精神障害者保健福祉手帳の所有者を実雇用率の算定対象としています（短時間労働者は原則0.5人カウント）。

2-3　障がい者に対する差別の禁止と合理的配慮

障害者差別解消法が2013年（平成25年）に制定され，2016年（平成28年）4月より施行されています。これにより企業側に影響する次の3つの重要な義務が生じました。既に述べたように，① 精神障がい・発達障がい者も雇用義務対象範囲になったこと，② 合理的配慮の提供が義務化したこと，③障がい者に対する差別の禁止，の3点です。②の合理的配慮とは，障がい者が他の人と平等に生活できるよう，一人ひとりの特性や場面に沿った，事業主に過度な負担にならない程度の変更・調整のことです。改正によって，提供は義務と定められました。事業主は，障がい者と障がい者でない者との均等な機会の確保の支障となっている事情を改善するため，募集・採用に当たり障がい者からの申出により障がいの特性に配慮した必要な措置を講じなければなりません。また，障がい者である労働者と障がい者でない労働者との均等待遇の確保や，障害者である労働者の能力発揮の支障となっている事情を改善するため，障がいの特性に配慮した，施設整備，援助者の配置などの必要な措置を講じなければなりません。ただし，事業主に対して「過重な負担」を及ぼすこととなる場合は，この限りではありません（障害者雇用促進法第36条の2～36条の4）。

2019年に重度身体障がいを持つ国会議員が2名誕生し，国会議事堂に大型車いすで入れるように施設が改修されていたのはこの規定によるものでした。合理的配慮の具体的な内容や程度については，明確に定められているわけではありません。障害の内容や周囲の環境，配慮をする側の状況により変わるため，具体的にどんな配慮が必要で実現可能かは，障害がある人と，事業者や周囲の人たちと相談の上で決めるものとされています。③の障害者に対する差別の禁止では，事業主は，募集・採用において，障がい者に対して障がい者でない者と均等な機会を与えなければならない。賃金・教育訓練・福利厚生その他の待遇について，障がい者であることを理由に障がい者でない者と不当な差別的取扱いをしてはならない，という規定です（障害者雇用促進法第 34 ～ 35 条）。

2-4 障がい者雇用の形態

障がい者の雇用形態は多様ですが，大きく分けると 3 つあります。一つは通常雇用です。職場に障がいを開示しない働き方で，一般に「クローズド」と呼びます。二つ目は障がい者雇用です。障害者手帳を使って，法定雇用率のカウント対象として働くことです。障がいを知らせて働くことから，一般に「オープン」と呼びます。「オープン」の場合，はクローズドの場合より障がいに対する理解や配慮は得やすく，就労支援機関と企業の連携もとりやすい環境です。企業側には環境整備などの経済的負担を軽減させるために，様々な助成金制度が設けられています（小川，2017）。障がい者の法定雇用率を達成するため，大企業は特例子会社という子会社を設立しています。その特例子会社で働く労働者を親会社で雇用されているものと見なし，実雇用率として算定できることになっています。特例子会社制度は，障がい者の雇用機会が拡大されると共に，障がい特性に配慮した職場環境整備がされ，障がい者個々の能力を発揮できるというメリットがあります。しかし親会社に比べて給与水準が低かったり，正規社員になりにくかったり，などのデメリットもあります。三つ目は福祉的就労です。2018 年度現在の法制度では，障害者総合支援法による就労継続支援 A 型および B 型が福祉的就労に該当します。A 型，B 型共に福祉施設における生産活動ですが，A 型は事業者と働く障がい者との間に雇用契約が必要なため，一般雇用と福祉的就労の中間的位置づけとなっています。サービス管理責任者，職業指導員，生活指導員などの支援職員が配置され，生産活動とあわせて必要な支援が提供されるため，保護的・安定的就労形態ですが，通常雇用の場合の最低賃金ラインは守られません。近年，民間企業が運営する A 型が急増しています。

2-5 就労支援システム

障がい者の雇用を促進するために，地域には，障がい者就労支援システムが整備されてきました。支援施設には以下の a)～ d)があります。これらの施設は地域の自治体とも連携し，様々な支援事業が展開されてきました。主なものを e)～ h)に紹介します。

a) 地域障害者職業センター

独立行政法人高齢・障害・求職者雇用支援機構が原則として各都道府県に1ヶ所，全国に52ヶ所設定している障がい者職業リハビリテーションの専門機関です。職業相談，職業能力を把握するための評価，一定期間通所して訓練を受ける職業準備支援，ジョブコーチ支援などが行われています。就労支援者の育成事業も行います。障がい者の就労支援に専門性が蓄積された機関ですが，都道府県に1ヶ所であるため，利用できる人が限られるというデメリットがあります。

b) 障害者就業・生活支援センター

障害者雇用促進法に基づいて地域に根ざした就労支援機関として複数の市町村から構成される障害福祉圏を単位に設置されています。2017年現在で全国に332ヶ所あり，就労相談，企業との調整，就職後の定着支援など様々な支援を担当する。労働施策と福祉施策にまたがる柔軟な対応が可能。

c) ハローワークの障がい専門窓口

障害者手帳を用いたオープンな雇用の紹介，後述のトライアル雇用の紹介，企業合同面接会の実施，定期的な相談，職業訓練などを通じての支援などを行っています。福祉施設との連携した障害者就労支援チームを形成して，就労から職場定着・就業生活支援までトータルに行うことも可能です。

d) 発達障害者支援センター

発達障がい者の雇用促進を図るため，医療・保険福祉・教育などの関係機関の発達障がい者支援関係者に対する就労支援ノウハウの付与のための講習，事業主を対象者とした雇用管理ノウハウの普及・啓発を図るためのセミナーを実施しています。

e) 地域の自治体の障害福祉課または地域の相談支援事業による就労移行支援事業

障害者総合支援法に基づく障がい福祉サービスの一つ。

f) 障害者トライアル雇用事業（トライアル雇用と助成金）

障がい者を短期のトライアル雇用の形で受け入れることで，事業主の障がい者雇用のきっかけを作り，一般雇用への移行を促進することを目指す事業です。最長３ヶ月を限度に事業主，障がい者双方の不安を解消する機会を与えます。事業主には，奨励金が支払われます。

g) 若年コミュニケーション能力要支援者就職プログラム

発達障がいなどによってコミュニケーション能力に困難を抱える求職者に対して，ハローワークが希望や特性に応じた専門支援機関に繋いだり，相談・支援を実施します。

h) 職業準備支援

地域障害者職業センターにおいて，発達障害者就労支援カリキュラムを12週間程度実施し，その後，ジョブコーチ支援などによって就職支援・フォローアップを行います。職業準備支援の詳細を図11-1に示します。技能トレーニング，個別相談，作業，の３本柱から形成されています。技能トレーニングの内容と目的を図11-2に示します。

3. 障がい者雇用のトラブルと課題

ここまで，障がい者の雇用機会を増やし，社会参加・自立した生活ができるように整備された法律，支援施設・支援事業などを紹介してきました。このようなトップダウンの施策によって，障がい者就労支援活動は活発になり，支援内容も充実してきている中，残念な問題が明るみになりました。「障がい者雇用水増し問題」です。これは，2018年に発覚した雇用に関する不祥事で，省庁及びほぼ全国の地方自治体等の公的機関において，障害者手帳の交付に至ら

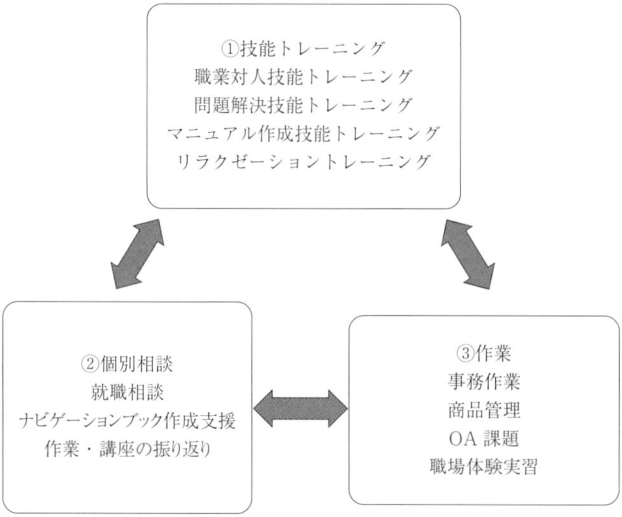

図 11-1 職業準備支援の仕組み（梅永・井口，2018, p. 66 を参考に作成）

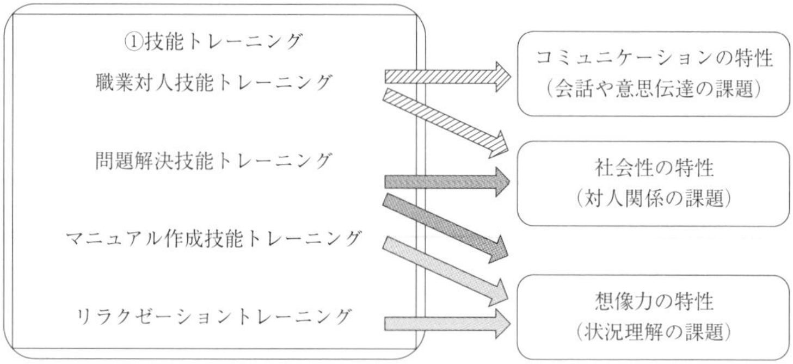

図 11-2 技能トレーニングとその目的（梅永・井口，2018, p. 63 を参考に作成）

ないなど，障がい者に該当しない者を障がい者として雇用し，障がい者の雇用率が水増しされていた問題です。不適切な採用や水増しは許されることではありませんが，民間企業に対するお手本として率先して法定雇用率を満たすべき立場の官公庁がなぜ不適切な対応を続けていたのか，単に事業所や採用担当者を責めるだけでは解決しない背景があるのではないでしょうか。合理的配慮を義務づけられた職場と障がい者支援を行うスタッフ，雇用された障がい者自身との間で生じている困難，トラブルを実際の就労支援者や障がい者当事者の事例から考えてみましょう。

3-1　疲弊する支援者・職場

withnews（2019）の記事に掲載された，障がい者と接するスタッフ事例 A と筆者が関わった，障がい者雇用で働く当事者事例 B とを紹介します。

事例 A　就労移行支援事業所勤務の 30 代女性

発達障がい者向けの教育カリキュラムづくりを担っていました。いわば“発達障がい対応の専門家”です。職場に一般の採用で配属された，発達障がいとしてはグレーゾーンの 20 代男性と同僚として共に働き始めました。男性には別の企業で働いた経験がありましたが，当初から一日の業務スケジュールを立てられないなど，トラブルが絶えなかったといいます。「サポートしたいと思っても，終わりがない。一言で表すなら，そんな状況でした」「自分が納得できなければ，てこでも動かない。そうした態度に戸惑ったことは少なくありません。指導したつもりが『パワハラだ』と責められてしまうこともしばしばでした」と次第に疲弊した状況を語っています（withnews 編集部，2019）。この女性は，上司に男性と面談をしてもらったり，同僚に対処法を聞くなどして，模索を続けていましたが，所属部署のメンバーが大きく入れ替わったのを機に，その男性は離職してしまいました。

事例 B　アパレル関連の特例子会社勤務の 40 代男性（自閉症スペクトラム）

職場は障がい者を多数雇用しており，障がい者理解や対応が進んでいると言われている会社でした。男性は障がい者雇用となり，主にパソコンに向かって与えられた伝票のデータを入力する仕事に従事しました。男性はコンピュータ作業が得意だったので仕事は難なくこなせました。最初のトラブルは，ある日オフィスのレイアウトが変更され，彼のデスクが大きな印刷機の側になったことで起きました。印刷機の音がうるさくて仕事に集中できなくなりました。上司に訴えましたが机の移動などの配慮はなかったため，自分で耳栓をすることで対処しました。次のトラブルは，ある日急に，これまでの伝票の流れや作業量が変わったことです。自分のすべき作業内容自体に変化はなかったのですが，次にどのような状況が起きるのかわからないため，頭が混乱し，作業予定表の作成ができなくなりました。会社の業務の何が変化したのかを説明してほしいと上司に訴えましたが，上司には「他の部署の仕事のことは気にしなくていい」といわれ，彼の納得する説明がありませんでした。上司や同僚への不信感，混乱したままの頭，イライラが続き，周囲とのコミュニケーションも悪化しました。同僚達はどうしたらいいのかわからず，腫れ物を触るような状態になってしまいました。彼は程なく離職しました。

事例A，Bともスタッフと当事者の間の相互理解が困難になっていることがわかります。相互の食い違いはどうすれば埋まるのでしょうか？　4節で検討する前に，就労支援者・事業者それぞれにどのような困難を抱えているのかを聞き取り調査し，両者の食い違いを表した結果を紹介します。

3-2　障がい者就労支援者・現場スタッフからの聞き取り調査

筆者は，障がい者就労にかかわる困難の現況を調べるため，障がい者就労支援の最前線にいる障害者就業・生活支援センターの職員6名，障がい者就労支援に詳しいシニア産業カウンセラー1名，ハローワーク職員で障がい者雇用担当者1名，障害者雇用現場の事業所スタッフ2名（内1名は筆者が就労障がい者の支援カウンセラーとして接した事業所スタッフ）の計10名（30-50代，全て女性）に対して，障がい者の就労支援時の困難，トラブル，事業者側に望むことは何かについて質問紙調査および10名中5名にはインタビュー形式で一対一の聞き取り調査を実施しました。事業所スタッフには，障がい者と仕事をする現場で困っていること，人事・管理部門への思いについて尋ねました。結果は内容項目ごとに分類し，表 11-2，11-3 にまとめました。支援者と事業者，事業者の人事担当と現場のスタッフとの食い違いが示されています。就労支援者達から最も多くあがった困難は，事業所の担当部署の障がいや疾病の特性の理解・勉強不足と人事や採用担当者と現場スタッフの理解の温度差でした。これらの“食い違い”の結果は，10 年以上前，山科（2008）が示していたものとほとんど変わっていないことがわかりました。地域障害者職業センター，ハローワークと地域支援施設の連携チームなどが懸命に取り組んできた障がい者就労支援に，この 10 年間に何も成果がなかったのでしょうか？　ハローワーク職員と事業所現場スタッフへの聞き取り調査からは，障がい者雇用が急激に増加し，広まってきたからこそ，生じている課題を知ることができました。以下に紹介します。

3-3　障がい者就労の広がりの中での課題

a）ソフト面の合理的配慮の不足

ハード面の合理的配慮は目に見えて判断できますが，ソフト面（人間関係，コミュニケーションなど）が見えにくく，支援体制の構築が不足しています。

b）障がい者側の自己理解不足・社会人訓練の不足

障がい者雇用が広がる中，職業支援訓練や職業評価を受けずに雇用される人も増えているため，本人や周囲に障がいの理解が十分でない場合があります。例えば，知的障がい者として雇用されたが，実は高次機能障害だったり，身体障がい者としての配慮を求めていたが，精神障がいの側面も配慮が必要であったり，といった事例が増えています。社会との関わりが少ない環境で生活してきた人が職業人としての訓練を受けずにいきなり雇用されると，障がい以前の問題として，職場内での役割意識の希薄さ，金銭管理や同僚との人間的距離感などでトラブルが生じてしまうことがあるでしょう。

c）事業所の受け入れ準備不足

法定雇用率を守るために，障がい者の採用を急ぐあまり，環境整備や担当職員の教育，障がい者が担当する仕事内容の計画などの準備が不足しています。

表 11-2　様々な食い違いの現状　人事・管理担当者と現場

トラブル項目	事業所人事・管理担当者	受け入れ現場
ストレスになること	行政・法律的側面からのプレッシャー	集団の仕事でも個別の対応が必要な負担感 トラブルがあったときの責任
雇用率の充足	法定雇用率を満たす人数の障がい者を受け入れる	仕事の分担をどうするのか 生産性を考えなくていいのか
仕事の配分	障がい者に適合した仕事を用意してほしい	できることが個別に違う 何ができるかわからない 職場・仕事の構造全体は簡単に変えられない
仕事の訓練・指導	長い目で見て，現場のスタッフで支えてほしい	面倒をみる余裕がない人が多い 現場スタッフは障がい者指導について勉強・訓練不足
労務管理	日常の障がい者管理を任せたい	問題が個別に違って，難しい，わからない 予想外の問題が起きて疲弊する

表 11-3　様々な食い違いの現状　就労支援者と事業所採用側

トラブル項目	就労支援者の要求・希望	事業所採用者側の立場・希望
就労可能性の評価	環境が整えば企業で働く力があります	仕事が続けられるのか不安 最初から「障がい者のできる仕事はない」という。
就労の機会	様々な障がい者に働く機会を与えて下さい 突然の雇用打ち切りはやめてほしい 雇用打ち切りの理由を明確にしてほしい	軽度な人だけにしたい 精神障がい者は避けたい
仕事内容のミスマッチ	障がいの特性にあった仕事を用意してください	会社の中で人手が足りない仕事 法定雇用率のためだけの雇用で，ただ居るだけでいい 新たな仕事は創出できない
雇用形態	正社員を希望します	非正規が基本。継続してそれなりに成果がだせてから考える
就労後の支援	職場でも支援，教育をお願いしたい 育てる意識を持ってほしい	能力アップは自分の努力次第 支援員がサポートしてほしい 雇用後は無関心
障がい特性の理解	障がいの理解のため研修会・勉強会をしてほしい 受け入れ企業として社員への教育をしてほしい 偏見を持たずに障がいを学んでほしい	採用者は理解があっても，現場では理解がない 「普通の人に見えた」と障がいを軽く考える 自分の仕事で手一杯で，障がいの勉強をする時間はない，やりたくない 発達障がいは，目に見えにくくて，わかりにくい 研修をしても，個別の特性があって難しい

現場でトラブルがあったときの事業所としてのバックアップ体制が不備で，現場担当スタッフに重い負担になってしまっています。

d）支援者資源の不足

障がい者雇用を進める企業が増加し，ハローワークをはじめ，事業者支援スタッフの人員が不足しています。たとえば，2.5 人で，7 ヶ月間で地理的に離れた 77 の事業所を 2 回訪問しなければならない，などの激務となっています。

e）継続的・一貫した長期の支援計画が立てにくい

2019 年現在，あるハローワークの職員は正規職員は 4 分の 1 程度。正規職員は 2 年程度で変わるため，そのポジションの研修を受けても，活かされないまま異動してしまいます。穏便に過ごそうと考える方も多いので，非常勤は指示がなくても動くしかないのが現状。支援の質は支援員の力量に依存するところが多くなってしまうのです。

f）今後の障がい者就労支援のポイント

トライアル雇用や採用前実習期間を行ってもらった事業所は相互の不安の解消に役立ちますし，採用後の定着支援訪問に協力的な企業は，障がい者の就労定着率が高くなっています。数あわせの雇用計画であっても，採用前準備から定着への支援と管理が今後の障がい者就労支援のキーポイントです。

本節の表 11-2，11-3 で紹介した事業所側と就労支援者側の食い違いや，課題 a）～ c）を踏まえて，4 節では障がい者，支援者，事業所それぞれに必要な学びを提案します。

4. インクルーシブな環境作りに向けての学び

本節では，これまであげられた課題に対して障がい者本人と事業所に求められる学びを示し，最後に就労支援者の学びとして認知機能分析の重要性を示します。

4-1　社会に貢献する立場としての障がい者の学び

障がい者であっても，就労にあたっては，学校や家庭で保護されていたように会社でも保護されるというわけではありません。就労の意味づけは，生きがい，社会の承認を得るなど，人それぞれに異なると思われます。しかし組織の中で働くということは，組織のメンバーとして役割を持ち，その責務を果たして組織に貢献するために雇用されているということを，本人はもとより家族や周囲の支援者も理解する必要があります。1章で紹介したように組織社会化から職場学習は始まります。組織社会化から職場で状況的学習をすすめていくプロセスと，そこにどんな困難があるのか，どのような学びが必要かを知っておくことが社会人の自覚を促すでしょう。社会に接する機会が少なく，周囲に守られる存在であった方には，自己認識も対人関係の認識も組み替えが必要になるかも知れません。このような職場学習の心理学についての教育は，これまでの職業準備支援のカリキュラムに含まれていません。就労によって社会に貢献する役割を担う自覚を持つためには，現在，大学で行われている職場学習の教育を受ける機会を就労前の障がい者に作っていく必要があるでしょう。

組織に貢献するためには，仕事の遂行に関わる自分の強み，弱み，障がい特性の自己理解が必須です。地域障害者職業センターでは，前述の図11-1，11-2に示したように，良く考えられた職業準備支援があり，技能トレーニングや作業を通して，コミュニケーション，社会性，状況理解のための想像力などを養う訓練を受けることができますし，個人面談などを通して，自分の認知，技能，性格などについて省察する機会もあります。しかし職業準備支援が受けられるのは，一定の条件を満たす，センターに通所できる人だけです。多くの人は十分なトレーニングを受けられず，自己理解も，その他の準備も不足したまま就労を目指すことになります。全ての就労希望者は就労活動を始めるにあたって，職業準備訓練および職場学習の教育を受ける機会が与えられれば，職場でのトラブルの予防と就労の定着のために役立つことでしょう。行政の問題になりますが，教育訓練機会の拡充のための施設・システムづくり，人材の育成が急務です。

4-2　雇用者・事業所の学び

仕事のミスマッチを防ぎ，就労を定着させていくには，適材適所の大切さをまず管理職が理解し，進めていくことが大切です。そのためには，まず雇用者側に，様々なアンラーニング（Hedberg, 1981）が必要になります。アンラーニングとは，4 章に詳細に述べられていますが，復習すると「組織の中に沈滞する，内外環境に照らして不適切になった既存知識・組織ルーティンの限界を認識し，それらを解除して，新たな学習を行うレディネスを確保すること」です。多様な特性，多様な背景をもつ人材を雇用し活用できるかどうかが企業の業績に直結する時代，変化に対応するためには，積極的なアンラーニングが必要です。たとえば，障がい者には，“障がい者にでも”できる簡単な仕事だけを与える，などの固定概念をアンラーニングし，人手が必要な作業について担当させる準備をしていくことも選択肢にいれていく，などです。それは，働く障がい者のモティベーションをあげるだけでなく，有益な人材，資産として障がい者を企業の発展に役立てられることになり，企業の利益や職場スタッフの動機づけの向上にも繋がるのではないでしょうか。

4-3　就労支援専門家の学び

就労支援者が支援するにあたって，障がい者の障がい特性の理解が重要なポイントであることは，間違いありません。しかし，うつ病，ADHD や自閉症スペクトラムといった障がいの診断名と障がいの一般的な特徴を知っているだけでは，仕事上や組織内でどのような不具合が生じるのか，どのような具体的配慮が必要なのかはわかりません。これまで，発達障がい者への合理的配慮として挙げられていたのは，感覚過敏への配慮（表 11-4）や作業指示などへの配慮（表 11-5）でした。これらは間違ってはいませんが，現場ですぐに使えるものは多くはありません。実際の障がい者の特性は千差万別であり，遂行すべき作業内容・作業環境によって，先鋭化する障がい特性は異なります。結局，現場で試行錯誤しながら合理的配慮を創発しなければならず，現場には精神的・経済的負担になるでしょう。その負担感も先に挙げた雇用水増し問題の原因の一つかも知れません。実際にトラブルが多く報告されるのは，知的な遅れのない発達障がい者や精神障がい者，あるいは両方を兼ね備えている方々のケース

表 11-4　感覚過敏への合理的配慮の例（梅永・井口，2018, p. 64 を参考に作成）

聴　覚	作業場所の変更，耳栓の使用など。
聴覚処理	紙に書いて指示する。 口頭メッセージをメモさせる。
視　覚	PC のコントラストを弱める。 部屋の照明の交換，帽子をかぶる。
触　覚	身体への接触を避ける。 作業スペースを確保する。
嗅　覚	マスクをする。 作業場所を変える。

表 11-5　発達障がいへの具体的な配慮の一般例（知名，2019）

作業遂行面での配慮	業務工程の細分化 単独作業や繰り返し作業などへの適正配置 自分のペースで作業が進められるようにする配慮 指導，伝達事項を統一 マメな声かけと支援機関との連携
作業指示の工夫	口答指示だけでなく，視覚化し，わかりやすく指示する 指示は簡潔明確に，曖昧な表現は避ける マンツーマンのきめ細かい指導と確認
特性理解に基づく指導	突然の指示変更などを行わない 環境の変化については事前に情報を与える 具体的な理由の説明と行動確認
精神的・身体的な安定への配慮	日々の健康状態の把握 仕事に集中できる環境の整備 疲れた様子のときは臨時休暇を取らせる

です。事業所側からは，彼らに対処するための現場スタッフへの支援ニーズが切に望まれています。

これまで，就労支援活動の問題点を挙げてきましたが，成果をあげている就労支援活動もでてきており，マスコミで紹介される機会も増えてきました。鈴木（2017）は，2010 年に発達障がいに特化した職業訓練を開始し，7 年間に就労移行支援事業所七拠点で年間約 2000 人の就職者を送り出している，とのことです。鈴木（2017）が強調しているのは，発達障がい者への支援では，「共感・傾聴といった支援よりも，カーナビのように情報を整理することが重要で

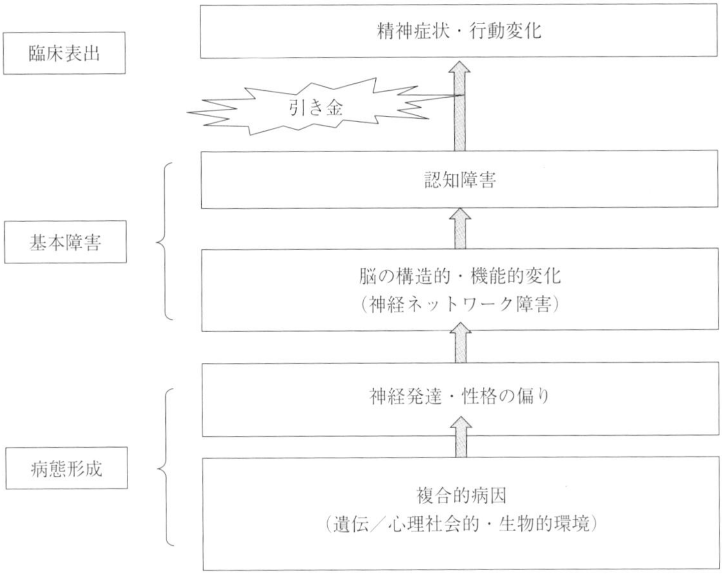

図 11-3　精神疾患・感情障害の中核としての認知障害（松岡・松本，2009 を参考に作成）

ある」，とのことです。「後天的な混乱により気持ちの整理を求めている精神障がいの人とは異なり，発達障害の人は，情報の混乱に苦しんでいる。そのため社会やその人の立ち位置，仕事の状況などを俯瞰し，分析し，推奨ルートや次のステップを細かく視覚的，構造的に伝えることが重要だ」と鈴木氏は述べています。真船（2017）もまた，障がい特性の中でも，認知機能の特性を丁寧に把握することが支障を効果的に解消する合理的配慮を検討するために重要であると述べています。また図 11-3 に示すように，精神障がいの様々な症状は，認知障害がベースになっているということが明らかになっています（松岡・松本，2009）。これまでも職業評価法としては，表 11-6 に示すように様々な検査が用いられてきました。しかし，対人関係，コミュニケーション，情動制御，など多くの指標で問題点を提示され，その一つ一つに対策を講じるとすると現場の負担が大きくなり，対処の優先順位がつけにくくなります。対処すること自体を放棄されかねません。

表 11-6　職業評価法の概要と問題点（梅永・井口，2018, p. 49 を参考に作成）

職業評価法	主な種類・検査	問題点
面接・調査	• 相談シート（障がい状況・学歴・職歴・資格・就職希望） • MSFAS（ストレス・疲労アセスメントシート）	本人からの情報なので客観性に注意
心理的・生理的検査	• GATB（一般職業適性検査） • 知能検査（WAIS- Ⅳ等） • 職業興味検査（VPI 検査等） • 身体検査（視力，握力など）	検査によっては職業能力との関係が不明
ワーク・サンプル法	MWS（ワークサンプル幕張版）	職場環境での適応性の予測が難しい
模擬的就労場面	職業センター内に設定した作業場面（数日程度）	職場などの環境設定が難しい
職場実習（職務施行法）	一般の職場における体験実習（数日～２週間程度）	様々な環境・職務での実施が難しい

そこで，多様な障がい特性の中でも認知機能評価を適切に行うことが職場スタッフと障がい者の就労支援のポイントになるでしょう。

4-4　トラブルの認知的問題分析の枠組

何らかのトラブルがおきるときとは，何？（行動），どうして？　どうやって？（文脈），なぜ？（目的・概念）という３つのうちのどれか，あるいは複数に問題があるときです。ここで，３節であげた事例Ｂのトラブルは何が問題だったのかを人間と作業環境の相互作用を理解する枠組で分析してみましょう。その枠組は，手段－目的と全体－部分という２つの軸からなるマップです（ラスムッセン，1990，渡辺・志井田，2003）。

手段－目的階層（縦軸）

この階層の内容は文脈に依存したものであり，階層の区切り方は分類対象となる課題によって任意に決めることができます。図 11-4 では代表的な次の３つの階層を示しました。ⅰ目的：何のために？，ⅱ手順：どんな手続きで？どんなルールで？，ⅲ手段：どんな行為を？／どの対象に対して遂行する？

	会社全体（親会社）	サブシステム（在庫管理の子会社）	機能単位（受注・発注伝票整理部門）	部分単位（各部署の作業者）
目的	アパレルビジネスで利益を出す	親会社の商品売り上げと在庫管理をし，親会社の利益に貢献	全国の店舗の売り上げ・在庫伝票を確認し，現在の損益モニタとトラブルの発見	伝票の入力と現場の受注・発注確認と記録
手順	自社ブランドの作成と販売	年間を通しての全国の店舗の商品の流れと売り上げの把握，在庫の調整	店舗の地域別·商品の種類別に受注·発注,売り上げ伝票を,デジタルに管理する。各店舗の損益·トラブルを常にモニターをする	入力すべき伝票内容と店舗に確認すべきことの把握
物理的手段	洋服の作成，発注，販売，店舗の出店，広告をだす	店舗を地域ごとに区分する。仕事の内容ごとの部門を作り作業分担を指示する。	店舗の地域別・商品の種類別に伝票を分類し，各担当者に渡す。各担当者の作業結果を集計する。	パソコンソフトへの入力作業・店舗への電話作業

▢はBさんに与えられた作業領域
矢印は，Bさんが作業のために考慮する問題空間

図 11-4　手段－目的，全体－部分階層マトリックスを用いた仕事環境とBさんの問題空間のメンタルモデル

全体－部分階層（横軸）

全体部分の階層は手段目的軸と異なり，文脈に依存しません。図 11-4 では，環境を会社全体ととらえて，ⅰ会社全体，ⅱサブシステム（子会社），ⅲ機能単位（部署），ⅳ部分（各部署の作業者）という代表的な 4 階層に区切っています。この階層を用いると，注意を向ける対象が会社全体の中のどこの情報なのかが一見できます。さらに，人が問題に対処するときに，その問題を全体から部分に細分化する，あるいは部分から全体へまとめ上げるという，ダイナミックな心的過程の中で，どこに困難が生じるかということも明確にできます。

事例Bでは，右下の丸四角で囲まれた部分が男性が任されていた作業でした。作業の流れのルーチンが変わったときに，男性はどうして？　という疑問をもち，太い破線で挟まれた格子柄の背景の部分の情報，つまりサブシステムや機能単位の手順が変化しているのかという情報を求めようとしました。男性の作業プランニングは，サブシステムや機能単位を含めた問題空間でなされていたからでした。しかし，上司が男性の作業として考えていた問題空間は右下の丸四角で囲まれた部分だけだったので，彼が疑問を持つ理由がわからず，二人の間に齟齬ができてしまいました。男性は自分の作業量や作業手順の変化の理由

を知りたいがために，作業責任範囲外の情報が必要だと考えていました。自分の責任範囲外は問わないという職場の暗黙知の学習ができていなかったのです。自分の作業責任の範囲外の情報は与えられないという暗黙のルールが身についている上司は，男性の意図がわからず，男性の要求は越権行為とうつったのでしょう。男性にとっての上司の態度は“自分を軽んじている，あるいは馬鹿にされている”といった解釈をうみ，上司は“気むずかしい人，面倒くさい人”という評価になり，感情的な対立を引き起こしてしまいました。

このような場合，どうすればよいのでしょうか。本人が納得するように作業への影響要因を説明することは組織では極めて困難です。組織人においては健常者でも納得いくまで説明されることはなく，言われたとおりにやれるかどうかも，組織人としての大事な適性です。能力的側面とは別に職場学習における乗り越えるべき観点を，支援者からも伝え，本人も学ぶべきです。一方，上司に対しては，支援者から，“一見，コミュニケーションがとれない”，と感じるトラブルの背後には，メンタルマップの食い違いがあるという観点を伝える必要があります。このケースでは，上司が何に疑問を抱いているかを男性に尋ね，全ては説明できないにしても説明できる範囲の情報は伝えること，という対処ができるでしょう。

お互いの理解のためには，共感だけではなく，認知的問題分析が重要です。障がい者が職場・仕事環境との相互作用でどのようなメンタルモデルを持って仕事をしているのかを評価することができれば，トラブルの質的理解が進み，具体的対処が可能になるでしょう。そのための評価ツールの開発とアセスメントができる専門家の育成が望まれます。

単に適性検査による評価を基に仕事への適応度を考慮しようとしても，環境・仕事との相互作用から生じる効果やトラブルがわかりません。支援対象者がある仕事に対してどのようなコンピテンシー（7章3節を参照）を持っているのかを評価することが，支援にとってはより重要でしょう。任される仕事がどの範囲の問題空間で遂行できるのか，といった認知的側面を把握することは，被支援者のコンピテンシーの一部を把握することでもあるでしょう。支援者は認知機能およびコンピテンシーの評価方法を学ぶことで，個別の被支援者に適した支援を創発することができるようになるのではないでしょうか。

謝　辞

ひたちなか市，障害者就業・生活支援センター KUINA のスタッフのみなさまには，お忙しい中，調査にご協力いただき，誠にありがとうございました。

インタビューに協力していただいた産業カウンセラー，ハローワーク職員，事業所スタッフの皆様には，貴重なお時間をいただき，こころより感謝いたします。

引用文献

知名青子 (2019). 発達障害を抱える労働者の就労の現状と課題　産業保健 21, 95, 2-5.

フリー百科事典『ウィキペディア (Wikipedia)』障害者雇用水増し問題 (2019). https://ja.wikipedia.org/wiki/障害者雇用水増し問題

Hedberg, Bo L. T. (1981). How organization learn and unlearn. In P. C. Nystrom & W. H. Starbuck (Eds.), *Handbook of organizational Design*, Vol. 1, New York: Oxford University Press. pp. 3-27.

真船浩介 (2017). 発達障害者の就労を支える　こころの科学, No. 195, 27-31.

松岡洋夫・松本和紀 (2009).「第 4 章　精神・神経疾患と認知機能 A. 精神疾患における認知機能」精神疾患と認知機能研究会 (編), 山内俊雄 (編集統括)『精神疾患と認知機能』, 新興医学出版社, pp. 173-179.

文部科学省 (2016). 特別支援教育について：発達障害者支援法の一部を改正する法律の施行について http://www.mext.go.jp/a_menu/shotou/tokubetu/main/1377400.htm

小川浩 (2017). 発達障害者の就労支援にかかわる法律と制度 こころの科学, No.195, 22-26.

大石幸二 (監) 山崎晃史 (編) (2019).『発達障害論——インクルージョンを基盤とした理解と支援』学苑社

ラスムッセン, J. 海保博之・加藤隆・赤井真喜・田辺文也 (訳) (1990).『インタフェースの認知工学』啓学出版

鈴木慶太 (2017). 民間企業ならではの就労支援活動 こころの科学, No. 195, 42-46.

障害者職業総合センター研究部門 (2011).「障がい者職業総合センター調査研究報告書 No. 101 発達障がい者の企業における就労・定着の現状と課題に関する基礎的研究」p. 177.

梅永雄二・井口修一 (2018).『アスペルガー症候群に特化した就労支援マニュアル ESPIDO』明石書店

渡辺めぐみ・志井田孝 (2003).「手段－目的階層に基づくヒューマンエラーの分類」日本情報ディレクトリ学会誌, Vol. 1, 41-46.

山科正寿 (2008).「事業主支援の基礎理解」独立行政法人 高齢・障害・求職者雇用支援機構主催, 平成 20 年度第 2 回発達障害者就業支援セミナー資料

Withnews 編集部・神戸郁人 (2019). 配慮は大切「でも終わりがない」発達障害と就労, 疲弊する職場の現実のリアル「働きやすさ」の実現に必要なこと　https://withnews.jp/article/f0191101001qq000000000000000W08u10101qq000020006A

コラム8　障がい者の仕事力をアップする魔法

ある事業所に障がい者枠で就職したＡさんは，「あなたは発達障がいだから，半人前です。１人前の仕事はさせられない。就労支援用の作業所で働いてください。それがあなたのためですよ」上司からこう告げられました。「発達障がいを馬鹿にされた。個性なのに……。仕事に就くのがこんなに嫌だと思ったことはない」これまで仕事を辞めても，すぐに次の仕事を探し始めていたエネルギッシュなＡさんでしたが，その後，数ヶ月間は引きこもり生活になってしまいました。

Ａさんは，絵を描くことや写真を撮ることが得意です。サッカーやテニスなどスポーツも人並み以上に上手です。一方，言語的に表現される情報は音声も文章も理解に時間がかかります。二つの作業を同時並行で行う，次々に違う作業を行う，臨機応変にルールが変わる状況へ対応する，などは苦手です。職場では仕事の内容を口頭や文書で指示されることが圧倒的に多いため，理解が不十分なまま作業を続けて，叱責されることが頻繁にありました。短時間の間に複数の仕事を頼まれた結果，こなせなくなって辞め，仕事を転々とする，というパターンが続いていたのです。職場での失敗が続き，気分が落ち込み，心療内科にかかると発達障がいと診断され，障害者手帳を取得しました。しかし医師からは障がいの内容の説明がなかったため，自分のどこが他の人と比べて違うのか，どんな特性があるのかがわかっていませんでした。そんな矢先，上司に言われた言葉が「あなたは半人前だ」だったのです。

Ａさんは普通高校全日制を卒業しています。高校生の頃から，人と何か物の見方が違う自分に気がついていました。自分が話すことを同級生たちが目を合わせて，くすくすと笑うので，クラスメートと話すのが怖くなりました。職場の上司の言葉は高校の友達から笑われたときと同じ感情を呼び覚ましました。「馬鹿にされている。同じ人間なのに」彼女の心が折れた理由はそこにありました。Ａさんはカウンセリングを受け，自分の思いを吐露しました。自分が一人の大人として働くことを許されていない悔しさ，怒り，悲しさ。カウンセラーはＡさんの心の傷の元になっている高校時代の同級生から受けた嘲笑のトラウマ処理を実施しました。そこでＡさんは「私は，仕事に振り回される人生だった」と気づきました。カウンセラーは，Ａさんのこれまでの職場トラブルエピソードを聴き取りながら，根本的に何が問題だったのかを分析しました。客観的な心理検査結果を示しながら，Ａさんが限られた時間内に同時に複数のことをするのが定型発達の人よりもかなり苦手なこと，言語情報を理解するのに時間がかかることを説明しました。Ａさんは，自分がこれまで仕事がうまくいかなかった理由が，ようやく理解できました。そこで食事を作る仕事であれば，沢山のメニューを考えるのではなく，1-2 くらいのメニューに限定して，決まった手順で作ることなど，自分の特性に合った仕事の仕方を上司に提案することが大切だということに気がつきました。カウンセラーとの面談を通して，次の仕事にチャレンジしてみよう，という気持ちがわいてきたＡさんは，自分の認知特性をメモし，ハローワークの障がい者支援の窓口に就活にいくことにしました。数日後，カウンセラーのもとにＡさんから元気な声の電話がありました。「次の予約，変更してください。職場の体験期間と重なっちゃうので！」。

発達障がいと呼ばれる方達は，認知能力にでこぼこがあります。職場では仕事・作業に必要な認知能力をブレイクダウンし，個々の働く人の認知特性とマッチングし，一人で遂行可能な作業，サポートすれば遂行可能な作業などを切り分ける必要があります。仕事に必要な能力と個人特性が適合していれば，障がいがあっても的確な人材として一人分の仕事ができるでしょう。

Ａさんが高校在学中あるいは社会人になってすぐに，社会人として要求されるであろう能力の基礎研修や訓練を受けていれば，もっと早い段階で自己理解が深まり，何年もの間“仕事に振り回される”ことはなかったでしょう。一方，ハローワークなどの就労支援側では，単に就労者側に対して“うつ状態だった発達障がいの人”といった大まかな見方でなく，社会人の基礎力、認知能力の特性などを詳細にアセスメントできるような支援が必要ですし，事業所側には仕事に必要な能力を明確にするための支援なども必要でしょう。事業所側と障がい者側のよりよい関係構築のために，就労支援システムのさらなる発展が期待されます。仕事の特性と障がいの特性を簡便にマッチングできるツールの開発もその一つでしょう。

人名索引

ナ 行

ハ 行

マ 行

ヤ 行

ラ 行

ワ 行

事項索引

タ　行

著者紹介

伊東昌子（いとう まさこ）1-9章，コラム1-6

元常磐大学人間科学部心理学科教授。広島大学大学院教育学研究科学習開発専攻博士課程修了。博士（教育学，広島大学）。専門は認知心理学。著書に『コミュニケーションの認知心理学』（編著，2013, ナカニシヤ出版），『ユーザビリティハンドブック』（編集委員，2007, 共立出版）他がある。現在，成城大学経済研究所客員所員。

渡辺めぐみ（わたなべ めぐみ）10, 11章，コラム7, 8

常磐大学人間科学部心理学科准教授。九州大学人間環境学府行動システム専攻博士課程修了。博士（心理学，九州大学）。専門は認知臨床心理学。著書に『有斐閣　現代心理学辞典』（分担執筆，印刷中（2020年予定），有斐閣），『メンタルヘルス＆ケア ハンドブック』（分担執筆，2008, 同文書院）他がある。

職場学習の心理学　知識の獲得から役割の開拓へ

2020年2月20日　第1版第1刷発行

著　者　伊《い》　東《とう》　昌《まさ》　子《こ》

渡《わた》　辺《なべ》　めぐみ

発行者　井　村　寿　人

発行所　株式会社　勁《けい》　草《そう》　書　房

112-0005 東京都文京区水道2-1-1　振替　00150-2-175253

（編集）電話　03-3815-5277／FAX 03-3814-6968

（営業）電話　03-3814-6861／FAX 03-3814-6854

本文組版 プログレス・日本フィニッシュ・中永製本

ISBN978-4-326-25139-1　　Printed in Japan